Paul Ringseisen

Morgen- und Abendlob
mit der Gemeinde

Paul Ringseisen

Morgen- und Abendlob mit der Gemeinde

Geistliche Erschließung,
Erfahrungen und Modelle

Mit einem Beitrag von
Martin Klöckener

HERDER

FREIBURG · BASEL · WIEN

Neuausgabe 2002

Alle Rechte vorbehalten – Printed in Germany
© Verlag Herder Freiburg im Breisgau 1994
www.herder.de
Umschlaggestaltung: Finken & Bumiller, Stuttgart
Umschlagmotiv: Stone, München
Herstellung: fgb · freiburger graphische betriebe 2002
www.fgb.de
Gedruckt auf umweltfreundlichem,
chlor- und säurefrei gebleichtem Papier
ISBN 3-451-27720-4

Vorwort

Seit dem ersten Erscheinen dieses Buches hat sich einiges getan. Mein damaliges Versprechen, „eine Materialsammlung für die Praxis" zu erstellen, hat zu jahrelanger intensiver Arbeit mit einem Kreis von Fachleuten und schließlich zur Herausgabe von bisher zwei liturgischen Praxisbüchern geführt. Anknüpfend an mein Buch „Morgen- und Abendlob mit der Gemeinde" (Freiburg 1994) habe ich mit einem Autorenteam von erfahrenen und anerkannten Liturgikern und Kirchenmusikern sorgsam gestaltete Feiermodelle und Materialien erarbeitet. So erschienen im Jahr 2000 in rascher Folge die beiden Bände „Morgenlob – Abendlob. Mit der Gemeinde feiern" für die Fastenzeit/Osterzeit und Advent-/Weihnachtszeit. Ein weiterer Band zu den wichtigsten Festen und Anlässen im Jahreskreis ist gerade in Arbeit; ein letzter mit reichem Material für einen Zwei-Wochen-Zyklus von Laudes und Vesper ist geplant. Ergänzend zu den Büchern ist eine CD in Vorbereitung.

Die neuen Praxisbücher und das ursprüngliche Einführungsbuch gehören also zusammen, sie sind aufeinander bezogen. Ging es im letzteren um die historische, vor allem aber um die theologisch-geistliche Grundlegung des Themas, so sind die dazu entstandenen liturgischen Bücher der Versuch, die dort erarbeiteten Einsichten und Grundsätze in eine gemeindegemäße heutige Praxis umzusetzen.

Die Praxisbücher liegen in je zwei Ausgaben vor. Neben einem kleineren „Gemeindebuch" für die Hand der Teilnehmer steht ein „Dienstebuch" in Großformat zur Verfügung, das zusätzlich zum Gemeindepart die nötigen Regieanweisungen, Texte, Variationsvorschläge für den Dienst der Leiter und Lektoren enthält, dazu das Notenmaterial für Kantor, Schola und auch mehrstimmigen Chorgesang. So wird auch nach außen die Tagzeitenliturgie als gegliederte Gottesdienstform mit verteilten Rollen sichtbar. Dem reichen Modell-Teil (10 Modelle im

Weihnachtsband, 8 Modelle im Osterband) ist jeweils ein „Instrumentarium" beigefügt, aus dem man – je nach Situation und Vermögen – die benötigten Austauschelemente wählen und selbst zusammenstellen kann.

Daß gerade jetzt, nach Erscheinen der beiden Bücher für die Praxis, dieses Grundlagenbuch wieder vertärkt gefragt ist, ist sicher nicht zufällig. Wer sich in der Praxis um die Einführung dieser Gottesdienstform bemüht, spürt bald, daß eine dauerhafte Realisierung nicht ohne tiefere Kenntnis der Hintergründe möglich ist. Darum freut es mich sehr, daß der Verlag Herder das steigende Interesse am Thema Tagzeitenliturgie mit der Neuausgabe dieses Buches beantwortet.

Nach anfänglichem Zögern sehe ich inzwischen keine Bedenken, den ursprünglichen Text im Wesentlichen unverändert zu belassen. Der erste Teil „Zugänge aus Anthropologie, Theologie und Geschichte" hat von seiner grundsätzlichen Aktualität nicht nur nichts verloren, im Gegenteil – die Themen rücken uns immer mehr auf den Leib. Bei den „Pastoralliturgischen Perspektiven und Modellen" des zweiten Teils dachte ich zunächst an eine Kürzung der dort beschriebenen Modelle. So existiert etwa das „Stuttgarter Modell" inzwischen nicht mehr in seiner ursprünglichen Form; aber warum soll, was dort einmal möglich war, nicht manchen Leser auf seiner Suche inspirieren? Aus dem gleichen Grund behalte ich auch das „Fürstenrieder Modell" (Erprobte Schritte in eine neue Zukunft) unverkürzt bei. Gerade die um die Praxis bemühten Leser sollen die Möglichkeit haben, Schritt für Schritt mitzuerleben, wie es in jahrelanger Kleinarbeit gelang, einer faszinierenden Gottesdienstform der frühen Kirche ein heutiges Gesicht zu geben.

Die Feiermodelle der neuen Bücher gehen in mancher Hinsicht weit über die ursprünglichen Vorschläge in diesem Buch hinaus (vgl. die Anhänge „Materialien für Laudes" und „Materialien für Vesper"). Sind diese überflüssig geworden, weil die liturgischen Bücher den Blick der Feiernden weiten auf viele Kostbarkeiten gesungenen Gotteslobes aus alter, neuer und jüngster Zeit? Ich denke nicht. Sowohl der Anfänger wie der Kundige finden in diesen Sammlungen das Wichtigste aus „Gotteslob" und „Chorbuch zum Gotteslob" zusammengetragen, das für den Einsatz in Laudes und Vesper auch künftig in Frage kommt. Als Nachschlagehilfe auf der Suche nach geeigneten Elementen für Morgen- oder Abendlob bleiben die Anhänge weiter aktuell.

Es wäre auch denkbar gewesen, im Anhang „Gesänge" zwei oder drei der Musikbeispiele durch andere zu ersetzen, die sich durch die Arbeit mit den Musikern als besser erwiesen. Da in den Praxisbüchern ohnehin diese bessere Fassung zur Geltung kommt, habe ich auch darauf verzichtet.

Ich wünsche diesem Grundlagen-Buch, zusammen mit den Praxis-Büchern, eine gute Aufnahme in vielen Gemeinden. Es möge ihnen helfen, daß ihr gottesdienstliches Leben inmitten der bestehenden Schwierigkeiten aufblüht und sie die Freude an Gott und seinem Lob immer mehr als tragende Kraft ihres Lebens erfahren.

Freising, am Pfingstfest 2001   *Paul Ringseisen*

Inhalt

Vorwort 5
Abkürzungsverzeichnis 14
Einführung 15

ERSTER TEIL: ZUGÄNGE AUS ANTHROPOLOGIE, THEOLOGIE UND GESCHICHTE

A. In Zeiten geistlichen Notstands: Wie beten und feiern? 21

   I. *Der gottesdienstliche Engpaß* 21
     1. Eucharistische Monokultur und ihre Folgen ... 21
     2. Stirbt der tägliche Gottesdienst in den Gemeinden? 22

   II. *Der allgemeine Gebetsnotstand* 23
     1. Eine atemlose Kirche: Haben wir das Beten verlernt? 23
       a) Im Blick auf den betenden Herrn 23
       b) In Gemeinschaft mit der betenden Kirche ... 23
     2. Kirche am Ort: Lern- und Übungsort des Betens? 25
       a) Betender Selbstvollzug der Kirche 25
       b) Einübung in die Grundvollzüge betenden Glaubens 25
       c) In Rhythmen beten 26
       d) Der priesterliche Gebetsdienst der Gemeinde 27
     3. Verschlossene Kirchen 27
       a) Hinzunehmendes Faktum oder Alarmsignal? 27
       b) Das Gebot der Stunde 28

   III. *Tagzeitenliturgie in den Gemeinden*
     1. Der Wunsch des Konzils: Wiederbelebung der gemeindlichen Tagzeitenliturgie 29

a) Bis heute kaum verwirklicht	29
b) Eine wichtige Begriffsklärung	29
c) Die „Brevier-Mentalität"	30
2. Anhaltende „Brevier-Krise"	31
3. Herausforderung für Gemeinde und Seelsorger	32
a) Ein Stück Weg zurück	32
b) Unterwegs zur Mündigkeit des Volkes Gottes	33

B. Im Einklang mit den Vätern: Gott loben heute   34

I. Liebe muß loben 34

II. Gotteslob in der Krise? 34

III. Die Bibel: Voll des Lobes auf Gott 36
   1. Gotteslob in Israel 36
   2. Kirche auf dem Fundament des Lobes 36

IV. Plädoyer für den Lobpreis Gottes in unserer heillosen Welt 41
   1. Individuelle Relevanz 41
   2. Politisch-gesellschaftliche Relevanz 42
   3. Kirchlich-prophetische Relevanz 44

V. „Auf den Lobpreis läuft alles hinaus" 45

C. Im Rhythmus der Sonne: Leben zwischen Schöpfung und Vollendung 46

I. In vorgegebenen Rhythmen leben 46
   1. Der Tag 47
   2. Die Nacht 48
   3. Die Symbolik des Sonnenrhythmus 49
      a) Sonnenfrömmigkeit in allen Kulturen 49
      b) Die Sonne als Christus-Symbol 51
      c) Lobpreis, der Tag und Nacht umgreift 53

II. In der Spannung zwischen Ur-rhythmen und heutigem Zeit- und Lebensgefühl 53

III. Tagzeitenliturgie in vorgegebenen Rhythmen 55
   1. Abend und Morgen: ein Tag – Tagzeitenliturgie im Spiegel der biblischen Anthropologie 56
      a) Der Abend in biblischer Sicht 56

  b) Die Abendgesänge der Kirche: Echo der biblischen Sicht des Abends   58
  c) Das abendliche Lichtanzünden: „Anschauung" des Heils   60
  d) Der Morgen   62
  e) Die „lichte Welt" der Morgen-Hymnen   63
  f) Geostete Kirchen: Orientierung an der „Sonne des Heils"   66
  g) Hilfe und Inspiration für heute   67
 2. Die Feier von Schöpfung und Erlösung im Rhythmus des Tages   67
  a) Schöpfungs-Lob   67
  b) Erlösungs-Lob   67

IV. Konsequenzen für die Tagzeitenliturgie   71
 1. Orientierung durch Wahrung vorgegebener Rhythmen   72
 2. Sinn erfahren durch gefeierte Bejahung   73
 3. Stabilität durch Regelmäßigkeit und Gemeinsamkeit   74

D. Im Licht von Ostern: Als Auferstandene täglich auferstehen   76

I. Das Pascha-Mysterium als „Kompendium der Heilsgeschichte"   76
 1. Das Pascha Christi im biblischen Kontext (Osternachtliturgie)   76
 2. Widerhall dieser Sicht in frühen Paschahymnen . .   79

II. Die Feier der Tagzeitenliturgie: Echo der Osterbotschaft und des Osterlobes   79
 1. Der österliche Ursprung des Lobes   79
 2. Der österliche Grund aller Tage   81
 3. Die österliche Mitte der Tagzeitenliturgie   82
 4. „Heiligung der Zeit?"   83
 5. Laudes und Vesper: das „Tages-Pascha" der Gemeinde?   84
 6. Zur „österlichen Atmosphäre" der Tagzeitenliturgie   85
  a) Die österliche Grundstruktur   85
  b) Österliche Elemente   85
 7. Tagzeitenliturgie als Schule österlicher Gemeinde-Spiritualität   87

a) Österlicher Gottesdienst 87
b) Österlicher Bruderdienst 88
8. Ostern (Pascha-Mysterium) – die Mitte der Gemeinde? 89

III. Eucharistiefeier und Tagzeitenliturgie: zwei Weisen, das eine Pascha-Mysterium der Erlösung zu begehen 90
1. Frühchristliche Praxis 90
   a) Ein weiter „Eucharistie"-Begriff 90
   b) „Eucharistia lucernalis" und „Sacrificium vespertinum" 91
2. Plädoyer für ein ausgewogenes Verhältnis von Eucharistie und Tagzeitenliturgie heute 94
   a) Im Rückblick auf die Praxis des Anfangs 94
   b) Schritte für eine Praxis der Zukunft 95

E. Im Wandel der Generationen: Vom Beten in der Freiheit des Geistes zum individualisierten Pensum (Martin Klöckener) 98

I. Hilfsmittel für das tägliche Gebet in den ersten drei Jahrhunderten 99

II. Erste schriftliche Vorlagen für die Tagzeitenliturgie der Gemeinden und monastischer Kreise (4.–7. Jahrhundert) 100
1. Das Offizium der ägyptischen Mönche 101
2. Die gemeindliche Tagzeitenliturgie in den Kirchen des Ostens 101
3. Der Sonderfall der gemeindlichen Tagzeitenliturgie in Jerusalem 102
4. Die Tagzeitenliturgie in den Kirchen des Westens . 103
5. Zusammenfassung 108

III. Die Bücher für die Tagzeitenliturgie vom Mittelalter bis zur Neuzeit 112
1. Die Tagzeitenliturgie in der Karolingerzeit 112
2. Die Entwicklung zum Breviarium 117
3. Das Breviarium von der Zeit Innozenz III. bis zur Neuzeit 118

ZWEITER TEIL: PASTORALLITURGISCHE PERSPEKTIVEN UND MODELLE

F. Die Herausforderung des Anfangs: Impulse für eine steckengebliebene Reform 125

   I. Die zukunftsweisende Kraft der Anfänge 125
      1. Tagzeitenliturgie als Ausdruck des Gemeindebewußtseins damals und heute 125
      2. Prinzipien einer volksnahen Tagzeitenliturgie ... 126

   II. Chancen und Grenzen der „Liturgia Horarum" 127
      1. Das Stundenbuch: ein Buch für religiöse Spezialisten 127
      2. Defizite im Blick auf die Gemeinde 129
      3. Warum *ein* Buch für *alle* ? 131

   III. Zwei richtungsweisende Entwürfe 134
      1. Der benediktinische „Thesaurus Liturgiae Horarum Monasticae" (1977) 134
      2. „The Book of Alternative Services of the Anglican Church of Canada" (1985) 135

   IV. Das Ziel damals und heute: Tagzeitenliturgie als Lebenshilfe 136

G. Im Blick auf mutige Mitchristen: Den täglichen Gottesdienst retten 138

   I. Modellbeschreibungen 138
      1. Tägliche Vesper: Modell Mariä Himmelfahrt – Bad Tölz 138
      2. Tägliche Laudes: Modell St. Peter – Aachen 141
      3. Täglich Laudes – Mittagsgebet – Vesper: Modell St. Maria – Stuttgart 144

   II. Lernen am Modell 148
      1. Ein langer Weg 148
      2. Bedeutung des „Wochenendes" 148
      3. Intensivzeiten 149
      4. Initiativen von seiten der Beter 149
      5. Rolle des Priesters bzw. Seelsorgers 150
      6. Tragende Gruppierungen 150

7. Pfarrliche Gestalt 151
8. Psalmen und Psalmodie 151
9. Verquickung von Tagzeitenliturgie und Eucharistie 152

III. Perspektiven zur Rettung des täglichen Gottesdienstes 152
  1. Kein Tag ohne Gottesdienst der Gemeinde 152
    a) Notwendigkeit einer „liturgischen Strategie" . . 153
    b) Im Kontext anderer Gottesdienstarten 154
  2. Geistliche Motivation 155
  3. Die praktischen Probleme 156
    a) Trägergruppen 156
    b) Leitung 157
    c) Ausbildung 158
  4. Tagzeitenliturgie: ein wesentliches Stück Seelsorge 159
    a) Ein geistlicher Dienst 159
    b) Schule des Betens 160
    c) Unterwegs zu einer gemeindlichen Spiritualität . 161
    d) Ökumenische Chance 162
    e) Vorrangige Aufgabe der Seelsorgeämter 163

H. Erprobte Schritte in eine neue Zukunft: Das „Fürstenrieder Modell" 164

I. Grundsätzliche Erwägungen zu Bedeutung und Gestalt 165
  1. Geistlicher Sinngehalt 165
  2. Liturgische Grundgestalt 166
  3. Innere Dynamik und Dramaturgie 170

II. Beschreibung des Modells 170
  1. Hymnus und lukanische Hochgesänge 170
    a) An den „Toren des Lobes": der Hymnus 170
    b) Auf dem Gipfel der Feier: Benedictus und Magnificat 175
  2. Unterwegs zur Psalmodie: Ein Lernprozeß 177
    Erster Schritt: Mit Rufen singen 179
    a) Das Ur-Responsum der Erlösten 179
    b) Litaneiartige Wechselgesänge 180
    c) Soviel wie möglich auswendig singen 180
    Zweiter Schritt: Mit Kehrversen beten 181
    a) Ein Schatz von „Stoßgebeten" 181
    b) Der Antwortpsalm: eine Schule der Meditation . 182
    c) Mit Psalmen biblisch beten lernen 183

Dritter Schritt: Der antiphonale Psalm 183
  a) Einen Psalm rezitieren 184
  b) Grundregeln zum Sprechen und Singen 184
Vierter Schritt: Eine bewährte Ordnung des Psalmodierens 186
  a) Wechselnde Vortragsweise(n) 186
  b) Gattungsgerechte Auswahl und Gestaltung ... 187
  c) Eine Mischung aus Alt und Neu 188
Fünfter Schritt: Psalmen erschließen 190
  a) Im Gottesdienst 190
  b) Außerhalb des Gottesdienstes 192
Sechster Schritt: Cantica – Gesänge im Geist der Psalmen 194
  a) Laudes im „Gotteslob" und im „Chorbuch zum Gotteslob" 194
  b) Vesper im „Gotteslob" 196
3. Das Wort Gottes und das Schweigen 197
  a) Am Morgen: das Wort für den Tag 197
  b) Am Abend: ein „lichtes" Wort 197
  c) Das Wort in den Vigilien 198
  d) Gemeinsames Schweigen 199
4. Das „universale Gebet" 199
  a) Bitten und Fürbitten 199
  b) Das Vaterunser 200
5. Momente der Festlichkeit 201
  a) Ein festlicher Glaube 201
  b) Kanon-Singen 202
  c) Musik 205
  d) Prozessionen und Gebärden 205
  e) Zeichenhaftes Handeln: Luzernar, Weihrauchspende, Lichterprozession, Taufgedächtnis ... 207
6. Das hinführende Wort 210
  a) Anstelle eines Liedanzeigers 210
  b) Es darf nicht eilen 212

Anhang A: Laudes und Vesper: Struktur und Elemente . 214
Anhang B: Materialien für Laudes 220
Anhang C: Materialien für Vesper 225
Anhang D: Gesänge 228
Anmerkungen 234
Register 245

ABKÜRZUNGSVERZEICHNIS

AEM	– Allgemeine Einführung in das Römische Meßbuch
AES	– Allgemeine Einführung in das Stundengebet
ChB	– Chorbuch für einstimmigen Gesang zum Gotteslob. Bd. 1. Hg. v. Paul Nordhues u. Alois Wagner. München/ Graz 1975
CIC	– Codex Iuris Canonici, 1983
Gd	– Gottesdienst. Hg. v. den Liturgischen Instituten Deutschlands, Österreichs u. der Schweiz. Freiburg u. a. 1967ff
GL	– Gotteslob. Katholisches Gesang- und Gebetbuch. Hg. von den Bischöfen Deutschlands und Österreichs und der Bistümer Bozen-Brixen und Lüttich. Stuttgart u. a. 1975
Gott feiern	– Gott feiern. Theologische Anregung und geistliche Vertiefung zur Feier von Messe und Stundengebet (Festschrift für Theodor Schnitzler). Hg. v. Josef G. Plöger. Freiburg u. a. 1980
HlD	– Heiliger Dienst. Salzburg 1947ff
Lebendiges Stundengebet	– Lebendiges Stundengebet. Vertiefung und Hilfe (Festschrift für Lukas Brinkhoff). Hg. v. Martin Klöckener u. Heinrich Rennings. Freiburg u. a. 1989 (PLR-Gd)
LJ	– Liturgisches Jahrbuch. Münster 1951ff
LO	– Lex Orandi. Paris 1944ff
LQF	– Liturgiewissenschaftliche Quellen und Forschungen. Münster 1929/1957ff
LS	– Lebendige Seelsorge. Freiburg 1950ff
PG	– Patrologiae cursus completus. Series graeca. Hg. v. J. P. Migne. Paris 1857–1866, 1928–1936
PL	– Patrologiae cursus completus. Series latina. Hg. v. J. P. Migne. Paris 1841–1864
PLR-Gd	– Pastoralliturgische Reihe in Verbindung mit der Zeitschrift „Gottesdienst". Einsiedeln u. a.
RAC	– Reallexikon für Antike und Christentum. Stuttgart 1950ff
SC	– „Sacrosanctum Concilium", Konstitution des 2. Vatikanischen Konzils über die heilige Liturgie
SChr	– Sources chrétiennes. Paris 1941ff
StB	– Die Feier des Stundengebetes. Stundenbuch für die katholischen Bistümer des deutschen Sprachgebietes ... 3 Bde. und 16 Ergänzungsfaszikel. Einsiedeln u. a. 1978–1980

Einführung

Tagzeitenliturgie der Gemeinde am Übergang vom zweiten zum dritten Jahrtausend: fromme Illusion oder Chance der Kirche? In einem seiner letzten Interviews befragt, wie er sich angesichts der allgemeinen Glaubensnot die Kirche der Zukunft vorstelle, gab Karl Rahner zur Antwort: „Ich möchte und wünsche und erwarte eine Kirche von einer ... außerordentlich starken Spiritualität, einer stärkeren Frömmigkeit, eine Kirche des Gebetes, eine Kirche, die Gott die Ehre gibt und die nicht meint, Gott ist für uns da, sondern davon überzeugt ... ist, daß wir Gott anzubeten haben, daß wir ihn um seiner selbst willen und nicht nur um unseretwillen zu lieben haben." Eine klare Auskunft, einer Kirche ins Stammbuch geschrieben, die weithin dabei ist, in dem „Hin- und Hergerissenwerden zwischen vielerlei Dienst" (Lk 10,40) das eine Notwendige aus den Augen zu verlieren. Je bedrängender die Situation in den Gemeinden, desto unabdingbarer ihre betende Verwurzelung in Gott!

Der Erneuerung der Kirche vor Ort von ihren geistlichen Wurzeln her möchte diese Arbeit über die Tagzeitenliturgie der Gemeinde dienen. Als Leitwort trat mir während ihrer Entstehung immer deutlicher der Psalmvers vor Augen: „Verkündet sein Heil von Tag zu Tag!" (Ps 96,2). Dieser Aufruf enthält im Kern das Selbstverständnis des Gottesvolkes einst und heute. Schon im alttestamentlichen Judentum war er so etwas wie das Motto der täglichen Morgen- und Abendliturgie des Tempels und der Synagoge. Von ihr übernahm ihn die junge Kirche in ihre Tagzeitenliturgie. Sie kannte noch nicht die (werk)tägliche Feier der Eucharistie; aber sie bezeugte von Anfang an in den beiden Gebetsgottesdiensten am Morgen und Abend in Lob und Dank, wovon sie selbst und alle Welt tagtäglich lebte: das Heil der österlichen Selbsthingabe Gottes in Jesus Christus.

Im Blick auf die angespannte pastorale und geistliche Situation vieler Gemeinden heute könnte die Praxis der frühen Tagzeitenliturgie eine wichtige Vorbild- und Entlastungsfunktion bekommen. Zum einen wäre von ihr zu lernen, im Geist der ursprünglichen Tradition neue, heutige Weisen gemeindlicher Tagzeitenliturgie zu entwickeln. Zum anderen können wir die Eucharistie heilsam entlasten und wieder ein ausgeglicheneres Verhältnis zu ihr gewinnen. Denn Laudes und Vesper waren über Jahrhunderte hin an allen Wochentagen der selbstverständliche Gottesdienst der Gemeinde, während die Eucharistie der Vollversammlung der Gemeinde an Sonn- und Feiertagen vorbehalten blieb.

Das *Anliegen* dieses Buches ist ein doppeltes: es will informieren und inspirieren. Dem entspricht die Gliederung in zwei große Abschnitte. Der Blick zurück in die Geschichte der Tagzeitenliturgie und die Beschäftigung mit ihrem theologischen und geistlichen Wesen im ersten Teil des Buches bringt neue Erkenntnisse und orientiert den Praktiker bei der Erprobung zeit- und gemeindegerechter Weisen von Laudes und Vesper. Mit seinen Erfahrungsberichten und Modellen möchte das Buch in seinem zweiten Teil möglichst viele Seelsorger/innen wie „Laien" motivieren und ermutigen, eigene Initiativen in ihren Gemeinden zu entwickeln.

Ich bin überzeugt: Wir stehen am Anfang eines langen Weges. Die Not wird unseren Glauben erfinderisch machen. Die Tagzeitenliturgie der Zukunft wird verschiedene Gesichter haben, kein Einheitsgesicht. Sie wird, wie es im Anfang war, ein Spiegel der vielfarbigen Gnade Gottes in den Gemeinden und ihren Gläubigen sein. Laudes und Vesper, in einer dem heutigen Menschen angepaßten und ihn als ganzen ansprechenden Gestalt, könnten genau das werden, wonach sich Ungezählte sehnen, innerhalb und außerhalb der Kirche: Orte und „Zeiten des Aufatmens" (vgl. Apg 3,20), Oasen des Innehaltens vor oder nach der Arbeit des Tages, Inseln der Besinnung und des Zu-sich-selber-Kommens, in der Versammlung sehr unterschiedlicher Menschen, die aber alle dasselbe suchen: die gemeinsame Ausrichtung im Lob auf den, „der uns trägt von Tag zu Tag" (Ps 68,20).

Erster Teil:
Zugänge aus Anthropologie, Theologie und Geschichte

A. In Zeiten geistlichen Notstands: Wie beten und feiern?

I. Der gottesdienstliche Engpaß

1. Eucharistische Monokultur und ihre Folgen

Das auffallendste Merkmal beim Blick auf die traditionelle Gottesdienstordnung ist die Verengung auf die Feier der Eucharistie. Schon der Sprachgebrauch verrät die Verarmung: Wer „Gottesdienst" sagt, meint in der Regel die Messe. Diese aber ist nach Gehalt und Gestalt die dichteste, für Priester und Gemeinde anspruchsvollste Feierform des Glaubens und darum auch die am meisten gefährdete.

Was eigentlich Gipfel und Höhepunkt des Lebens der christlichen Gemeinde ist, leidet durch seine vielfache Wiederholung am Werktag, besonders aber durch „ein weitgehend unverbindliches Angebot von Sonntagsmessen"[1] unter erheblichen Abnutzungserscheinungen. Immer weniger Priester haben in immer mehr Gemeinden immer öfter der Feier der Messe vorzustehen. Kein Wunder, daß die eucharistischen Versammlungen zu selten erfahren werden als „Orte, wo der Geist blüht" (Hippolyt), d. h. wo das, was da gefeiert wird, in der Gemeinde blühendes Leben entstehen läßt: Freude an Gott und aneinander und daraus die Kraft zur gläubigen Bejahung der täglichen Wirklichkeit des Lebens.

Je weniger die (tägliche) Messe selbstverständlich ist, desto mehr weiße Flecken erscheinen auf dem Gottesdienstanzeiger von immer mehr Gemeinden. Pfarreien ohne eigenen Priester am Ort haben im Glücksfall ein- bis zweimal pro Woche eine Eucharistiefeier. Die übrigen Tage bleiben (abgesehen vielleicht vom Rosenkranzgebet) ohne Gottesdienst.

Die nicht unbedenkliche Fixierung auf die Eucharistie zeigt sich auch dort, wo werktägliche Kommunionfeiern als Ersatz für entfallende Werktagsmessen angesetzt werden. Liturgische

Alternativen zur nicht mehr möglichen Messe sind kaum in Sicht. Wovon aber lebt der Glaube der Gemeinde an den Tagen, wo keine Art von Gottesdienst an die Stelle der bisher gewohnten Eucharistiefeier tritt?

Vor allem aber: Was bleibt für die wachsende Zahl der Gläubigen, die durch die Ausschließlichkeit der eucharistischen Hochform des Gottesdienstes schlichtweg überfordert sind? Zu den vielen Anfängern im Glauben gehören vor allem jene Getauften, die ohne inneren Bezug zu einem persönlichen Glauben und ohne Anschluß an eine Glaubensgemeinschaft leben. Das gilt in dem säkularisierten gesellschaftlichen Klima einer „religionsfreundlichen Gottlosigkeit"[2] von Kindern und Jugendlichen ebenso wie von Erwachsenen. Bräuchten nicht gerade sie gottesdienstliche Feier-Formen „im Vorraum der Sakramente"[3]?

2. Stirbt der tägliche Gottesdienst in den Gemeinden?

Erfreuliche Ansätze zur Überwindung des eucharistischen Einbahnweges zeigen sich bisher vor allem im Bereich der Jugendliturgie[4]. Entwicklungen wie Früh- bzw. Spätschicht, vigilähnliche Nachtgottesdienste, vor allem aber die weithin beliebte Jugendvesper, die von Taizé her inspiriert ist, zeigen auch Wege für die Erwachsenengemeinde auf. In solchen Gebetsgemeinschaften lernen junge Menschen vielfältige Formen kirchlichen Betens kennen, die ihnen oft erst eine innere Teilnahme an der Eucharistiefeier ermöglichen. Eine ähnliche Entdecker- und Gestaltungsfreude für Neuansätze liturgischen Feierns ist in der durchschnittlichen Ortsgemeinde eher die Ausnahme geblieben. So haben sich die Weisen gottesdienstlichen Feierns bei Alt und Jung in vielen Fällen voneinander entfernt.

Die Gefahr zeichnet sich ab, daß durch die weiter ansteigende Knappheit an Priestern die seit Jahrhunderten gewachsene Tradition des täglichen Gemeindegottesdienstes lautlos, aber sicher stirbt, wenn nicht neue Wege versucht werden.

II. Der allgemeine Gebetsnotstand

1. Eine atemlose Kirche: Haben wir das Beten verlernt?

Die Krise der Kirche ist im wesentlichen eine geistliche. Der Glaube selbst ist bei vielen Gläubigen aus dem Tritt geraten und darum notwendigerweise auch das Gebet. Denn wer betet, drückt seinen Glauben aus und bringt das Leben zur Sprache vor Gott: Beten ist „sprechender Glaube" (O.H. Pesch). Beten ist so etwas wie der Atem des Glaubens: Lebendiger Glaube lebt wesentlich vom Rhythmus betenden Atemholens. H. Oosterhuis läßt in einem seiner Lieder den Beter direkt zu Gott sagen: „Du bist mein Atem, wenn ich zu dir bete" (GL 621,3).

So laut und deutlich heute christliche Frauen und Männer zur Welt über Gott reden, sosehr sie wetteifern in der Wahrnehmung ihrer evangelischen Verantwortung für die Welt: mitten in dieser anspruchsvollen Mitarbeit an den drängenden Aufgaben der Zeit und in der Sorge um eine zeitgemäße Verkündigung haben viele von ihnen verlernt, zu Gott selbst zu reden. „Die Krise der Kirche bei uns gründet darin, daß wir das Beten verlernt haben", schreibt Bischof H. J. Spital in seinem Fastenhirtenbrief 1992 zum Thema Beten.

In der Tat reicht die Not mit dem Beten tief in die Kirche hinein. Kirche in Atemnot, das heißt weithin Kirche in Gebetsnot. Wer aber außer Atem ist, wirkt gehetzt, sein Tun ist nicht befreiend und erlösend, in seiner Nähe kann man nicht aufatmen, zu sich kommen, Hoffnung schöpfen. Ebendies aber suchen die Menschen auch heute zu Recht in der Kirche: einen Ort, wo sie aufatmen können, wie die Menschen in der Nähe Jesu aufatmen konnten: „Kommt her zu mir, ihr Mühseligen und mit Lasten Beladenen: Ich lasse euch ausruhen" (Mt 11,28).

a) Im Blick auf den betenden Herrn

Die heilende Nähe Jesu stammte aus seinem betenden Verwurzeltsein in Gott. Lukas vor allem taucht die Heilandsgestalt Jesu und sein gesamtes Heilswirken in eine Atmosphäre des Gebets. Nur aus solch betendem Selbstvollzug ist Jesu Geheimnis als Heiland der Heillosen zu begreifen. Aus dem Gebet heraus begegnet er den Menschen. Betend wird er ganz frei von sich selbst, frei für das Du des Vaters, und von dort her frei für das Du der Menschen, die ihn umdrängen: „Alle suchten ihn anzurühren, denn es ging eine Kraft von ihm aus, die alle heilte" (Lk 6,19). Nichts von Hektik oder Hetze in Jesu Wirken, keine Spur von Sorge, er müsse alles selber schaffen. Sein Beten macht Jesus bis ins Innerste hinein offen und durchlässig für Gottes Reden und Wirken durch ihn.

Ob der Blick auf den betenden Herrn nicht die Wurzel der Atemnot der Kirche freilegt? Scheint nicht manche Gemeinde so beschäftigt mit sich selbst und ihren Problemen, daß sie darüber buchstäblich atemlos wird? Dann bleibt ihr weder Zeit noch Ruhe noch Kraft, sich in regelmäßigem Gebet der heilenden Nähe des Herrn zu versichern und bei ihm aufzuatmen. Dann gerät schließlich der aus dem Blick, der in allem Tun und Lassen seiner Kirche den Menschen heilend nahekommen möchte.

b) In Gemeinschaft mit der betenden Kirche

Das Gebet ist weithin in einer *individualistischen* Frömmigkeit steckengeblieben und nicht selten daran erstickt. Wieder beten lernen würde darum vor allem heißen: sich als einzelner einschwingen zu lernen in den großen Gebetsatem der Kirche. Denn „das wahre Subjekt des Betens ist das umfassende Ich des Leibes Christi, des pilgernden Gottesvolkes auf dieser Welt. In ihm reichen wir in die Ewigkeit hinüber, in ihm reichen wir hinein in die Gebetserfahrung der großen Glaubenden, die uns gleichsam ihre Stimme leihen. Nur wer sein kleines Ich in dieses große Ich hineingibt, erfährt die Öffnung von Zunge und Ohr – das Ephpheta, das zeichenhaft bei den Riten der Taufe geschieht."[5]

Zur gleichen Zeit, da in vielen Pfarrkirchen das gemeinsame Beten verstummt, wächst der Hunger nach Betenkönnen, innerhalb und außerhalb der Kirche. In vielen Menschen, jüngeren und älteren, bricht die Sehnsucht nach Gott neu auf. Sie haben zur Genüge erfahren, „daß sich das Glück des Lebens nicht im Besitzen und Genießen erschöpft. Eine tiefe Sehnsucht läßt sie nicht länger mit den Götzen des Wohlstands und des äußeren Fortschritts zufrieden sein. Sie fangen an, nach Gott zu fragen, der allein das Herz des Menschen ganz und für immer auszufüllen vermag" (Bischof W. Kasper im Fastenhirtenbrief 1991).

Welche Antwort gibt die Gemeinde auf das Suchen und Ausschauhalten dieser Menschen? Wird sie zu ihnen nur über Gott *sprechen*? Oder finden sie bei ihr *betende Zeugen der Wirklichkeit Gottes* in dieser unheilen Welt? Was sie suchen, sind „Geistliche": Frauen und Männer, die, weil in Gott verwurzelt, über sich hinaus aus Gottes unendlich größerer Perspektive leben; glaubwürdige Anwälte und Deuter des menschlichen Daseins. Wer nimmt die Suchenden an die Hand und läßt sie die heilende Kraft gemeinsamen Betens erfahren?

2. Kirche am Ort: Lern- und Übungsort des Betens?

a) Betender Selbstvollzug der Kirche

Von Anfang an konnte sich Kirche nur als betende Kirche richtig verstehen: Ecclesia orans. Denn im Gebet vollzieht sie ihr innerstes Wesen. An ihrem Gebet ist ablesbar, wem und was sie glaubt: Lex orandi – lex credendi. In all ihrem Beten bringt sie zum Ausdruck, daß sie sich radikal verdankt, d. h. ganz und gar aus Gottes freier Gnade in Christus und nicht aus ihrer eigenen Tat existiert. Kirche, die nicht aufhört, Gott zu loben und ihm zu danken, bringt eben dieses ihr „eucharistisches" Wesen laut und öffentlich vor Gott zur Sprache.

b) Einübung in die Grundvollzüge betenden Glaubens

Hier zeigt sich die ganze Dringlichkeit des Problems: Sind unsere Gemeinden Lern- und Übungsorte solch kirchlichen Betens? Kann man in ihnen das Beten mit der Kirche von Grund auf lernen? Was geschieht, damit „diese kostbarste und zugleich auch vergessenste ... innere Möglichkeit des Menschen: Anbeten, Loben, Danken und Rühmen"[6] ins Spiel gebracht wird? Wo lernt man, daß sich aus solchem Rühmen Gottes das rechte Bitten und Fürbitten wie von selbst ergibt? Wie steht es um das Klagen der Christen vor Gott, das dem biblischen Beter so wesentlich ist? Nicht erst heute ist die Welt voll von Beklagenswertem; schon der Psalter des alten Gottesvolkes besteht zum größeren Teil aus Klageliedern! Unser übliches Jammern und Lamentieren dreht sich leicht im Kreise; das biblische Klagen aber stößt durch zum Du Gottes. Ob Lob oder Klage, beides hat für den heutigen Menschen auch eine therapeutische Funktion: sie bringen ihn weg von sich selbst, machen ihn frei für das Wir der Mitlobenden und Mitklagenden und öffnen ihn mit diesen zusammen für das gemeinsam gesuchte Du.

Ist die Gemeinde so etwas wie eine Elementarschule für diese zentralen Lebensvorgänge des Glaubens? Ist sie so etwas wie ein Geistliches Zentrum, das dem Glauben von Jung und Alt Möglichkeiten bietet, sich mit allem, was ihn bewegt, vor Gott zur Sprache zu bringen? Oder überläßt man dies gelegentlichen Seminaren über das Gebet oder den Sonderveranstaltungen von Kirchen- und Katholikentagen?

c) In Rhythmen beten

Glaube, der sich in Lob und Klage, Dank und Bitte ausdrückt, bedarf, wie alles Lebendige, eines Rhythmus. Ohne Gebetsrhythmus stirbt er ab. Unsere Glaubensasthenie (vgl. 2 Kor 12,9) bedarf der regelmäßigen Frischluftzufuhr des Geistes, nicht nur für eine knappe Stunde am Sonntag.

Auch Seelsorge im Sinne Jesu wird sehr bald kurzatmig und gehetzt, wenn sie nicht betend angeschlossen bleibt an den „langen Atem" des Schöpfergeistes Gottes, der gerade im Beten die Kirche inspiriert (vgl. Röm 8,26f). Im regelmäßigen gemeinsamen Gebet atmet der müde gewordene Glaube der Kirche auf, macht sich wieder fest in Gott, gewinnt von neuem Gottes Perspektive und entschließt sich zur Tat der Liebe.

Können Erwachsene und junge Christen die Wohltat eines

rhythmischen Betens als Kirche nur in Taizé oder bei gelegentlichen Wochen von Kloster auf Zeit erfahren? Sind wir erfinderisch genug, um nach Orten, Zeiten und Weisen solchen Aufatmens in den Gemeinden selbst zu suchen?

d) Der priesterliche Gebetsdienst der Gemeinde

Neben dem Recht auf Eucharistie (zumindest am Sonntag) hat die Gemeinde ein ursprüngliches Recht auf gemeinsames Gebet. Ob es nicht an der Zeit ist, sich bewußt zu machen, daß dies ein wesentliches Stück ihrer gläubigen Mündigkeit vor Gott und der Welt ausmacht? Dieses Recht ist zugleich ihr notwendigster Dienst. Denn als Kirche am Ort ist sie zum priesterlichen „Dienst des Lobes und der Fürbitte"[7] berufen. Und wer könnte ihr diesen zentralen Weltdienst abnehmen? Mitten in einer Welt, die nur sich selbst im Auge hat, Gott zu loben; mitten in einer Welt, die um sich selber kreist, bei Gott einzustehen für die Zukurzkommenden, Übersehenen und Übergangenen: Kann eine wachgewordene Gemeinde diesen Dienst länger ihren hauptamtlichen Seelsorgern/innen überlassen, wie es weitgehend noch Brauch bei uns ist?

Hier schließt sich nahtlos die Frage nach einer gemeinsamen Spiritualität aller um die Gemeinde Besorgten an. Die Basis der sonntäglichen Eucharistie ist hierfür viel zu schmal. Bräuchte nicht alle Sorge und Seelsorge in der Gemeinde ein geistliches Fundament im (regelmäßigen) gemeinsamen Gebet? Sollte das alte Ur-Schisma zwischen sogenannten Klerikern und Laien nicht an der Wurzel, nämlich im gemeinsamen Dienst des Lobes und der Fürbitte des ganzen Volkes Gottes, aus den Angeln gehoben werden können?

3. Verschlossene Kirchen

a) Hinzunehmendes Faktum oder Alarmsignal?

Immer häufiger steht man heute vor verschlossenen Kirchentüren. Ein Kunstdiebstahl mag oft der unmittelbare Anlaß der Schließung sein. Durch den Wegfall der Werktagsmessen droht dann bald die Gefahr, daß die Gemeindekirchen die ganze Woche über geschlossen bleiben. Selbst am Sonntag wird manche Pfarrkirche nach der Feier der Gemeindeeucharistie wieder zugesperrt. Die Leute am Ort gewöhnen sich an diese Situation. Was einmal die räumliche Mitte des gemeinsamen Lebens war, wird nun ausgegrenzt. Aus den Stätten des Gebetes, aus Orten des Aufatmens für Einzelbeter oder kleine betende Gemeinschaften werden immer mehr Museen.

Verschlossene Kirchen werden oftmals viel zu rasch als notwendiges Faktum hingenommen. Sind aber die vielen geschlossenen Kirchen nicht ein Alarmsignal für die innere Not, den Glaubens- und Gebetsnotstand in den Gemeinden? „Eine Kirche, in der nicht mehr oder nur selten gebetet würde, ist wie ein Brunnen ohne Wasser", schreibt Bischof Kapellari in einem Brief an die Pfarrer und Pfarrgemeinderäte seiner Diözese. Sind die Gemeinden mit verschlossenen Kirchen am Verdursten, ohne es zu bemerken? Verstummt der Glaube, der sich nicht mehr ausdrückt im Gebet? Verstummt Gott selbst in den Gemeinden, in denen er nicht mehr verkündet und angebetet wird?

b) Das Gebot der Stunde

Die verschlossenen Kirchentüren, die die alten Kunstschätze schützen, sind „keine Antwort, bei der wir uns beruhigen können... Der versperrte Kirchbau ist Ausdruck für eine Kirche, die nicht mehr *von innen* offen sein kann, weil sie dem Ungeist der Zeit nicht gewachsen ist... Nur die Präsenz der Betenden kann die Kirche von innen schützen. Nur sie kann sie als offene Kirche erhalten."[8] Der ungeheuren Sinn- und Glaubensnot unserer Tage darf die Kirche am Ort nicht mit verschlossenen Türen antworten. Nicht Kapitulation vor dem Ungeist der Zeit, sondern Herausforderung gläubiger Phantasie ist notwendig. Und wären es nur die zwei oder drei Beter, die im Vertrauen auf das Wort des Herrn zusammenkommen, daß er selbst in ihrer Mitte ist (vgl. Mt 28,20).

Wie eine Ermutigung klingt die aus langer Erfahrung kommende Frage eines Beters wie Roger Schutz: „Sollten wir nicht in einer Geburts- und Reifezeit des gemeinsamen Gebets sein?"

III. Tagzeitenliturgie in den Gemeinden

1. Der Wunsch des Konzils: Wiederbelebung der gemeindlichen Tagzeitenliturgie

a) Bis heute kaum verwirklicht

Kaum ein Desiderat des 2. Vatikanischen Konzils ist, aufs Ganze gesehen, so ohne Echo geblieben wie der Wunsch, in den Gemeinden möge alles getan werden, damit das ganze Volk Gottes (wieder) einstimmen könne in das Lob der Kirche auf Gottes rettende Taten[9]. Warum wohl bleiben die Initiativen sowohl der Seelsorger als auch der Gemeinden in diesem zentralen Punkt so zögerlich, vereinzelt und sporadisch? Hier wirken sich u.a. historische Hypotheken aus, die man sich im allgemeinen kaum bewußt macht. Denn zum einen sollen die Priester nun mit ihrer Gemeinde teilen, was über Jahrhunderte hin als ihre ureigene Domäne galt, die Tagzeitenliturgie; und umgekehrt: die Gemeinden sollen sich für etwas interessieren, woran sie de facto keinen Anteil hatten. Zum anderen ist das priesterliche Stundengebet selbst in eine Krise geraten, auch in seiner reformierten Gestalt.

b) Eine wichtige Begriffsklärung

Um alles Folgende richtig zu verstehen, müssen wir uns auf den zentralen Begriff dieser Arbeit einigen. Ich ziehe grundsätzlich den Begriff „Tagzeitenliturgie" dem üblichen und gewohnten „Stundengebet" vor, und dies aus folgenden Gründen:

Zum einen grenze ich mit „Tagzeiten" die kathedral-pfarrliche Tradition der beiden Haupt-Tagzeiten des Morgens und des Abends ab gegenüber der monastischen Tradition der sieben Gebetszeiten (*horae* = Stunden), die das tägliche Gebet in Klöstern, Stiften und Kanonikaten über die Stunden des Tages hin verteilte. Zum anderen favorisiere ich „Liturgie" (entsprechend dem lateinischen „Liturgia Horarum") gegenüber „Gebet", weil dadurch das dialogische Grundmuster aller Liturgie, das Wort-Antwort-Geschehen und somit die Würde einer liturgischen Feier deutlicher zum Ausdruck kommen. Im übrigen ist „Tagzeitenliturgie" im Sprachgebrauch nicht festgelegt auf den Vollzug entsprechend dem „Stundenbuch".

c) Die „Brevier-Mentalität"

Wie tief die Einzelbeter-Mentalität bei den „Brevier-Betern" sitzt, beleuchten Phänomene wie diese:

Dieselben Konzilsväter, die die Anregung zur Einbeziehung des Volkes Gottes in die Tagzeitenliturgie der Kirche gaben, kamen nicht auf den Gedanken, auch nur eine Hore miteinander zu halten. Sie waren ein Leben lang von dieser „Solobeter-Mentalität" geprägt. Was Wunder, daß sie sich keine Vorstellung von einem lebendigen Gemeindeoffizium machen konnten!

Noch bei meiner Priesterweihe 1965, nach Beendigung des Konzils, umgab das Weihegeschehen am Altar ein Kranz von still für sich brevierbetenden Mitbrüdern. Und meinen beiden ersten Pfarrern war es offenbar unvorstellbar, wenigstens die eine oder andere Hore gemeinsam mit ihrem Kaplan zu beten; sie wiesen meine Bitte hilflos zurück. Dem Einzelkämpfergeist der Seelsorge entsprach konsequent der Einzelbetergeist[10].

Die andere Seite der Breviermentalität zeigt die Folgen des inneren Widerspruchs, daß der zum Einzelgebet Verpflichtete ein für die Gemeinschaft konzipiertes Gebetskompendium zu verrichten hatte. Was ursprünglich für das (feierliche) Chorgebet der Mönche bzw. Chorherren der Kanonikerstifte gedacht und nur im Notfall, etwa auf Reisen, vom einzelnen zu beten war, wurde mit der Entwicklung des Pfarrgedankens und neuer Seelsorgemethoden immer mehr zum Normalfall, bis schließlich der Pfarrer in seinem Pfarrhaus alles für sich allein zu beten hatte.

Es stellt sich die Frage, wie weit so etwas überhaupt von innen her gelingen kann. Wo beispielsweise der Hymnus nur leise rezitiert, womöglich in Eile überflogen wird; wo die Psalmen niemals die Gestalt des gesprochenen oder gesungenen

Wortes erhalten; wenn nie das Hin und Her entsteht, aus dem doch die Psalmodie ihrem Wesen nach lebt; wenn Benedictus und Magnificat, gesprochen oder gemurmelt, kaum je als wirklicher Höhepunkt erlebt werden, weil sie ihre geistliche Sprengkraft nicht entfalten können: Ist es dann verwunderlich, daß diese Art von Beten so wenig Echo in Predigt, Katechese und Liturgie hervorgebracht hat? Warum ist so wenig von Freude an Gott zu spüren, wenn Priester etwa aus Anlaß eines Konveniats eine Non oder Vesper miteinander rezitieren? Und warum gibt es über dieses Gebet bei den Betern selbst so gut wie keinen Austausch? Wer aber von solcher Art des Betens für sich selbst kaum einen nennenswerten Nutzen ziehen kann, wie sollte er davon seiner Gemeinde mitteilen wollen?[11]

2. Anhaltende „Brevier-Krise"

Es ist ein offenes Geheimnis, daß das Stundengebet auch mit dem erneuerten Stundenbuch bei vielen Priestern und Seelsorgern nicht aus der Krise herausgekommen ist. Ich kenne die Not aus der Erfahrung vieler Exerzitienkurse für Mitbrüder im priesterlichen Dienst. Sie klagen darüber und klagen sich dessen an, das Stundenbuch oft nur mit Mühe, kaum mit Freude und Erwartung zur Hand zu nehmen. Vereinsamt im Übermaß von Terminen finden sie für das Gebet keinen festen Rhythmus, leiden darunter und wissen es doch nicht zu ändern. Ihre Erfahrung: Gebet ohne Regelmäßigkeit, ohne jedes Ritual, ohne Einbeziehung des ganzen Menschseins ist auf Dauer bei der heutigen Beanspruchung keine Lebenshilfe.

Auf der anderen Seite blühen bei Exerzitien dieselben Mitbrüder auf, wenn sie die Tagzeiten in Gemeinschaft als echte Liturgie neu entdecken. Das in Ruhe gefeierte Gebet, zu dem man sich Zeit nimmt, das Stimme, Sinne und Leib, Gemüt und Herz ebenso beansprucht wie den Verstand, kann hier wieder erlebt werden als „Zeit des Aufatmens" (Apg 3, 20), als Ort der Erfrischung und der Erneuerung aus dem Gebet; als Quelle, an der die tiefe Sehnsucht nach Gott, der Durst nach Gebet gestillt wird und neuen, noch tieferen Hunger hervorruft. Solch gemeinsam gefeierte Tagzeitenliturgie (Liturgia Horarum) am Morgen, Mittag und Abend hat manch einem die Freude am Glauben und damit die Freude an Gott selbst wiedergeschenkt. Der „Geschmack an Gott", verschüttet unter einem Berg von Resignation, wurde wieder freigelegt. Natürlich stellen Exerzitien insofern eine Ausnahmesituation dar, als sie die Hektik des Alltagsbetriebes ausblenden. Zu Hause muß sich das Gebet inmitten der Härte und Hitze des Tages bewähren. Aber gerade deshalb: Könnte nicht der Wunsch des Konzils, die Tagzeitenliturgie von neuem in den Gemeinden zu beheimaten, gerade dieser Not entgegenkommen, die dem Breviereinzelbeter immer wieder erwächst? Ich bin überzeugt, daß die große Gebetsnot der Kirche eines der (be)drängenden Zeichen der Zeit ist, hinter dem sich Gottes Geist verbirgt, der den Gemeinden, ihren Seelsorgern und Gläubigen, etwas zu sagen hat. Wer das Glück hat, die Kraft des täglichen Tagzeitengebets in einem Kreis von Mitbetern zu erleben, erfährt, wie aus der Last mit dem Beten ganz unerwartet eine Lust am Beten entstehen kann.

3. Herausforderung für Gemeinde und Seelsorger

a) Ein Stück Weg zurück

Die Geschichte der Tagzeitenliturgie zeigt, daß es ein langer Weg war von der ursprünglichen Tagzeiten-Spiritualität der gläubigen Gemeinde bis hin zur klerikalen Brevier-Mentalität des priesterlichen Einzelbeters. Der Weg, auf den das Konzil die Kirche ruft, ist darum in gewissem Sinn ein Stück Weg zurück: bis zu dem Punkt, an dem sich die anfängliche Gemeinsamkeit des Betens des Gottesvolkes zu jener folgenschweren Zweigleisigkeit entwickelt hat, die bis in unsere Tage das betende „Laienvolk" von den betenden „Spezialisten" trennt. Es wird ein langer Weg sein: vom Einzelgebet des Priesters zur Feier der Gemeinde; vom eingefleischten Pensumdenken zu dem vom Konzil gewünschten Pascha-Bewußtsein (österliches Glaubensbewußtsein); von klerikaler Breviermentalität zu einer gemeinsamen Tagzeitenspiritualität von Seelsorgern und

Gemeinden. Die bisher unternommenen Ansätze, vor allem in der Jugendpastoral, aber auch in der einen oder anderen Pfarrgemeinde, berechtigen zur Hoffnung, daß es nicht nur möglich, sondern im buchstäblichen Sinn not-wendig ist, damit zu beginnen.

b) Unterwegs zur Mündigkeit des Volkes Gottes

Den Gemeinden und ihren Seelsorgern wird gemeinsam ein neuer geistlicher Aufbruch zugemutet und zugetraut. Ohne innere Umkehr zu dem Anruf Gottes, der sich im Drängen des Konzils verbirgt, werden wir der Herausforderung nicht gewachsen sein. Es ist ein weiterer fälliger Schritt auf dem Weg zur vielberedeten Mündigkeit des Volkes Gottes: Die Welt hat ein gutes Recht darauf, daß ihr vor allem anderen im Zeugnis des Lobes und Dankes der Kirche die Realität bezeugt wird, „die wir nicht erst zu schaffen, die wir vielmehr zu bezeugen haben ...: Gottes eigene Wirklichkeit, wie sie schöpferisch, versöhnend und verheißungsvoll in der Geschichte Jesu Christi zur Welt gekommen ist"[12].

B. Im Einklang mit den Vätern: Gott loben heute

I. Liebe muß loben

Alles menschliche Loben entspringt der Liebe: Was mir lieb ist, das muß ich loben. Echtes Lob hat nichts zu tun mit Schmeichelei, Katzbuckelei und anderen Formen untertäniger Vereinnahmung. Loben ist vielmehr Reaktion auf widerfahrene Freude, ist Echo und Antwort auf das Geschenk von Liebe. C. S. Lewis hat recht: „Die Welt hallt von Lobpreis: Liebende preisen die Dame ihres Herzens, Leser ihren Lieblingsdichter, Wanderer die Landschaft, Spieler ihr Lieblingsspiel – Wetter, Weine, Gerichte, Schauspieler, Motoren, Pferde, Schulen, Länder, Gestalten der Geschichte, Kinder, Blumen, Berge, Briefmarken, seltene Käfer, manchmal sogar Politiker oder Gelehrte: alles wird gepriesen ... Ich glaube, wir loben darum so gern, was uns Freude macht, weil das Lob unsere Freude nicht nur zum Ausdruck bringt, sondern sie mehrt." Wo solche Freude ins Wort tritt, da entsteht Lob: Zustimmung, Gutheißung, elementare Bejahung, „sei es gesprochen, gesungen oder auch nur ‚gejauchzt' ... Liebe muß loben, wenn anders sie nicht sterben will. Und das Lob muß aus der Liebe kommen, wenn es echt und ehrlich ist."[1]

II. Gotteslob in der Krise?

Gotteslob – Echo auf Gottes Liebe

„Die Kirche Gottes wird lobend erbaut": Als Bischof von Hippo hatte sich Augustinus dies zum Grundsatz gemacht. Kirche ist für ihn ein einziger lobender Widerhall auf Gottes überraschende, überströmende Liebe, der sie sich ganz und gar verdankt. Seine Predigten sind darum voll von feurigen Anrufen an seine Gläubigen, im Lobpreis Gottes nicht nachzulassen. „Erklären können wir's nicht, schweigen dürfen wir nicht – also laßt uns singen!"

Singendes Lob und lobendes Singen als fundamentale Lebensäußerungen des Glaubens der Gemeinde? Als Ausdruck dessen, wovon die Glaubenden zutiefst beeindruckt sind? Als Antwort auf Gottes rettendes Wort, als Echo auf seine rettende Tat? Kirche, auferbaut auf dem Fundament des Lobes Gottes?

Gefährdetes Gotteslob

Wenn das Gotteslob in den Gemeinden zu den erstwichtigen „Aktivitäten" zählt: Warum finden ausgesprochene Lob-Gottesdienste wie das kirchliche Morgen- und Abendlob so schwer Heimat in ihnen? Warum ist unser übliches Reden von Gott so voller Skepsis und Kritik, so wenig voll des Lobes? Haben wir keinen Grund mehr, Gott zu loben? Das Gotteslob vieler Gottesdienste ist eher Ausdruck einer lustlosen Pflicht denn Echo unserer Freude (biblisch: Lust) an Gott, dem „Liebhaber unseres Lebens" (vgl. Weish 11,26). Wenn loben nur kann, wer verliebt ist und liebt: Sind wir Christen noch in Gott verliebt, „mit ganzem Herzen, mit ganzer Seele, mit allen Kräften"? Die Wohlstandsmentalität macht uns freilich das Loben nicht eben leichter: Wenn mir alles als Lohn für meine Leistung zusteht, wozu dann noch loben? Gott um alles Mögliche zu bitten, haben wir gelernt; nicht aber, daß sich die rechte Art des Bittens erst aus dem Lobpreis Gottes ergibt, der das ganze Leben umfaßt. Vielleicht auch ist das Lob in der Kirche so wenig kräftig und überzeugend, weil ihm sein Gegenpol, die Klage, seit langem fehlt; wo aber das Klagen vor Gott ausfällt, kommt zumindest die Hälfte des Lebens, das Beklagenswerte, nicht (mehr) zur Sprache.

Gott loben in einer heillosen Welt?

Die lobende Bezeugung Gottes als des Heils der Welt inmitten ihrer Heillosigkeit: ein nützlicher, ja notwendiger Dienst der Kirche an der Welt? Inmitten dieser Welt Gott loben: mit welchem Recht? „Es gibt nur ein Recht dafür, in dieser heillosen Welt den Schöpfer zu rühmen. Und das ist, wenn ich so sagen darf, das Recht des Schwächeren. Solange die Bosheit stark und die Übeltat gewaltig ist auf Erden, solange also Gott in der Rolle des Schwächeren unter uns ist, solange ist er auf das Lob seiner Zeugen ganz besonders angewiesen: auf das Lob, das allem Anschein zum Trotz bekennt: Gott wird es wohl machen. Er führt es herrlich hinaus."[2]

Gotteslob – Dienst an der Welt

Die Welt wartet, ob sie es sich bewußt macht oder nicht, auf eine Kirche, die im Lobpreis Gottes verwurzelt (*radix* = die Wurzel) und in diesem Sinn „radikal" ist. Im Klima einer „religionsfreundlichen Gottlosigkeit" unserer Tage ist sie mehr denn je angewiesen auf die rühmende Bezeugung Gottes. Darum ist dies der wichtigste Welt-dienst der Kirche: ihr öffentlich bezeugtes „Gott sei Lob und Dank" dafür, daß er seine endgültige Zustimmung zu Welt und Mensch schon gegeben hat. Die Tagzeitenliturgie der Gemeinde verkündet und feiert dies ohne Unterlaß, allem Einspruch der sogenannten Realität zum Trotz. Sie kann es nur im Lobpreis angemessen tun. Ihr Lobpreis ist ihr Echo auf das, was Gott an ihr und der Welt getan hat. Eine Kirche, die sich den „un-nützen" Luxus des Lobes auf Gott bewußt leistet, ist ein deutlich sprechendes Zeichen in einer leistungsbesessenen Welt.

Lobende Gemeinde baut, nach Augustinus, am Fundament der Kirche. Es kann der Kirche von heute nur helfen, beim Gottesvolk Israel wieder in die Schule des Lobens zu gehen.

III. Die Bibel: Voll des Lobes auf Gott

1. Gotteslob in Israel

Die Bibel ist bis zum Rand voll des Lobes auf Gott. Nur in der Sprache des Lobes (berakah) kann sie richtig, angemessen von Gott reden. Vom Anfang bis zum Ende bedient sich die Botschaft des Heils, neben Erzählung und Bekenntnis, des Liedes: Von den Schöpfungshymnen auf den ersten Seiten des Alten Testaments bis hin zu den nicht enden wollenden Lobgesängen der verfolgten Gemeinden im letzten Buch des Neuen Testaments. In der Tat: Die gesamte Existenz des alten Gottesvolkes Israel gründet buchstäblich im preisenden Echo-Sein auf Jahwes unbegreifliche, erwählende und rettende Initiative. Im dankenden Lobpreis stimmt Israel dem zu, der ihm in Schöpfung und Errettung gründlichst zugestimmt hat. Seit Mirjams spontanem österlichen Jubellied auf Jahwes befreiende Urtat an der Moseschar („Singet Jahwe: Roß und Reiter warf er ins Meer!": Ex 15,20) ist Israels lobendes Gedenken und Danken nie mehr verstummt. „Denn seine Huld währt ewig" (vgl. Ps 136) ist im Grunde das eine Thema, das in tausend Variationen durch- und weitergeführt wird. „Mein Jubel und mein Lied ist Jahwe: Er ist mir zum Retter geworden" (Ps 118,4). Israels Gotteslob ist Ausdruck seines leidenschaftlichen Hängens mit Haut und Haar, auf Gedeih und Verderb an Jahwe. Seine kultische Preisung ist Gutheißung dessen, der als „Gott für Mensch und Welt" (A. Deissler) das Ganze von Schöpfung und Menschheit gutgeheißen hat (vgl. Gen 1). Die göttliche Verbürgung der Welt und des menschlichen Heiles ist immer neuer Anlaß seines Lobes.

Die Psalmen Israels: „Buch der Preisungen"

Inbegriff allen Gotteslobes in Israel ist bis heute das Liederbuch der Psalmen, von Martin Buber trefflich mit „Buch der Preisungen" übersetzt. Im singenden Lobpreis tapeziert sich das Gottesvolk in seinen Gottesdiensten gewissermaßen immer neu die Wände seiner Lebensräume mit den Großtaten seines Gottes, von denen es täglich, ja stündlich lebt. Lobend läßt es den Geliebten aufglänzen: Indem es lobend des liebenden Herrn gedenkt, geht ihm dessen heilendes Da-Sein („Ich werde da sein für dich": Ex 3,14) leuchtend auf.

Das Faszinierendste am Psalter, neben seiner leidenschaftlichen, ungeschminkten Sprache, ist, daß er unter die Preisungen genauso wie das Lob die Klage vor Gott zählt. Auch klagen heißt Gott loben; ja es ist in gewissem Sinn die Nagelprobe, der Ernstfall des gläubigen Festhaltens an Jahwe. „Alles ins DU stellen" (M. Buber): das Beglückende ebenso wie das Bestürzende, das Lobenswerte ebenso wie das Beklagenswerte; im Glück wie im Unglück sich – dennoch! (vgl. Ps 73) – festmachen an ihm. „Lob und Klage ... sind die Grundklänge, die in gewaltigen Fugen und Variationen in den Psalmen des Psalters entfaltet werden. Diese Polarität von Lob und Klage ist eine andere als die aus unseren Gebeten geläufige von Bitte und Dank; der Schwingungsbogen zwischen den beiden Polen Klage und Lob ist ein weiterer und stärkerer als der zwischen Bitte und Dank."[3]

Nur wer lobt, lebt

Die Gleichung „loben = leben" gilt für den frommen Israeliten buchstäblich: Wer nicht mehr lobt, ist eigentlich schon tot; „Tote (aber) können Jahwe nicht mehr preisen" (Ps 115,17). Loben ist Verwirklichung und Vollzug des Menschseins, wie er radikaler, vitaler und universaler nicht gedacht werden kann. Jahwe über alles lieben heißt zugleich ihn über alles loben, und eben darin selbst zum Leben kommen. So tief gründet Israel im Lob seines Gottes, daß auch noch seine tiefste Klage sich selbstverständlich auf diesem tragenden Grund erhebt. Die unmittelbare Nachbarschaft von Psalter und Hiobbuch sind dafür ein beredtes Zeugnis.

Alles Lob in Israel ist *kosmisches* Lob: *Alle* sollen es wissen, wer Jahwe ist; und *alles* soll einstimmen in den Applaus auf ihn, der alles, Himmel und Erde, geschaffen hat und für die Gutheit des Ganzen bürgt (Gen 1).

2. Kirche auf dem Fundament des Lobes

Auf dem Fundament des Lobes ruht auch die Kirche des Neuen Bundes. Auch ihr Glaube ist in seiner ursprünglichsten Äußerung Echo des Lobes; Antwort auf die österliche Siegesbotschaft, daß Gott sich in der Auferweckung seines gekreuzigten Christus end-gültig „für uns und für alle" entschieden hat. „Gott hat ihn auferweckt!" (Mk 16,6) oder „Jesus Christus ist der Herr" (Phil 2,11) lautet der Siegesschrei der Erlösten. Nur lobend kann die glaubende Gemeinde ihrer Betroffenheit darüber Ausdruck verleihen, daß der Vater in Jesu Leben und Leiden, Sterben und Auferstehen sein letztes Wort zu Mensch und Welt schon gesagt hat: „In ihm ist das JA verwirklicht ..., das JA zu allem, was Gott verheißen hat"; Jesus Christus, gekreuzigt und auferweckt, ist Gottes eindeutiges Ja-Wort, „nicht Ja und Nein zugleich", wie der Apostel verdeutlicht. „Darum erklingt auch durch ihn das Amen zur Verherrlichung Gottes durch uns" (vgl. 2 Kor 1,19 f).

Theologie des Neuen Testaments als Lobpreis Gottes

Die Ur-Kunde des Osterglaubens, das Neue Testament, ist darum voll des Lobes auf den österlichen Gott, in Erzählung und Bekenntnis, Zuruf und Lied. Von Ostern und Pfingsten her singt die Kirche die Psalmen Israels neu. Und ihre eigenen Lobgesänge durchweht der freudig-dankbare Geist jener „ersten Liebe", die der Auferstandene selbst der jungen Kirche ins Herz gegeben hat (vgl. Offb 2,4)[4].

Nicht von ungefähr unterbricht ein so nüchterner Theologe wie Paulus an vielen Stellen seine schwer befrachteten Gedankengänge durch einen staunenden Ausruf oder einen hymnischen Lobpreis auf die rettende Liebe Gottes in Jesus Christus. Unter den Evangelisten ist es besonders Lukas mit seinem Schriftwerk, der das Christusgeschehen mit Liedern des Lobes auf Gott durchdringt. Anfang und Ende des Lukasevangeliums, also Empfang und Abschied des Herrn, sind bewußt gestalteter Lobpreis Gottes. Gottes Geist selbst drängt die Sänger (Maria, Zacharias, Simeon) dazu, das Lob anzustimmen auf den, der im beginnenden Christusereignis seine Verheißungen an die Väter zu erfüllen beginnt. Nicht von ungefähr gehören gerade diese Gesänge, gewoben aus den großen Liedern Israels, bis heute zum täglichen Lobgesang der Kirche (Magnificat, Benedictus, Nunc dimittis). Der Lob-Ouvertüre des Evangeliums entspricht an seinem Ende der Schlußchor der von der Himmelfahrt ihres Herrn „in großer Freude" (Lk 24,52) zurückkehrenden Jünger: „Sie waren allezeit im Tempel und lobten Gott" (Lk 24,53). „Auf den Lobpreis der Kirche ..., die dem Auferstandenen und seiner Verheißung begegnet ist und seine Himmelfahrt im geheimen als seine Vollendung und ihren eigenen Beginn verstanden hat, läuft alles hinaus."[5] Eben dies bestätigt in frappierender Weise der lukanische Pfingstbericht (Apg 2). Denn „die erste Wirkung des Heiligen Geistes im pfingstlichen Urgeschehen war das *Gotteslob* der von ihm Ergriffenen – eines, das aufgriff, um sich griff, übergriff, auch anderen das Herz für Gott öffnete ... Der zum Gotteslob entflammende Geist der Liebe will sofort, daß andere in das Lob mit einstimmen können, daß sie es in ihrer Sprache hören. Er will alle retten ... Jedes Gotteslob ist in sich selbst schon missionarisch, sofern es nur ein echtes Aufstrahlen der Liebe Gottes im Dank ist."[6]

Lobende Kirche – festliche Kirche

Kirche des Auferstandenen ist von Anfang an Kirche des Lobes. Ihr Lob ist geist-gewirktes Echo ihrer Liebe, die sich freut an Gottes überströmender Gnade. „Wo aber Liebe sich freut, da ist Fest", sagt Johannes Chrysostomus – das Fest des Lobes. In der Tat hat die junge Kirche durch ihr Gotteslob inmitten all ihrer Bedrängnis etwas Festliches an sich. In ihrem unablässigen Lobpreis Gottes feiert sie den verborgenen „festlichen Grund" (J. Pieper) aller Tage und Stunden: die österliche Gutheißung Gottes in Christus. Von ihr lebt nicht nur sie selbst Tag um Tag, Stunde für Stunde, sondern ebenso jeder Mensch und jedes Geschöpf, ob sie es wissen oder nicht.

Darum darf das stellvertretende Lob der Kirche auf den, der „die Welt so sehr geliebt hat" (vgl. Joh 3,16), keinen Augenblick verstummen. Genau aus diesem Grund ist die Stunden- und Tagzeitenliturgie der Kirche entstanden. Je mehr unser ganzes Leben auf Erden zu einer lobenden Zustimmung wird – wenn auch tausendfach angefochten – , aus desto vollerem Herzen werden wir einstimmen können in den kosmischen Chor auf „Gott und das Lamm, das geschlachtet ward" (Offb 5,13f) beim „Fest ohne Ende" (R. Schutz).

IV. Plädoyer für den Lobpreis Gottes in unserer heillosen Welt

Gerade das Zeugnis des biblischen Gotteslobes könnte der Kirche helfen, ihren Dienst des Lobes in der Welt von heute tiefer zu verstehen als wahrhaft fundamentalen Dienst.

1. Individuelle Relevanz

Loben als heilsame Befreiung vom Kreisen um sich selbst

Lob macht den Lobenden frei: ganz unmerklich vergißt er sich selbst eben dadurch, daß er ganz bei der gelobten Sache oder bei dem gelobten Menschen ist. Nichts aber sammelt uns so sehr wie das, worüber wir uns selbst vergessen.

Kirche, die Gott zu loben beginnt, fängt an, „ihre eigene Untauglichkeit und Unwürdigkeit in Gottes Namen zu vergessen. Im Gotteslob – da vergißt der Erfolgreiche seinen Erfolg und der Erfolglose seinen Mißerfolg. Da vergißt der Starke seine Stärken und der Schwache seine Schwächen und Mängel. Mehr noch: indem wir Gott loben, fällt unsere ganze Unheiligkeit wie ein böser Spuk von uns ab ... Nichts ... verwandelt uns so sehr wie das Gotteslob."[7] Selbstvergessenheit: ganz bei Gott zu sein und gerade so seiner selbst ledig und frei: eine wohltuende Erfahrung für eine Kirche, die sich immer wieder in ihren eigenen Sorgen und Nöten zu verlieren droht.

Lob als Widerstand gegen die Verdrängung von Leid und Tod

Als Hauptargument gegen das Lob Gottes wird die Leidfrage angeführt. „Wie man nach Dachau und Auschwitz noch loben könne den, der alles so herrlich regieret", fragt D. Sölle. Bleibt einem nicht angesichts des täglich mehr ins Unermeßliche wachsenden Elends Ungezählter das Wort des Lobes in der Kehle stecken? H. Piontek, ein Dichter unserer Tage, fragt dagegen: „Warum meinen wir, mehr Grund zu Skepsis und Kritik zu haben als die Psalmendichter? Sind die Prüfungen etwa härter, die Leiden furchtbarer geworden? Wie Klagen und Hilferufe sind auch Lobgesänge Versuche, dem wahren Leben so nahe wie möglich zu kommen. Dank und Zustimmung behaupten nicht auf rationale Weise, daß Mensch und Welt im Lot seien, sie sind der Ausdruck von *Zuversicht*, daß es so ist. Sie stammen aus Momenten, wo Sinn nicht mehr gesucht wird, sondern wo ohne eigene Leistung *Einklang* entsteht. Für ‚ohne eigene Leistung' setzt der Psalmist das Wort ‚Gnade' ein. Wer von ihr auch nur gestreift wird, spürt, wie seine Widerstandskraft wächst. Er wird es mit neuen Verhängnissen wieder aufnehmen."[8] Stammen nicht unsere stärksten und wahrhaftigsten Lob- und Vertrauenslieder aus Zeiten schlimmster Not? Haben die, die sie unter Tränen dichteten und sangen, nicht im Dennoch ihres lobenden Widerstandes die Kraft erhalten, gläubig durchzustehen und nicht zu verzweifeln? Freilich, auch der Zeugnisse des Irrewerdens an Gott gibt es genug ...

Der Vorwurf, das Gotteslob sei unbedachter Jubel, wäre schlimm, träfe er zu. Wenn aber christliches Loben im tiefsten österliches Loben ist, dann kommt es aus dem bittersten Tod, dann weiß es um alle Tode dieser Welt und besteht lobend darauf, daß Gottes wehrlose Liebe in dem Gekreuzigten und Auferweckten sie besiegt hat. Und es bezieht bewußt Tag für Tag alle in seinen Lobpreis ein, „die in Finsternis und Todesschatten sitzen" (Benedictus).

2. Politisch-gesellschaftliche Relevanz

Loben als Widerstand gegen eine negative „Weltanschauung"

Wer lobt, denkt und redet gut von dem, den er lobt. Loben setzt positive Kräfte im Menschen frei. Der Anlaß für das Gotteslob der Christen ist Gottes positives Stehen zu Welt und Mensch, seine österliche Bejahung des Daseins durch Christus. Darum wird im Lobpreis dieses Gottes „eine Bejahung des Daseins im ganzen dargelebt und begangen, wie sie begründeter, umfassender und tiefgreifender nicht gedacht werden kann."⁹ Und darum kann es „keine intensivere *Zustimmung* zur Welt im ganzen (geben) als das Gotteslob". Freilich auch umgekehrt: „Es kann in der Welt keine tödlichere und hoffnungslosere Zerstörung des Festes geben als die Verweigerung der kultischen Preisung."¹⁰ Wo die höchste Form des Lobes, das Gotteslob, erstirbt, verlieren die Dinge ihren schöpfungsgemäßen Ort, der Mensch verliert sein Menschsein, die Werte zerfallen. Im Loben Gottes dagegen behält der Mensch das Augenmaß für die Wirklichkeit seiner selbst und der ihm anvertrauten Welt.

Loben als Protest gegen die Totalverzweckung des Lebens

Inmitten einer Welt, in der die Menschen nicht genug schaffen und raffen, leisten und sich leisten können, bedeutet Zeit haben für etwas so Nutzloses wie das Loben Gottes pure Zeitverschwendung. „Sich den demonstrativen Luxus des Lobes leisten" (K. Koch) ist, tiefer gesehen, Widerstand gegen die Totalverzweckung des Menschen, gegen die Vergötzung von Leisten und Machen, Produzieren und Konsumieren. Gott loben als den Schöpfer und Erhalter des Lebens distanziert immer neu von einem Wohlstandsverhalten, in dem der Mensch alles sich selbst und seiner Leistung verdankt. Er feiert das Leben als geschenkt und bekennt, daß wir das Heil nicht selber machen müssen, sondern empfangen dürfen. Wer Gott lobt, bringt den Kern des Evangeliums von unserer Erlösung ans Licht: daß Gott uns in seinem Sohn „alles geschenkt hat" (vgl. Röm 8,32).

Die politische Dimension des Lobes Gottes

Christliches Gotteslob ist absolut: *Allein* Gott ist allen Lobes würdig. Das wissen alle Tyrannen dieser Welt: sie fürchten nichts so sehr wie das Gotteslob der Christen mit ihrem „Tu solus Dominus, Jesu Christe!" (Gloria). Wer Gott lobt als den einzigen Herrn, stellt alle angemaßte menschliche Absolutheit in Frage. „Aller Personenkult (nicht nur der stalinistische) wurzelt letztlich im ... Verschweigen Gottes, dem allein aller

Preis gebührt. Wo das Gotteslob verstummt, ... da erhebt sich jenes Selbstlob der ‚Humanität', das schließlich allem Humanen die Grube gräbt." [11] Unsere Zeit ist davon über die Maßen Zeuge. Die Gesänge der verfolgten Gemeinden in der Johannes-Apokalypse sind ausgesprochene Anti- und Protestgesänge gegen die Anmaßung des Kaisers und Lobgesänge auf den wahren Herrn der Welt. Und das Magnificat, das die Kirche jeden Abend auf dem Höhepunkt der Vesper anstimmt, nennt D. Bonhoeffer nicht von ungefähr „das revolutionärste Lied, das je gesungen wurde". Es besingt Gottes revolutionäre Liebe in Christus, von der die Mächtigen und Satten dieser Welt nicht einmal zu träumen wagen. Gotteslob als politischer Widerstand!

3. Kirchlich-prophetische Relevanz

Loben als Widerstand gegen den „ekklesialen Atheismus"

Inmitten einer heillosen Welt Gott als das Heil der Menschen bezeugen könnte in mancher Gemeinde ein heilsames Gegenmittel werden gegen die schleichende Gefahr, die man „innerkirchlichen Atheismus" [12] genannt hat. Da mag vielleicht noch viel über Gott geredet werden, da mögen „in Gottes Namen" alle möglichen Aktionen gestartet werden – in Wirklichkeit kreist man längst um sich selbst, ist selbstzufrieden und selbstgefällig geworden, „weder kalt noch heiß" (vgl. Offb 3,15). Wie soll die Diakonie der Gemeinde erlösend im Sinne Jesu sein, wenn sie nicht aus dem Lobpreis dessen kommt, der leidenschaftlicher „Liebhaber des Lebens" (Weish 11,26) seiner Brüder und Schwestern ist?

Der prophetische Dienst des Lobes

Wenn Prophetie nicht Weissagen, sondern Ansagen von Gottes Wirklichkeit in die Situation der Zeit hinein ist, dann hat die lobende Gemeinde eine prophetische Aufgabe. Sie muß der Welt ansagen, was von Gott her gilt: wer der Herr ist in der Welt, was die Stunde des Heils geschlagen hat und was das

Ziel des Ganzen ist, das wir Weltgeschichte nennen. Ihr Loben Gottes ist, so gesehen, prophetische Widerrede gegen das angemaßte Imponiergehabe der selbsternannten Herren dieser Welt: „Jesus Christus ist der Herr!"

Die im täglichen Benedictus besungene Rolle des Täufers: „Du aber wirst *Prophet des Höchsten* heißen: Du wirst dem Herrn vorangehen und ihm den Weg bereiten" (Lk 1,76), ist im Grunde der prophetische Auftrag eines jeden Christen. Wer dieses Lied bewußt singt, übernimmt im Lobpreis Morgen für Morgen neu seine prophetische Sendung für die Welt.

V. „Auf den Lobpreis läuft alles hinaus"

Glaube, in dem „die Freude an Gott unsere Kraft" (Neh 8,10) sein soll, bedarf der Übung des Lobes in vielfältiger Gestalt. Ist nicht eigentlich schon jedes bewußt gesungene Amen, jeder gläubige Kyrie- und Hallelujaruf eine fundamentale Bejahung Gottes und in einer so vielfach angefochtenen Glaubenssituation ein vielleicht wichtigeres Glaubensbekenntnis als manche dogmatische Glaubensaussage? Aller echte Lobpreis, des einzelnen wie der ganzen Gemeinde, ist Bauen am Fundament der Kirche des Auferstandenen. Geistergriffenes Gotteslob ist gerade heute das erstwichtige Glaubenszeugnis, das allen Christen aufgetragen ist: „Ihr seid ein auserwähltes Geschlecht, eine königliche Priesterschaft, ein heiliges Volk, das der Herr sich zu eigen erworben, damit ihr seine Ruhmestaten verkündet, der euch aus der Finsternis in sein wunderbares Licht berufen hat" (1 Petr 2,9). Oder, mit dem hymnischen Eingang des Epheser-Briefes gesprochen: „ein Volk, von Ewigkeit her in Gottes Gedanken, in Christus geschaffen ‚zum Lobpreis seiner Herrlichkeit'" (Eph 1,6.12.14).

Was für die Kirche am Anfang galt, das gilt ebenso für die Kirche an der Wende vom zweiten zum dritten Jahrtausend: „Auf den Lobpreis der Kirche, die dem Auferstandenen und seiner Verheißung begegnet ist ..., läuft alles hinaus."[13]

C. Im Rhythmus der Sonne:
Leben zwischen Schöpfung und Vollendung

I. In vorgegebenen Rhythmen leben

Wir sind es gewöhnt, nach der Uhr zu leben; ohne sie ist ein geregeltes und geordnetes Dasein nicht möglich. Darüber vergessen wir leicht, daß alles geschaffene Leben sich in Urrhythmen vollzieht, im Kosmos wie im Menschen. Rhythmen sind wie gleichmäßige Wellenbewegungen im Fluß der Zeit: „Wer im Meer schwimmt, merkt, daß er sich eine Stunde lang mühelos hält, wenn es ihm gelingt, sich dem Rhythmus der Wellen einzufügen, und daß er nach einer halben Stunde am Ende seiner Kraft sein kann, wenn ihm dies nicht gelingt."[1] Wer sich an die Bewegung der Rhythmen hält, wird im Auf und Ab des Daseins von ihnen gehalten. Und umgekehrt: Jeder weiß aus Erfahrung, was es für Leib und Seele bedeuten kann, „aus dem Rhythmus zu kommen" oder gar aus ihm geworfen zu werden. In festen Rhythmen zu leben gibt Sicherheit und Vertrauen ins Dasein.

> „Solange die Erde besteht, sollen nicht aufhören:
> Aussaat und Ernte,
> Kälte und Hitze,
> Sommer und Winter,
> Tag und Nacht" (Gen 8,22).

In diesen großen kosmischen Rhythmen ruht die Schöpfung. Sie geben ihr Ordnung, Dauer und Halt. In ihnen vollzieht sich auch das Leben des Menschen.

Der Urrhythmus von Tag und Nacht

Nicht von ungefähr steht in dieser biblischen Aufzählung der Rhythmus von Tag und Nacht an letzter, d. h. wichtigster Stelle. Nach der Schöpfungserzählung sind Tag und Nacht die ersten Geschöpfe Gottes: „Gott schied das Licht von der Fin-

sternis. Gott rief dem Licht: Tag! und der Finsternis rief er: Nacht!" (Gen 1,5 nach M. Buber). „Gott schafft am Anfang den Tag; der Tag trägt alles andere, im Wechsel des Tages lebt die Welt."[2]
Der tägliche Wechsel von Licht und Dunkel, Wachen und Schlafen, Tun und Lassen, von Anfangen und Aufhören, Kraft und Schwäche, Erstarken und Ermatten, Bewegung und Ruhe, von Leben und Sterben prägt das gesamte Dasein des Menschen. Aus der Sicht der Schrift ist der Wechsel von Tag und Nacht mehr als nur der physikalisch verständliche Umlauf der Erde um die Sonne, mehr als der berechenbare Wechsel von Dunkel und Licht: „Er ist über all das hinaus etwas, das das Wesen der Welt und unserer menschlichen Existenz bestimmt... Der Rhythmus, der Ruhe und Bewegung in einem ist, der *schenkt* und *nimmt* und wieder schenkt und wieder nimmt, der so der ewige Hinweis auf *Gottes Schenken und Nehmen* ist: das ist der Tag."[3]

1. Der Tag

Der äußere Rhythmus des Tages

Der Lauf des Tages ist abhängig von der Sonne: Die Tageszeiten werden an ihrem Licht gemessen. Das Sonnenlicht gibt jeder Stunde ihr unverwechselbares Gesicht, ihren je eigenen Charakter: der Morgenröte, der Mittagshitze, der Abenddämmerung. Mit der Zeit leben heißt: mit der Sonne leben, eingebunden in den großen Rhythmus der Natur.

Der innere Rhythmus des Menschen

Wie den Rhythmus des Tages, so bestimmt die Sonne auch den biologisch-psychischen Rhythmus des Menschen: Seine Kräfte steigen und fallen mit ihr. Die moderne Physiologie weist nach, wie der innere Rhythmus des Menschen dem Verlauf des Tages angepaßt ist: „Die physiologische Leistungsbereitschaft des Menschen steigt am Vormittag (nach unserer Uhrzeit von etwa 6 bis 9 Uhr) steil an, läßt dann nach, erreicht am frühen Nachmittag (gegen 15 Uhr) einen Tiefpunkt, erholt sich in den frühen Abendstunden noch einmal (16 Uhr bis 20 Uhr) und sinkt in der Nacht ab; etwa gegen 3 Uhr erreicht sie ihren absoluten Tiefpunkt."[4] Das hat seine Auswirkungen für das enge Zusammenspiel von Geist und Leib: es bedeutet, daß Morgen- und Abendstunden, Vormittag oder Nachmittag, die Tage und Nächte im Sommer bzw. Winter keineswegs gleichwertig sind.

Die Übergänge von Morgen und Abend

Je ursprünglicher sich der Mensch eingebunden weiß in das Geschehen des Kosmos, desto bewußter hängt sein Lebensrhythmus am Kommen und Gehen des Lichtes. Darum haben die entscheidenden Übergänge von der Nacht in den Tag und vom Tag in die Nacht von jeher religiöse Qualität. Weil sie am Eingang bzw. Ausgang der früher unverfügbaren nächtlichen Finsternis liegen, wurden sie in den antiken Kulturen und Religionen mit Ritualen umgeben. Dazu gehörten z. B. das dankbare Empfangen der täglich neu aufgehenden Sonne und die herzliche Begrüßung des Lichtes (Abendlampe, Öllämpchen) zur Stunde des Sonnenuntergangs. Als Wendemarken vom Dunkel zum Licht bzw. vom Licht zum Dunkel boten sich Morgen und Abend für eine Besinnung auf die Grundorientierung des Menschen in der dahinfließenden Zeit von selber an. In den antiken Religionen ebenso wie im Judentum und Christentum galten Tagesanfang und -ende als die vornehmsten Zeiten für Gebet und Opfer.

2. Die Nacht

Zwischen Sterben und Geborenwerden

Die Nacht wurde vom Menschen der vortechnischen Zeit in ihrer geheimnisvollen Ambivalenz von Bergung und Gefährdung empfunden. Nacht ist einerseits Mutterschoß, der der Erneuerung des Menschen dient und eine neue Geburt vorbereitet; sie ist zugleich Zeit des Grauens, der tödlichen Gefährdung des Menschen von innen und außen. Nacht als Schlafenszeit ist *Todes-Zeit*: tatenlose Zeit, in der der Mensch bewußtlos, d. h. wehr- und willenlos den „Mächten der Finsternis" ausgesetzt ist. Seine vegetativen Funktionen sinken (nach Mitternacht) auf Minimalwerte ab, das Bewußtsein versinkt.

Nacht ist aber zugleich *Lebens-Zeit*: Zeit, in der sich die Lebenskräfte erfrischen, erholen und für die Aktivität des Tages erneuern. Der Schlafende gleicht einerseits einem Sterbenden, der dem Tode nah ist; und er ist andererseits wie einer, der noch im Schoß des Werdens ist, unfertig, noch nicht geboren, aber deutlich auf „Geburt" hin, während sich die Kräfte des Lebens ordnen. Im Schlaf liegen Sterben und Geborenwerden unmittelbar beieinander (vgl. die christliche Sprechweise vom Schlaf als „Bruder des Todes"). Die eigentliche Nachtzeit ist darum immer beides zugleich: Zeit der Gefangenschaft und der Bewahrung, Zeit der Haft und der Hut, Zeit der Schwäche und der Stärke.

3. Die Symbolik des Sonnenrhythmus

Auch wenn der heutige Mensch kaum mehr bewußt mit dem Rhythmus der Sonne lebt: seine Sehnsucht nach einem hellen, lichten, d. h. mit Sinn, Hoffnung und Zuversicht erfüllten Leben ist unausrottbar. Seitdem es Menschen gibt, besingen sie in ihren Liedern Sonnenaufgang und -niedergang als Ursymbol ihrer Sehnsüchte und Ängste, ihres Hoffens und Bangens zugleich. Die „uralte" Sonne ist das zeitlose Symbol schlechthin, das nie veraltet, das jeden Morgen so frisch und neu ist wie am ersten Tag.

a) Sonnenfrömmigkeit in allen Kulturen

Das Sonnenlicht ist die grundlegende Naturerscheinung. In allen Hochreligionen und Kulturen findet sich ein ausgeprägter Sonnenkult. Altägyptische und altbabylonische Gebete, Lieder, Hymnen und Rituale zeugen von einer göttlichen Verehrung der Sonne. Der große Sonnenhymnus des ägyptischen

Königs Echnaton (14. Jh. v. Chr.) ist ein Lobpreis der täglich neuen Schöpfung durch das Wunder des Lichtes. Er hat nicht nur Israels großen Schöpfungspsalm 104 inspiriert, sondern klingt auch noch in Franz von Assisis berühmtem Sonnengesang nach. Ein eigenes Stundenritual, das der Bewegung der Sonne entspricht (Morgen – Mittag – Abend), erscheint wie ein früher Vorläufer des kirchlichen Stundengebetes. Die Hochreligionen Asiens (in den Ländern der „aufgehenden Sonne") ebenso wie die indianischen Hochkulturen (Süd-) Amerikas kennen die Verehrung der Sonne als Fundament eines geschwisterlichen Zusammengehörigkeitsbewußtseins alles Lebendigen. Der indische Hathayoga-Fromme begrüßt noch heute mit einem leiblichen Sonnengebet die aufgehende Sonne.

In den Religionen des Nahen Ostens und der mediterranen Welt lag hinter dem Symbol des Lichtes und der Sonne das Bemühen, Sinn und Hoffnung für das menschliche Leben im Sieg des Lichtes über die Finsternis zu finden; der Tagesanbruch wurde zum Vorboten göttlicher Hilfe und Rettung. Der griechische Mythos läßt Helios in der Sonnenbarke während der Nacht übers schweigende Meer hinab zu den Toten im Hades gleiten; am Morgen erscheint er, verjüngt, erfrischt durch die Meeresfahrt, von Morgenstern und Morgenröte (Göttin Eos) angekündigt, wieder am östlichen Horizont. Und der römische Staatskult des Sol Invictus, der Unbesiegten Sonne, sollte verläßliche Antwort geben auf die bange Frage der Menschen, ob die Kraft des Lichtes – und damit des Hellen, Wahren und Guten – wirklich stärker sei als die Macht des Dunkels. Sein jährlicher Höhepunkt, das Geburtsfest der Sonne am 25. Dezember, inmitten der kurzen Tage und langen Nächte der Wintersonnenwende, war die „leuchtende Bürgschaft dafür, daß in allen Untergängen vergänglicher Lichter das Licht und die Hoffnung der Welt nie erlischt, daß aus allen Untergängen ein Weg in einen neuen Anfang führt"[5].

b) Die Sonne als Christus-Symbol

Christus, die wahre Sonne

In eben diesem heidnischen Sonnenkult fand der christliche Glaube bald einen seiner gefährlichsten Gegenspieler. Denn allzu deutlich war das Zeichen der Sonne aufgerichtet vor den Augen der Menschen, weit verlockender jedenfalls als das arme Zeichen des Kreuzes, in dem die christlichen Verkünder kamen. So nahmen die Christen den 25. Dezember der Heiden bald für sich in Anspruch und feierten ihn als Geburtstag Jesu Christi: In ihm war ihnen die *wahre Sonne* aufgeleuchtet. Seine Botschaft von Gott, sein Wort und Werk, sein Leben und Sterben hatten bezeugt, was er für sich in Anspruch nahm: „Ich bin das Licht der Welt. Wer mir nachfolgt, tappt nicht im Finstern, sondern hat das Licht des Lebens" (Joh 8,12; vgl. 9,5; 12,35.46). Er war für sie „die Wintersonnenwende der Geschichte, die in allen Auf- und Niedergängen die Gewißheit gibt, daß ... das Licht in der verborgenen Tiefe der Geschichte schon gesiegt hat und daß alle noch so großen Fortschritte des Bösen in der Welt daran letztlich nichts mehr ändern können"[6].

Das Drama zwischen Licht und Finsternis

Ihr sieghaftes Licht aber empfängt die *Weih*-Nacht von der *Oster*-Nacht. Das Drama zwischen Licht und Finsternis, das nach dem Johannesevangelium mit dem Eintritt Jesu in die Welt beginnt, erreicht an Ostern seinen Höhepunkt: Die Finsternis hat zu ihrer letzten Waffe gegriffen, zum Tod. Sie hat „das Licht der Welt", die Wahrheit, das Leben und die Liebe, zum Hauptschuldigen der Weltgeschichte erklärt und verurteilt. In der Nacht des Karfreitags geht die „wahre Sonne" der Welt unter am Kreuz; mit einem Schrei nach Gott stürzt Christus hinab in die dunkelste Gottverlassenheit – „und Finsternis brach herein über alles Land" (Mt 27,45). Die Mitte dieser tödlichen Nacht aber hat Gott selbst zum Anfang jenes Tages gemacht, an dem der Welt die Sonne aufging, die nie mehr untergeht: der Gekreuzigte, der lebt! „Als die Frauen zum Grabe kamen, ging eben die Sonne auf", sagt Markus lapidar (Mk 16,2) und deutet mit diesem Urgegensatz von Grab und Sonne (Ende und Ursprung allen Lebens) das Ungeheuerliche von Ostern hintergründig an. Paul Gerhardt bringt es in der 2. Strophe seines Osterliedes „Nun freut euch hier und überall" in unvergleichlicher Weise zum Ausdruck:

> „Die Morgenröte war noch nicht
> mit ihrem Licht vorhanden;
> und siehe, da war schon das Licht,
> das ewig leucht, erstanden.
> Die Sonne war noch nicht erwacht,
> da wachte und ging auf voll Macht
> die unerschaffne Sonne" (GL 226,2).

Sonnenaufgang und -untergang: österliche Symbole

So wird die Sonne in ihrer dialektischen Bewegung zwischen Niedergang und Aufgang zum österlichen Christussymbol: Ihr Untergang erinnert Abend für Abend an Christi Untergang im Tod, an seinen Abstieg in das Reich des Todes; ihr Aufgang aber Morgen für Morgen an seine siegreiche Auferstehung von den Toten. Der Glaube sieht die Welt im Licht der Ostersonne. „Gott, der im Anfang sprach: ‚Licht werde!' – er hat in unseren Herzen die Sonne (des Heils) aufgehen lassen zur Erkenntnis der göttlichen Herrlichkeit auf dem Antlitz Christi" (2 Kor 4,6). Der Christ versteht sein Leben in der Spannung zwischen dem Anspruch des Auferstandenen „*Ich* bin das Licht der Welt" (Joh 8,12) und seiner Zusage an uns „*Ihr* seid das Licht der Welt" (Mt 5,14). Wie die aufgehende Sonne siegreich in die schlafenden Täler niedersteigt, Licht und Leben um sich verbreitend, Freude weckend, Wärme und Lebensmut spendend, so kommt der auferstandene Herr in unser Leben. In seinem Licht lebend, verbreitet der österliche Mensch Hoffnung und Zuversicht, mit denen er selbst angesteckt worden ist.

c) Lobpreis, der Tag und Nacht umgreift

Was lag näher, als die biblische Lichtsymbolik in den Gottesdienst und in die Frömmigkeit der Christen zu übernehmen! Vor allem in den öffentlichen Gottesdiensten, die die Kirche, der Verfolgung entronnen, alsbald zum Anfang und zum Ende eines jeden Tages feierte, entwickelte sie ihre eigene „Sonnenfrömmigkeit".

„Die Finsternis singend bestehen"

Der Glaube weiß um die beständig drohende Macht der Finsternis; aber er weiß nicht weniger um die unbesiegbare Widerstandskraft seines Lobes auf das Licht. Darum umgab die Kirche Tag und Nacht wie mit einem Schutzwall des Lobes auf das Licht, das Christus ist. Angelangt an der Schwelle des Abends besingt sie – in die untergehende Sonne hinein – Christus als das „abendlose Licht"; singend vertraut sie sich dem an, „dem auch die Nacht nicht finster ist" (Ps 139,12). In die aufsteigende Sonne hinein aber stimmt sie Morgen für Morgen ein in den Sieg des Lichtes über die Nacht, Christus preisend als die wahre Morgensonne, die der Welt für immer aufgegangen ist über allen Nächten der Angst, des Todes und der Schuld. In solchem Tag und Nacht umgreifenden Lob bringt die Kirche, stellvertretend für alle, die in Finsternis und Todesschatten sitzen, unablässig das ganze tausendfach bedrohte Leben des Menschen singend vor Gott.

II. In der Spannung zwischen Ur-rhythmen und heutigem Zeit- und Lebensgefühl

Die bisher skizzierte Schau von Tag und Nacht, von Abend und Morgen läßt den Abstand erahnen, in dem sich die Zeit- und Lebenserfahrungen des heutigen Menschen zu dieser Sicht befinden.

Veränderter Lebensrhythmus

Sein Lebensrhythmus hat sich weithin verschoben. Er richtet sich nicht nach der Sonne; seine Tage und Nächte drehen sich „rund um die Uhr" (Tag von 0 Uhr bis 24 Uhr). Das Bewußtsein, in große kosmische Zusammenhänge eingebettet zu sein, ist durch die Technisierung vieler Lebensvollzüge an den Rand gedrängt. Die exakt gemessene Uhrzeit hat alle Tages- und Nachtstunden verfügbar gemacht, aber gleichzeitig auch nivelliert; die Uhr läßt sie ausnahmslos nicht nur gleich lang, sondern ebenso gleich-wertig erscheinen: die Morgen-, Mittag- und Abendstunden des Tages; die langen Sonnenstunden im Sommer, deren Licht kaum auszuschöpfen ist, genauso wie die kurzen im Winter, die man festhalten möchte, weil sie viel zu rasch entschwinden. „Die jahres-zeitlichen Rhythmen werden in großem Maßstab dadurch nivelliert, daß Klima, Heiz- und Beleuchtungsanlagen zur Verfügung stehen, daß Transportmittel, Treib- und Kühlhäuser für Blumen, Obst und Gemüse zu jeder Jahreszeit sorgen ... ."[7]

Der Wechsel von Tag und Nacht hat für den Zeitgenossen nicht mehr die elementare Bedeutung wie noch für unsere Vorfahren. Der Abend bringt nicht unbedingt das Ende der Arbeit. Die Nacht hat zwar nicht alle Bedrohlichkeit, aber doch ihre einstige Unheimlichkeit verloren; man kann sie nach Belieben erhellen. Der Morgen beginnt in der Regel ohne Rücksicht auf den Aufgang der Sonne.

Im Zwang organisierter Rhythmen

Eingespannt in die streng organisierten Normen einer hochtechnisierten Gesellschaft unterliegt der Mensch Zwängen, die seinen vorgegebenen natürlichen Lebensrhythmus weithin überfremden. Für viele bringt zum Beispiel der Beruf die Notwendigkeit mit sich, die Nacht zum Tag bzw. den Tag zur Nacht zu machen.

Der organisierte Rhythmus von Nacht- und Schichtarbeit überlagert den ursprünglichen Rhythmus von Wachen und Schlafen; psychophysische oder nervliche Störungen sind die

Folge. Produktion, Informationswesen, Freizeit- und Vergnügungsindustrie diktieren vielfach den „Rhythmus" des Tages; es wird immer schwerer, „aus dem *fremdbestimmten Rhythmus* ... zu sich und seinem eigenen Lebensrhythmus zu finden."[8] Unter dem Leistungsdruck des durchschnittlichen Berufsalltags hat sich das Schwergewicht des „eigentlichen Lebens" auf den Abend verschoben; ein Großteil der Nacht wird zur eigentlichen Lebenszeit, in der, nach Arbeits- und Geschäftsschluß, jede Stunde doppelt zählt, die dem Menschen privat gehört. Man darf sagen, „daß aufs ganze gesehen der späte Abend bei uns heutigen Menschen eine zu gewichtige Rolle spielt und der Morgen zu unfruchtbar ist"[9]. Wo die Nacht als Schlafenszeit zu kurz kommt, wirkt sich das am Morgen in Eile, Ärger und einem überstürzten Tagesbeginn aus. Der Morgen scheint, mehr noch als der Abend, seine Bedeutung als Orientierungspunkt im Rhythmus des modernen Alltags zu verlieren. Der Ablauf des Tages hängt im allgemeinen nicht von unseren persönlichen Vorstellungen ab. Er wird uns, mehr oder weniger, aufgezwungen. „Aber sein *Anfang* sollte uns gehören ... Wie viel *Eigenes* wir dem Zwang und der Überfremdung des Tages entgegenzusetzen haben, entscheidet sich in der Frühe."[10]

III. Tagzeitenliturgie in vorgegebenen Rhythmen

Die Kirche hat in ihrer Tagzeitenliturgie den Rhythmus der alten Völker bewahrt, die den Tag und seine Stunden nicht nach der Uhr, sondern nach der Sonne maßen, „weil sie ... eine Erinnerung an die Ordnung Gottes in sich trugen" (Ä. Löhr). Sie hat den Sonnen-Tag zum Christus-Tag gemacht: Christus, die wahre Sonne, spricht in dem wechselnden Licht des Tages zu den Betern. Christliche Tagzeitenliturgie ist nicht zeitlos, sondern zeit-gerechtes Beten und Feiern. Aus den Hymnen von Laudes und Vesper, aber ebenso der Kleinen Horen Terz, Sext, Non, spricht das Gespür für die Qualität jeder einzelnen Tageszeit. Wer im Einklang mit der Zeit lebt, lebt gesund. „Das Maß der Zeit ist auch das Maß des Menschen. Tempus

(Zeit) und temperare (sich mäßigen) haben dieselbe Wurzel. Die Zeit soll weise geordnet, temperiert sein, dann wird sie zum Bild und Vorgeschmack der Ewigkeit."[11]

In allem geschichtlichen Wandel christlicher Tagzeitenliturgie sind Abend und Morgen bis heute die Daten geblieben, die zu einer Grundausrichtung des Menschen im Alltag in besonderer Weise Anlaß und Gelegenheit bieten. In ihren klassischen und ursprünglichen Gebetszeiten von Laudes und Vesper, die die Nacht unmittelbar umgeben, haben sich Zeiterfahrung und Lebensgefühl des christlichen Glaubens in ausgeprägter Form niedergeschlagen.

1. Abend und Morgen: ein Tag – Tagzeitenliturgie im Spiegel der biblischen Anthropologie

Wir rechnen einen Tag nach unserer Uhrzeit von Mitternacht zu Mitternacht; wir lassen auf den Morgen den Abend folgen und den Tag beschlossen sein vom Dunkel der Nacht. Die Bibel dagegen rechnet von Abend zu Abend und zählt also den Abend schon zum kommenden Tag: „Es wurde Abend, und es wurde Morgen: ein Tag" (vgl. Gen 1, 5 u. a.). Nach dem Willen des Schöpfers ist also der Abend nicht nur und nicht einmal in erster Linie des Tages Ende, sondern vor allem Anfang und Übergang: Er weist über die Nacht hinaus auf den kommenden Tag.

a) Der Abend in biblischer Sicht

1) Der Abend als Tages-Anfang

Daß der Tag mit dem Abend und der Nacht beginnt, sagt Wesentliches über den Menschen aus. Denn Nacht als Schlafenszeit ist die Zeit des An-sich-Geschehenlassens, nicht des aktiven Selbermachens, Zeit des Empfangens neuer Kräfte, nicht des Agierens. Das aber heißt im Sinne der Schrift: Jeder seiner Tage beginnt mit dem Geschenk neuen Lebens. Nicht zufällig läßt die Schrift den Anfang des menschlichen Daseins, seinen Eintritt in die Welt mit einem „Feiertag" beginnen, nicht mit Arbeit und Werk (vgl. Gen 1,26 – 2,2). Der Mensch soll sich zuallererst entdecken dürfen als das Geschöpf, dem der Schöpfer alles gönnt, dem er alles „zu Füßen gelegt" hat (vgl. Ps 8,7). Und diese „schöpferische Weltanschauung" soll ihm ein Leben lang der Sabbat schützen und bewahren helfen, der im regelmäßigen Rhythmus der Arbeitswoche wiederkehrt (vgl. Gen 2,2).

Grundordnung des Daseins

In diesen Aussagen drückt sich die Grundordnung des menschlichen Daseins aus: *Gabe vor Aufgabe.* Jeder neue Tag, aus der Nacht geboren, ist zuerst „Datum", d. h. Gabe im ursprünglichen Sinn des Wortes, und erst dann und als solcher „Datum" in unserem gewohnten Sinn von Aufgaben und Terminkalender. Als Beschenkter tritt der Mensch in den neuen Tag hinein und geht an die Aufgabe seines Tagewerks: die Gabe durch seine Hingabe an sie und ihren Geber zu erwidern.

2) Der Abend als Tages-Ende

Gleichnis der Vergänglichkeit

Gewiß ist der Abend auch Ende, denn er erinnert unmißverständlich an die Vergänglichkeit alles Irdischen. Er zeigt uns deutlich unsere Grenze, wenn wir am Ende unserer Kräfte sind. Jeder Abend ist in diesem Sinn ein Vorbote des Todes, der uns auf den Abend unseres Lebens und auf den Abend der Welt verweist.

Zeit der Sammlung und Befriedung durch Gott

Altes und Neues Testament stimmen darin überein, daß die Abendzeit (von Sonnenuntergang bis zur Nachtruhe) von Gott her gesehen die Zeit der Sammlung des Zerstreuten, der Einkehr des Verirrten und Verwirrten, der Heilung des Verwundeten und Verletzten, der Befriedung der Schöpfung durch ihren

Schöpfer ist. „Um die Abendzeit" (Gen 3,8) sucht Jahwe nach seinem versteckten Adam; „zur Abendzeit" kommt die Taube mit dem Ölblatt des Friedens zu Noah zurück (vgl. Gen 8,10f); „am Abend, als die Sonne untergegangen war", brachte man zu Jesus alle Kranken und Besessenen und er heilte sie (vgl. Mk 1,32ff); „am Abend" legte sich auf Jesu Wort hin der Sturm – „und es ward eine große Stille" (vgl. Mk 4,35ff). „Am Abend" des Ostertages kommt der Auferstandene zu den verängstigten Jüngern und spricht ihnen Gottes Frieden zu (vgl. Joh 20,19.21.26).

3) Der Abend als Übergang

Der Abend weist über sich hinaus auf den kommenden Tag. Nach der Verhaltensphysiologie zählt der Mensch zu den tagaktiven Wesen: Er ist von Natur aus auf den Tag hin angelegt. Im „Tagesbewußtsein" findet er zu sich, in seinem „Tagewerk" vom Morgen bis zum Abend (vgl. Ps 104,23) wird er zu dem, der er sein soll.

Verheißung des ewigen Tages

Dem entspricht die schöpferische Grundbestimmung, daß das letzte Ziel des Menschen der Tag ist, nicht der Abend noch die Nacht (vgl. Offb 21,25; 22,5). Für den Glaubenden ist darum jeder Abend zugleich Verheißung: „nämlich die Verheißung eines Tages, der nicht mehr in einem Abend versinkt. Die Hoffnung, daß schließlich alle Unruhe und alles Wechselspiel in einen großen Abendfrieden eingehen darf, wäre das genaue Gegenteil der christlichen Hoffnung …."[12]

b) Die Abendgesänge der Kirche: Echo der biblischen Sicht des Abends

Diese Sicht des Abends findet in der Liturgie ihren Widerhall. In der Tagzeitenliturgie werden die Vorgänge der Schöpfung transparent für die Vorgänge des Heils: Der Sonnentag wird zum Christustag. In der Abendliturgie tritt der Auferstandene, der im Tod die Nacht des Todes besiegt hat, als die „unerschaffne Sonne" (vgl. GL 226,2) an die Stelle der geschaffenen, die draußen am Horizont untergeht:

> „Angelangt an der Schwelle des Abends
> schauen wir Christus, das ewige Licht,"

so läßt die Paraphrase auf den alten Märtyrerhymnus „Phos hilaron" die Gläubigen zu Beginn der Vesper singen (GL 701). Christus, der „Morgenglanz der Ewigkeit", ist zugleich das „Licht, das keinen Abend kennt" (vgl. GL 668). Darum bittet das schlichte Abendlied des Nicolaus Hermann (1560):

> „Hinunter ist der Sonne Schein,
> die finstre Nacht bricht stark herein.
> Leucht uns, Herr Christ, du wahres Licht;
> laß uns im Finstern tappen nicht" (GL 705).

Die Lieder der Kirche zum Tagesende sind ein getreues Echo der großen alten Abendhymnen, etwa des Prudentius († vor 405):

> „... da die Sonne nun sinkt,
> und sich das Dunkel mehrt,
> sei uns Leuchte und Licht,
> Christus, dein Angesicht" (StB 3, 167).

Oder ganz ähnlich Ambrosius († 397), der große Zeitgenosse des Prudentius:

> „Wenn uns die Sonne untergeht
> und Finsternis den Tag beschließt,
> kennt unser Glaube keine Nacht:
> im Dunkel strahlt sein Licht uns auf" (StB 3, 164).

Es ist bemerkenswert, daß allen kirchlichen Abendliedern und -hymnen die sentimentale Erwartung eines ewigen Abends ebenso fern liegt wie „das unheimliche Bild von Christus als dem holden *Abendstern*"[13]. Gemeinsam ist ihnen vielmehr das Ziel eines abendlosen ewigen Tages. Als Zeuge dafür stehe die letzte Strophe eines Abendhymnus aus dem 7./8. Jahrhundert:

„Wenn unser letzter Tag sich neigt,
dann wehre, Herr, der Finsternis
und führe uns in deiner Huld
zum Licht, das keinen Abend kennt" (StB 3,166).

Diese Umkehr des unmittelbaren Naturempfindens enthüllt eine letzte Unabhängigkeit des christlichen Zeit- und Lebensgefühls von allen bloß naturhaften zyklischen Rhythmen. „Der Glaube verwandelt den Kreislauf der Zeit: seine Meßeinheit sind nicht die Umdrehungen der Gestirne, sondern die Taten Gottes, in denen er uns sein Herz zugewendet hat"[14]; in unserem Falle die österliche Überwindung der Vergänglichkeit, an die uns jeder Abend unmißverständlich erinnert. Von der Osternacht, von der geschrieben steht: „Die Nacht leuchtet wie der Tag" (Exsultet), nehmen die Abendgesänge der Kirche ihr Licht für alle irdischen Nächte. Von dort her stammt auch der deutlich *eschatologische Bezug*, der den Blick des Vespersängers freigibt auf

„den hellen, schönen, lichten Tag,
an dem er selig werden mag"

oder an

„die heilge Stadt,
die weder Nacht noch Tage hat,
da du, Gott, strahlst voll Herrlichkeit,
du schönstes Licht in Ewigkeit" (GL 557):

das unverwechselbare Bild der kommenden Welt, in der es keine Nacht mehr geben wird (vgl. Offb 21,25).

c) Das abendliche Lichtanzünden: „Anschauung des Heils"

Zur abendlichen Vesper entwickelte sich bald das *Luzernarium*, der schöne Ritus des abendlichen Lichtanzündens. In ihm klangen die freundlichen Zurufe nach, mit denen die Alten, Römer, Juden wie Christen, das Anzünden, Aufflammen und Hereinbringen der abendlichen Lampe beim häuslichen Zusammensein ebenso wie bei der gottesdienstlichen Feier begrüßten: „Freundliches Licht", „heiteres Licht", „schönes

Licht". Die Grußworte, die ursprünglich der Sonne galten, wurden auf das Licht des Abends übertragen. Ihre Anwendung auf Christus leuchtete unmittelbar ein. Christus, die „abendliche Sonne", bildete „das Herzmotiv des altkirchlichen Abendgottesdienstes" (B. Fischer). So war die Vesper, überstrahlt vom Schein der entzündeten Lichter, ein sinnenhafter Ausdruck des Dankes für das gute Licht: das natürliche der Lampen und Kerzen, das den Menschen am Abend durch Gottes Güte die Sonne ersetzt, und für das unendlich größere Christuslicht, das den Abend unserer Zeitlichkeit erhellt und uns die Angst vor der Nacht des Todes genommen hat. „Ein Lichtopfer war die abendliche Synaxis der alten Kirche, Licht und Gesang. Licht war ihr großes Symbol, und der Hymnus deutete es aus."[15]

Das Luzernar: „Anschauung" des Heils

Wenn es stimmt, daß im Verlust und Zerfall von Form und Gestalt ein wesentlicher Grund für Krise und Zerfall der Frömmigkeit in unserer Epoche überhaupt liegt, dann wäre die Rückkehr der Kirche zum Luzernarbrauch des abendlichen Vespergottesdienstes der Gemeinde eine buchstäbliche Notwendigkeit. Warum ging die Wirkung dieses Rituals so tief gerade beim einfachen gläubigen Volk? Weil die ganzheitliche, sinnenhafte Anschauung des Heils in Christus dem Licht, verbunden mit dem deutenden Wort von Hymnus oder Lied, dem inneren Verstehen und Erleben des Menschen unendlich näher kommt als alle noch so richtige Erklärung. Was einmal selbstverständlicher Ausdruck häuslicher und kirchlicher Liturgie war – kann es nicht, gewandelt vielleicht, zurückkehren in Familien und Gemeinden?

Lichtritual und Lichtlied heben nicht nur unser Leben ins Licht; sie lassen auch die rettende Liebe Gottes schauen, wie es in einem Abendhymnus heißt: „In Liebe leuchtest du, Jesu Christ." Luzernar und Lichthymnen können helfen, die Welt mit ihrem Dunkel wieder klarer zu sehen.

d) Der Morgen

1) Gleichnis für den Menschen, wie die Bibel ihn sieht

Die Bibel erzählt die Berufung des Menschen zum Tag-Wesen so: Der Schöpfer teilt dem Adam seinen Daseinsraum „in Eden, im Osten" zu (Gen 2, 8), also im Orient, im Morgenland, im Aufgang der Sonne. Für den biblischen Menschen bedeutet das: Von allem Anfang an ist der Mensch *ins Licht* gestellt. Sein Dasein ist von Grund auf „orientiert": Es liegt nicht im Dunkel der Nacht, sondern im Licht des Tages. Der Mensch ist für das Licht, für den Morgen und für das Morgen geschaffen. Daher seine unausrottbare Sehnsucht nach mehr Licht! Daher sein unersättlicher Hunger nach dem Morgen, nach Zukunft im Licht!

> „Ein Mensch,
> das ist ein wenig Gestern
> und etwas Heute
> und unendlich viel Morgen!"[16]

2) Gleichnis des Schöpfungsmorgens

Über jedem Morgen liegt etwas vom Schimmer des ersten Schöpfungsmorgens. Denn „mit dem Anbruch jeden Tages wiederholt sich noch einmal etwas vom Anfang der *guten* Schöpfung ... Das anbrechende Licht ist wie das erste Wort der Schöpfung ‚Es werde Licht!' Inbegriff der Verheißung, vor der die Finsternis ihre Macht verliert."[17]

Nicht zufällig verweisen die Psalmen mit besonderer Betonung auf den Morgen: Mit dem Licht des Tages erfährt der Mensch aufs neue die „Huld", d. h. die Zuwendung Gottes, die ihm „mehr noch ist als Leben" (Ps 63, 4). „Erst im Licht seiner Zuwendung begreifen wir, was das natürliche Licht eigentlich ist; erst wo wir es als Gruß der Liebe Gottes wahrnehmen, sehen wir seine ganze Schönheit."[18]

3) Sinnbild des Ostermorgens

Der Augenblick, da die Sonne mit ihrem ersten Strahl die scheinbar undurchdringliche Macht von Nacht und Morgengrauen sieghaft durchbricht, ist in der Bibel die Zeit für beginnende Rettung und Erlösung. „Um die Zeit der Morgenwache" rettet Jahwe Israel aus Todesgefahr (vgl. Ex 14,24). „In aller Frühe, am ersten Wochentag, als eben die Sonne aufging", hören die Frauen, die zum Grab kommen, die Osterbotschaft: Gott hat ihn auferweckt (vgl. Mk 16,2ff). „In der vierten Nachtwache" kommt der Auferstandene, der die Todes-Wasser überstanden hat, zu seinen Jüngern auf die stürmische See und entreißt Petrus der Todesnot (vgl. Mt 14,25).

Der Durchbruch des Sonnenlichtes durch die Nacht ist darum immer neu Verheißung von Rettung aus allen Nächten dieser Welt. Der christliche Morgen ist je und je neu die Verheißung:

> „Die Auferstehung
> kommt
> mit der Gewißheit
> eines neuen Tages" (M. Gutl).

4) Verheißung des ewigen Morgens

Jeder irdische Sonnenaufgang weist in seiner natürlichen Transparenz den lichthungrigen Menschen über sich hinaus: in Richtung auf einen ewigen Morgen, einen Tag ohne Ende, an dem sich seine Sehnsucht nach Licht ganz und für immer erfüllen wird. „Wenn das Tagesgestirn siegt über die Nacht, ... dann ist dieses alles nicht mehr, aber auch nicht weniger als das Sinnbild des endgültigen Morgens, auf den die in Nacht versunkene Welt wartet."[19]

e) Die „lichte Welt" der Morgen-Hymnen

Die Bilderwelt der großen Laudeshymnen eines Ambrosius oder Prudentius ist „eine Symbolwelt voll strahlender Wirklichkeit und Gegenwart"[20]. Ihre Lichtsymbolik durchdringt die Sonnenfrömmigkeit der Alten mit christlichem Blick und christlicher Stimme und füllt die alten Formen mit dem neuen österlichen Inhalt. „Gerade in den Laudes häufen sich die glänzendsten Bilder der ersten und der zweiten Schöpfung"[21], die sie zu einem wahren Jubel von Licht und Leben machen, zu einem Lobpreis auf die Treue des Schöpfers und des österlichen Retters dieser dunklen Welt.

Sowohl Morgenrot wie Morgenstern und Morgensonne sind zeitloses Symbol für Christus, der in seiner Auferstehung die Nacht des Todes besiegt hat.

Morgenröte

Der Auferstandene ist der Morgen der Neuen Welt, „Morgenglanz der Ewigkeit", der über jedem neuen Tag aufleuchtet, „Morgenröte des Heils", wie ihn eine Antiphon nennt, wohl in Anlehnung an Ambrosius' unvergleichliche Hymnusstrophe:

„Das Morgenrot steigt höher schon,
wie Morgenrot geh' ER uns auf:
in seinem Vater ganz der Sohn
und ganz der Vater in dem Wort" (StB 3,217).

Morgenstern

Alte wie neue Morgenstern-Lieder preisen den Auferweckten, so z. B. in Angelus Silesius' Lied:

„Morgenstern der finstern Nacht,
der die Welt voll Freuden macht" (GL 555).

Philipp Nicolai wird 1599 mitten in der nachtschwarzen Unglückszeit der Pest zu seinem unsterblichen Christuslied inspiriert:

„Wie schön leuchtet der Morgenstern,
voll Gnad und Wahrheit von dem Herrn
uns herrlich aufgegangen ..." (GL 554).

Nicht zu vergessen Jochen Kleppers Morgensternlied, mit dem er sich selbst und seiner Familie in der immer undurchdringlicher werdenden Nacht des NS-Judenhasses das Licht des Trostes und der Verheißung zusang:

„Die Nacht ist vorgedrungen,
der Tag ist nicht mehr fern.
So sei nun Lob gesungen
dem hellen Morgenstern.
Auch wer zur Nacht geweinet,
der stimme froh mit ein:
Der Morgenstern bescheinet
auch deine Angst und Pein" (GL 111,1).

Natürlich fehlt das Morgenstern-Christus-Motiv in den alten Morgen-Hymnen nicht. Berühmt ist Ambrosius' „Hymnus zum Hahnenschrei", in dem sich die Strophe findet:

„Da steigt der Morgenstern empor,
erhellt das schwarze Firmament –
da weicht der dunklen Mächte Schar
vom Weg des Unheils scheu zurück" (StB 3,200).

Morgensonne

Das klassische Motiv der meisten Morgenhymnen und -lieder ist die aufgehende Sonne. Stellt man einige der „Sonnen-Namen" zusammen, mit denen der auferstandene Christus in ihnen benannt wird, so entdeckt man, daß sie die Sonne von ihrem Aufgehen bis zum Niedergang beschreiben.

Christus, die aufgehende Sonne

„Such uns heim mit deiner Kraft,
o du Aufgang aus der Höhe ..." (GL 668).
(vgl. Benedictus: lux oriens ex alto!)

„Sonne der Gerechtigkeit,
gehe auf zu unsrer Zeit ..." (GL 644).

Prudentius läßt in einem Laudeshymnus die Sänger den Kampf der aufgehenden Sonne mit der Finsternis förmlich miterleben:

„Nacht und Gewölk und Finsternis,
verworrnes Chaos dieser Welt,
entweicht und flieht! Das Licht erscheint,
der Tag erhebt sich: Christus naht." (StB 3,253)

Christus, der helle Tag

Das volle Licht der Sonne leuchtet z. B. in Ambrosius Morgenhymnus „Splendor paternae gloriae" auf:

„Du Abglanz von des Vaters Pracht,
du bringst aus Licht das Licht hervor,
du Licht vom Licht, des Lichtes Quell,
du Tag, der unsern Tag erhellt." (StB 3,217)

Adam von St. Victor († 1192) nennt in seinem Laudeshymnus für den Herrentag diesen den „Tag der Sonne, die alle Welt verklärt" (vgl. „Heil dem Tage", StB 3,169). Die Welt und all ihr Zwielicht und Dunkel liegen schon im Licht der Ostersonne Christus, die sie verklärt.

Christus, die „abendlose Sonne"

Im obigen Hymnus nennt Ambrosius das Herzmotiv der altkirchlichen Vesper:

„Du wahre Sonne, brich herein,
du Sonne, die nicht untergeht ..."

Ein Echo davon hallt wider in der letzten Strophe des Morgenliedes GL 668:

„Licht, das keinen Abend kennt,
leucht uns, bis der Tag sich neiget ..."

f) Geostete Kirchen: Orientierung an der „Sonne des Heils"

Die Gebetsausrichtung der Gottesdienst feiernden Gemeinde nach Osten, gen Orient, also in die aufgehende Sonne hinein (*lux oriens ex alto*: Benedictus) ließ die Gläubigen gleichnishaft die „Orientierung" ihres neuen Lebens erfahren. Vor Gott stehend und in das Licht schauend ging ihnen auf: Wir sind mit Christus auferstanden, wir stehen im lichten Ansehen des Auferstandenen, in dem uns der Vater sein Antlitz zugewandt hat; unser Leben liegt im Licht von Ostern; Christus, die Sonne des Heils, leuchtet in alles hinein, er durchdringt auch das Dunkel von Leben und Tod[22].

g) Hilfe und Inspiration für heute?

Abend- und Morgenlob der Kirche als Hilfe zu einem „lichteren" Leben? Am verdunkelten Sinn ihres Lebens und an der „Gottesfinsternis" (M. Buber) ihres Glaubens leiden heute viele, Junge und Alte. Es ist die bittere Erfahrung Ungezählter, daß sich alles Helle und Lichte ins Dunkle und Undurchdringliche hinein verbergen kann. Dennoch: in jedem Menschen lebt so etwas wie „eine instinktive Sehnsucht nach jenem Licht, ... in welchem seit Jahrtausenden die Menschen gelernt haben, das Leben zu bejahen bis in seine Leiden hinein" (A. Camus).

Eine Tagzeitenliturgie für heutige Gemeinden könnte in diesem Punkt gerade von der frühen Kirche lernen. Heißt das beispielsweise, wir sollten „heute die Hymnen von gestern singen"[23]? Etwa die kunstvollen Sonnenlieder, die ein Bischof Ambrosius für seine Gemeinde schrieb? Warum nicht; sie decken dem Menschen auch heute seine Wahrheit auf, aber im heilenden Licht seines Schöpfers und Retters. An ihnen kann ihm aufgehen, wie sie den Menschen, der sie singt, verändern, indem sie ihn wegwenden von sich selbst, ihn aufnehmen in die Weggemeinschaft derer, die mit ihm das Licht Christi lobpreisen und ihn so öffnen für seine rettende Macht. Und warum sollten nicht solche „Sonnenlieder" des Glaubens sensibilisieren für ein tieferes Erleben der geschaffenen Sonne draußen am Himmel? Sie haben die Kraft, zu neuen Licht-Liedern in unserer Sprache zu inspirieren; Ansätze dazu gibt es bereits[24].

2. Die Feier von Schöpfung und Erlösung im Rhythmus des Tages

a) Schöpfungs-Lob

Feier der Treue des Schöpfers

Mit ihrem Rhythmus von Laudes und Vesper schwingt die Kirche immer wieder ein in den tragenden Grundrhythmus von Tag und Nacht. Der Lobpreis am Morgen und am Abend ist darum zunächst die ausdrückliche Zustimmung zu Gottes schöpferischem Wirken in der geschenkten Ordnung der Zeit.

Der lobende Mensch empfängt sie je neu aus den Händen des Schöpfers, in denen er all seine Zeiten ruhen weiß (vgl. Ps 31,16). Mit den Schöpfungspsalmen Israels ebenso wie mit ihren eigenen Liedern lobt die Kirche „den ew'gen Schöpfer aller Welt, des Walten Tag und Nacht regiert" (Ambrosius), „der dem Wechsel der Zeit sichere Ordnung gab" (Prudentius). Sie weiß um das *Geschenk* der Zeit: Am Morgen dankt sie dem, „der jeden neuen Tag uns gibt", am Abend für „den vollbrachten Tag, den deine Güte uns gewährt". Die Regelmäßigkeit, mit der der neue Tag wiederkehrt, läßt sie Gottes Treue als den verläßlichen Grund aller Tage preisen:

> „All Morgen ist ganz frisch und neu
> des Herren Gnad und große Treu;
> sie hat kein End den langen Tag:
> drauf jeder sich verlassen mag." (GL 666)

In allem Auf und Ab weiß die so singende Gemeinde sich aufgehoben und getragen von dem „Rhythmus, ... der schenkt und nimmt und wieder schenkt und wieder nimmt"; ihre Tage und Nächte werden ihr so zum immer neuen „Hinweis auf Gottes Schenken und Nehmen"[25].

Ansatz für eine Schöpfungsfrömmigkeit heute?

Im Lob des Schöpfers kommt die Welt in ihre Wahrheit: „Der Schöpfergott JHWH liebt seine Erde. Und er hat sie in Liebe dem Menschen übergeben, in der Hoffnung, daß auch dieser sie liebt und so auf ihr lebt, daß sie JHWHs liebenswürdige Schöpfung bleibt."[26]

b) Erlösungs-Lob

Die natürlichen Übergänge von der Nacht zum Tag bzw. vom Tag zur Nacht boten sich in ihrer Gleichnishaftigkeit schon immer an, um an ihnen die entscheidenden Übergangs-Ereignisse der Heilsgeschichte festzumachen, die sich mit dem Abend bzw. Morgen verbinden:

Vesper

Feier des Abendopfers Christi

Gedachte man in Israel am Übergang vom Tag zur Nacht des rettenden Paschaabends, an dem das Volk sich auf Jahwes Geheiß zum großen Auszug rüstete, so steht in der Vesperliturgie der Kirche das Gedenken an den Übergang Jesu aus dieser Welt zum Vater (vgl. Joh 13,1): in seinem Abendopfer am Kreuz (vorweggenommen im Abendmahl). Es ist die Feier der versöhnenden Liebe Gottes, die sich in Jesus am Abend der Welt freiwillig in die äußerste Gottesfinsternis hinauswagte, um die Menschen, „die die Finsternis mehr liebten als das Licht" (vgl. Joh 3,19), der ewigen Nacht zu entreißen.

Im Frieden des Auferstandenen

Mit dem österlichen Gruß „Licht und Frieden von Jesus Christus, unserem Herrn" begann einst die Lichtfeier am Eingang der altspanischen Vesperliturgie. Es ist der Widerhall des österlichen Friedensgrußes des Auferstandenen an seine verängstigten Jünger (vgl. Joh 20,19.26). Der Tag der Gemeinde versinkt nicht in die Nacht hinein; über der Finsternis leuchtet der Friede dessen, der bei ihr ist alle Tage und alle Nächte bis zur Vollendung der Weltzeit (vgl. Mt 28,20).

Die Emmausgeschichte sagt es so: Am Ende eines langen hoffnungslosen Tages bitten die beiden Jünger den Fremden in ihr Haus herein: „Bleibe bei uns, es will Abend werden und der Tag hat sich geneigt. Da ging er mit ihnen hinein, um bei ihnen zu bleiben" (Lk 24,29). Der Auferstandene bleibt bei den Seinen in allen Nächten ihres angefochtenen Glaubens.

Erwartung der Vollendung

Vor allem aber erinnert das Abendlob zur Stunde, da die Sonne sinkt, an das Licht, das keinen Untergang kennt. Die Vesper wird zum Ausblick auf die Ankunft des Herrn im Glanz seiner göttlichen Herrlichkeit, zur Bitte „um das Kommen Christi, das uns die Gnade des unvergänglichen Lichtes schenken wird" (Cyprian). Der Maranatha-Ruf „Komm, Herr Jesus!" (Offb 22,20) ist ein Kennzeichen des Abendlobs der Kirche.

Laudes

Feier der österlichen Bundestreue Gottes

Stand in Israel am Übergang vom Dunkel der Nacht ins Licht des neuen Tages das preisende Gedenken des morgendlichen Bundesschlusses am Sinai, so feiern die morgendlichen Laudes der Kirche die endgültige Bundesliebe Gottes zu Mensch und Welt in der Auferweckung Jesu Christi aus dem Tod. Die Gemeinde, die das österliche Morgenlob in die aufgehende Sonne hinein singt, verbündet sich neu mit Gott, der sich im Auferstandenen auf Gedeih und Verderb mit ihr verbunden hat.

Offenbarung des Auferstandenen

Die Stunde der Laudes ist die Stunde, da sich der Auferstandene seinen Jüngern am See von Tiberias offenbarte: „Als der Morgen dämmerte, stand Jesus am Ufer" (Joh 21,4). Vom Gestade der Ewigkeit tritt er Morgen für Morgen an das Ufer des neuen Tages, um die Seinen mit seinem Wort in das Werk des Tages hinauszuschicken (vgl. Joh 21,6).

Ausblick auf die österliche Vollendung

Als Feier der Auferstehung Christi geben die Laudes den Blick frei auf den „Tag Jesu Christi", in den alle Tage einmünden werden. Darum in der Morgenliturgie die vielen Hinweise auf die Vollendung der Schöpfung (vgl. im Stundenbuch viele Überschriften zu Psalmen und Cantica, die eindeutig eschatologisch zu verstehen sind). „Der Anbruch des Lichtes symbolisiert die Stunde, da Gott die ganze Welt erneut" (rabbinisch).

An den Wendepunkten des Tages

So feiert die Kirche an den Wendepunkten des Tages, am Abend und am Morgen, die „kopernikanische Wende" (J. Ratzinger) des Heils, wie sie durch Christus in die Welt kam. Die Symbolik des Umschlags vom Dunkel ins Licht und vom Tag in die Nacht macht die Wendung unseres Lebens ins Christus-Heil sinnenhaft. Die Tagzeitenliturgie wird zum lobpreisenden Gedenken der universalen Zeitenwende, mit der das „Ende aller Dinge" schon gekommen ist (vgl. 1 Petr 4,7). Durch die jeden Morgen und Abend geschehende Zuwendung Christi zur Gemeinde und ihrer Hinwendung zu ihm, dem Alpha und Omega, in dem alle Zeiten gegenwärtig sind, bekommen ihre Tage Rhythmus und Dauer: „Auch wenn er im wechselnden Kleide der irdischen Stunden – ihres Lichtes und ihres Dunkels, ihrer Last und ihrer Lust – kommt, immer ist es der Herr, und wenn die Stunden gehen, der Herr bleibt."[27]

IV. Konsequenzen für die Tagzeitenliturgie

Auf dem Hintergrund des bisher Gesagten zeigt sich, wie wichtig, aber auch wie schwierig bei der Suche nach einer heutigen Tagzeitenliturgie die Berücksichtigung anthropologischer und religiös-theologischer Prinzipien angesichts der veränderten Lebenssituation des heutigen Menschen ist.

Es kann nicht übersehen werden, daß immer mehr Zeitgenossen der organisierten Verplanung und Verzweckung der Zeit (mit ihren streßartigen Folgen) die gezielte Suche nach Halte- und Orientierungspunkten im Alltagsgetriebe entgegensetzen. Das regelmäßige Hören eines „Wortes für den Tag" ebenso wie das Wahrnehmen des Angebots einer kurzen Besinnung (z. B. „5 nach 5") unmittelbar nach Arbeitsschluß in den Ballungszentren des städtischen Geschäftslebens weisen darauf hin. Phänomene wie Frühschicht bzw. Spätschicht in immer mehr Gemeinden, Hilfen meditativer Art für alle Alters- und Berufsschichten, Stichworte wie „Sensibilisierung" durch Schulung der Sinne (ohne Sinne kein Sinn!), Entdeckung des Geschenkcharakters des Lebens, Wiederentdeckung der Schöpfung und anderes mehr offenbaren einen wachsenden Widerstand gegen die Totalverzweckung des menschlichen Lebens. Es zeigt sich, daß trotz aller offensichtlichen Schwierigkeiten und Hindernisse auch und gerade heute die Eckpunkte des Tages Morgen und Abend in besonderer Weise Anlaß und Gelegenheit bieten für eine geistig-geistliche Orientierung des Menschen im Alltag.

1. Orientierung durch Wahrung vorgegebener Rhythmen

Die richtige Therapie gegen die allgemeine Desorientierung bzw. weitgehende Fremdbestimmung des heutigen Menschen durch organisierte Rhythmen kann – bei aller grundsätzlichen Beweglichkeit – nicht eine Anpassung an die Nivellierung der Zeit sein. Durch sie käme das Lebensgefüge insgesamt noch mehr ins Gleiten (vgl. gleitende Arbeits- und Urlaubszeiten, gleitendes Wochenende usf.). Die Frage ist vielmehr umgekehrt, ob wir die elementaren kosmischen Strukturen der Welt sowie die individuellen und sozialen Rhythmen der menschlichen Natur genügend beachten. „Denn trotz aller nivellierenden Einflüsse behalten sie ihr Gewicht und sind ... als *vorgegebene* Struktur- und Periodisierungsfaktoren allen von Ökonomie und Technik bedingten Zeitrhythmen ... überlegen. Sämtliche technischen Errungenschaften und wissenschaftlichen Erkenntnisse ändern nichts daran, daß Tag und Nacht, Sommer und Winter unterschiedliche Qualität haben. Und alle wirtschaftlichen und sozialen Umwälzungen können die Tatsache nicht aus der Welt schaffen, daß das Leben des Menschen zwischen Geburt und Tod naturhaft bestimmte Phasen durchläuft, seine Höhen und Tiefen hat, Arbeit und Feste kennt ...."[28]

Tagzeitenliturgie als sinngebender Orientierungsrahmen

Die in der Schöpfungsordnung angelegten Rhythmen von Mensch und Kosmos einerseits und die an sie geknüpften heilsgeschichtlichen Daten andererseits verweisen gemeinsam auf eine Ordnung, die „als sinngebender Orientierungsrahmen" (H.B. Meyer) vorgegeben ist, der das Ganze von Kosmos und Geschichte umfaßt.

Die Tagzeitenliturgie der Kirche stellt den einzelnen Menschen am Morgen und am Abend in diesen umgreifenden Bezug hinein, oder besser: sie läßt ihn im Mitvollzug der vorgegebenen Strukturen den tragenden Grund all seiner Tage und Nächte immer neu erleben. Ihr Lobpreis als Zustimmung zum Schöpfer und Erlöser ist „Zustimmung zum Ganzen" (J. Pieper). Über Jahrhunderte hinweg waren so Laudes und Vesper die beiden Orientierungs-Pfeiler, auf die der gläubige Mensch die Brücke seines Alltags gründen konnte über dem dahinfließenden Strom der Zeit. Warum sollte nicht auch im vielfältig entfremdeten Menschen von heute „im Ernstnehmen der ... vorgegebenen Strukturen und Rhythmen ..., im Widerstand gegen ihre Nivellierung"[29] die Ahnung der „Gewähr einer Güte auf dem Grunde des Seins" (F. Stier) geweckt werden, warum nicht das Vertrauen in sie durch gute Erfahrung erwachsen können?

2. Sinn erfahren durch gefeierte Bejahung

Das Werden und Vergehen der Zeit, die persönliche Lebensgeschichte und die überindividuelle Geschichte der Welt bejahen kann nur, wem sie als sinnvoll erscheinen. Eben dies steht aber heute weithin in Frage. Phänomene wie die Verweigerung der Stellungnahme zur Vergangenheit oder der Verantwortung für die Zukunft, des Aussteigens aus der Gesellschaft, der Bindungsscheu oder der Flucht in Drogen, Diskotheken, esoterische Meditationspraktiken usf. weisen auf einen „tiefreichenden Verlust des Zeit-Sinnes" hin, oder positiv: sie sind ein deutliches Signal „für die Suche nach einer anderen, bleibenden, sinnvollen Zeit"[30].

Tagzeitenliturgie als positive Erfahrung der Zeit

Die Liturgie der Kirche bietet die Chance, dem feiernden Menschen eine positive Erfahrung von Zeit und Geschichte zu vermitteln. Die Frage ist, ob diese Chance genügend genützt wird. Im dankenden und preisenden Gedenken der großen Taten des Schöpfers und Erlösers wird dieser selbst gegenwärtig, und mit ihm alles, was er je gewirkt und verheißen hat. Im Jetzt des kultischen Heute der Feier wird der präsent, in dem Gott sein unwiderrufliches Ja zum Ganzen der Geschichte ebenso gesagt hat wie zu jedem einzelnen in ihr: Christus. Allen Zeiten, jedem Tag und jeder Stunde ist seit Ostern das Ja-Siegel der Liebe Gottes eingeprägt (vgl. 2 Kor 1,19f).

In der Feier von Laudes und Vesper wird dieses Ja gleichsam „ins Licht gehalten": Lobend vergewissern wir uns täglich neu, daß unser Leben in Christus positiv ist. Und wir erfahren im Vollzug: „Dieses Ja und Amen ist der feste Boden, auf dem wir stehen."[31] Wer Morgen für Morgen und Abend für Abend Gottes positive Zusage empfängt, kann seinerseits sein Ja zu Gott sagen, allen Anfechtungen von Sinnlosigkeit zum Trotz, die viel eher ein Nein nahelegen. Das Ja zu Christus, dem Ja Gottes zu Mensch und Welt, ermöglicht immer neu das Ja zum heutigen Tag als dem „Heute Gottes" (R. Schutz). Tagzeitenliturgie könnte so gesehen helfen, aus der gläubigen Gewißheit zu leben: „Gott ist mit uns, am Abend und am Morgen, und ganz gewiß an jedem neuen Tag" (D. Bonhoeffer).

3. Stabilität durch Regelmäßigkeit und Gemeinsamkeit

Stabile, weil regelmäßig wiederkehrende Feiertermine sind psychologisch und soziologisch von nicht zu unterschätzender Bedeutung. Je regelmäßiger der Rhythmus, desto eher entwickelt er tragende Kraft und wird zu einem stabilisierenden Faktor im Auf und Ab der Zeit.

Tagzeitenliturgie als stabilisierende Kraft

Das bedeutet für Laudes und Vesper: Als konstant wiederkehrende Eckpunkte eines weithin unrhythmisch gewordenen Tagesgeschehens könnten sie diese Wirkung gewinnen. Die Regelmäßigkeit der Wiederholung von Form und Gehalt gibt Sicherheit und Halt für den Alltag in einer Zeit, in der „der

Wechsel von Anschauungen und Positionen auf den verschiedensten Ebenen mehr gilt als die Tradition, als die geprägte Form, als Stabilität, als das Stehen zu einmal getroffenen Entscheidungen"; „die Anerkennung außer Streit gestellter Grundwerte und Normen schwindet zugunsten wechselnder Denk- und Lebensgewohnheiten."[32]

Konstanz durch Regelmäßigkeit: die so gefeierten Tage rinnen nicht einfach wie Sand unter den Händen weg; sie hinterlassen etwas, das Bestand hat inmitten aller Unbeständigkeit, das nicht mit dem schwindenden Tag verlorengeht: die bleibende Gnade der Begegnung mit dem, der Alpha und Omega, Anfang und Ende aller irdischen Tage und Nächte ist: Christus.

Die eigentliche Kraft der Tagzeitenliturgie liegt in ihrer Regelmäßigkeit: im Rhythmus von Tag zu Tag, von Abend zu Morgen und von Morgen zu Abend. Gerade diese Gleichmäßigkeit rhythmischen Betens am Morgen und Abend ist heute vom Einzelbeter in vielen Fällen nur mit großer Mühe durchzuhalten. Im Gedränge des Morgens und Abends wird nicht selten genau das, was Hilfe und Entlastung sein möchte, als Beengung und Last empfunden.

Es ist kein Zufall, daß gerade die Tagzeiten von Laudes und Vesper ihrer Entstehung und ihrem Wesen nach von Anfang an Gemeindefeiern waren, Liturgie des Volkes Gottes. Gerade darin lag und liegt die Hilfe rhythmischen Betens, daß der einzelne einschwingen kann in den großen Atem der Kirche. Isolierter Glaube ist in der tödlichen Gefahr, sprachlos zu werden. Vor allem der Lobpreis des einzelnen ist auf die Mitlobenden angewiesen, jedenfalls auf Dauer. Die Psalmen Israels geben davon ein beredtes Zeugnis.

D. Im Licht von Ostern: Als Auferstandene täglich auferstehen

Die Gemeinde, die sich die Tagzeitenliturgie zu ihrem Anliegen macht, muß wissen, worum es geht, wenn sie sich zur Feier von Laudes und Vesper versammelt. Alle Motivierung von außen wird auf Dauer nichts nützen, solange nicht klar ist, daß die Tagzeitenliturgie ihr Motiv, ihr eines und einziges Thema in sich selber hat. Je deutlicher dies im Blickpunkt der Feiernden steht, desto klarer können sie ihre Kräfte auf das Zentrum richten. Was aber ist diese Mitte?

Die Allgemeine Einführung in das Stundenbuch (AES) sagt: In der zur Tagzeitenliturgie versammelten Gemeinschaft wird „die Kirche sichtbar, die das Mysterium Christi feiert" (AES 22), die in Lob, Dank und Fürbittgebet „das Gedächtnis der Heilsmysterien" begeht (AES 12), ja an der Christus selbst „das Werk der Erlösung" vollzieht (AES 13). Nicht nur in der Feier der Eucharistie und der anderen Sakramente, sondern auch besonders im Vollzug der Tagzeitenliturgie (vgl. AES 13) feiert die Kirche das *Pascha-Mysterium* ihrer österlichen Erlösung in Christus (vgl. SC 6; AES 129).

I. Das Pascha-Mysterium als „Kompendium der Heilsgeschichte"

1. Das Pascha Christi im biblischen Kontext (Osternachtliturgie)

An der Osternachtsvigil, dem Wach- und Lesegottesdienst der zentralen Osterfeier des ganzen Jahres, läßt sich am deutlichsten ablesen, wie erst im Kontext der gesamten Heilsgeschichte Gottes mit den Menschen das Pascha-Mysterium Christi, „sein seliges Leiden, seine Auferstehung von den Toten und seine glorreiche Himmelfahrt" (SC 5), seine volle Bedeutung erhält.

Jahwe, der „österlicher Gott" von Ägypten her

Das Ziel, auf das der nächtliche Wortgottesdienst zusteuert, ist die Botschaft des Osterevangeliums: „Gott hat Jesus auferweckt!" Aber in welchen gewaltigen Rahmen ist dieser Satz gestellt! Was für ein langer Weg bis dorthin! Um dieses einen Satzes willen zieht in der Osternacht die ganze Bibel in den Lesungen und Gesängen aus Mose, den Propheten und den Psalmen an den Feiernden vorüber. Welches „Kompendium der Heilsgeschichte"[1]! Im Licht der Ostertat Gottes an Jesus beginnen die früheren Heilstaten österlich zu leuchten: „Gott, deine uralten Wunder leuchten noch in unseren Tagen" (1. Oration zur Exodus-Lesung).

Im Zentrum aller Lesungen aus dem Alten Testament steht die Verkündigung vom Auszug Israels aus Ägypten (Ex 14, 15–15, 1): von Anfang an für alle Zeiten *die* österliche Urerfahrung des Gottesvolkes, die österliche Rettungstat Jahwes par excellence.

Der aus dem Tod ins Leben führt ...

„Jahwe hat uns mit starkem Arm aus Ägypten herausgeführt": Das ist die österliche Mitte des Credos Israels. In all seinem Auf und Nieder hat es seinen Gott erfahren als den Gott des Exodus, der sein Volk aus Todesnot rettet und in das Land der Lebendigen führt:

> aus der Enge in die Weite,
> aus dem Dunkel ins Licht,
> aus der Knechtschaft in die Freiheit,
> aus der Fremde in die Heimat,
> kurz: *aus dem Tod ins Leben.*

Eben dies verkündet die Exoduslesung. Nichts anderes sagen die Propheten, die in der Osternacht zu Wort kommen: Im Glauben an Jahwes österliche Treue von Anfang an erwachen inmitten von Schuld und Katastrophen die Hoffnungsentwürfe Israels von der heilen Zukunft Gottes, vom Neuen Himmel und der Neuen Erde, die Gottes letzte Ostertat sein werden. Und auch die Psalmen als Antwortgesänge der Osternacht besingen Jahwe als „Gott, der uns Rettung bringt: Er führt uns heraus aus dem Tode" (vgl. Ps 68,21). Ja, so übermächtig ist für Israel die Rettungserfahrung von Ägypten her, daß es im Rückschluß von hier auch die Erschaffung der Welt (1. Lesung der Osternacht) nicht anders denn als österliche Tat verstehen kann, als „das erste Osterereignis überhaupt"[2].

... er kommt in der Auferweckung des Gekreuzigten ans Ziel

In der Botschaft des Osterevangeliums „Gott hat den Gekreuzigten auferweckt!" laufen alle Heilstaten Gottes zusammen. Im Licht der Osterbotschaft offenbaren die Schriften (= AT) und damit die ganze Heilsgeschichte Gottes ihren österlichen Sinn, wie ihn der Auferstandene seinen Jüngern erschließt: „Alles muß erfüllt werden, was im Gesetz des Mose, in den Propheten und in den Psalmen *über mich* geschrieben ist ... So aber steht geschrieben: Der Christus wird leiden und von den Toten auferstehen am dritten Tag ..." (vgl. Lk 24,44ff). Im Pascha Christi, d. h. in seiner Hingabe für Menschen und Welt und in seiner Bestätigung durch Gott in der Auferweckung kommt das österliche „Werk der Erlösung der Menschen ..., dessen Vorspiel die göttlichen Machterweise am Volk des Alten Bundes waren" (SC 5), zum Ziel. Jesus, der in Wort und Tat Menschen herausführte aus ihrem „Ägypten" (Tod) und ihnen zum „Führer ins Leben" (Apg 3,15) wurde – ihn hat Gott für alle Menschen zum „Urheber unendlicher Rettung" (Hebr 5,8) gemacht. Gottes uralte österliche Weltliebe (Joh 3,16) ist in der Auferstehung Christi, des Neuen Adam, schon anfanghaft ans Ziel gelangt: er ist der Erste von vielen Brüdern und Schwestern (vgl. 1 Kor 15). Die österliche Vollendung der Geschichte hat unwiderruflich begonnen.

2. Widerhall dieser Sicht in frühen Paschahymnen

Die großen Hymnen des Neuen Testaments, wie sie uns am Eingang des Epheser- und des Kolosserbriefes (Eph 1,3-14; Kol 1,12-20) überliefert sind, stehen ganz im Bann dieser umfassenden Sicht des österlichen Heils. In ihnen zittert das selige Staunen der ersten Christengenerationen über die unendlich weite Gnade des ewigen Heilsplanes Gottes, den er im Pascha Christi an ihnen zur Erfüllung brachte. Inmitten einer scheinbar völlig unösterlichen Welt kehrt die Gemeinde mit diesen Gesängen zurück zum österlichen Ursprung ihres Heiles: in ihre unfaßliche Erwählung durch Gott in Christus „vor dem Beginn der Welt" (Eph 1,4). „Im voraus" (Eph 1,5; vgl. Kol 1,15ff) hat Gottes ewige Liebe sie zur Gemeinschaft mit Christus bestimmt, dem „Erstgeborenen der ganzen Schöpfung" (Kol 1,15) und dem „Erstgeborenen aus den Toten" (Kol 1,18); in seinem Geist ist den Getauften schon das Unterpfand der kommenden Vollendung geschenkt (Eph 1,13f). Zusammen mit dem ältesten erhaltenen Christuslied aus dem Philipperbrief (Phil 2,5-11) besingen diese Hymnen das Pascha-Mysterium Christi im Kontext der ganzen Heilsgeschichte.

Eine Gemeinde, die sich diese Gesänge zu eigen macht, lernt es, in die Länge und Breite, die Höhe und Tiefe (vgl. Eph 3,18) ihrer Berufung von Ewigkeit her hineinzuwachsen: in Christus erwählt zu sein „zum Lobpreis der herrlichen Gnade Gottes" (vgl. Eph 1,6.12.14).

II. Die Feier der Tagzeitenliturgie: Echo der Osterbotschaft und des Osterlobes

1. Der österliche Ursprung des Lobes

Die osternächtliche Siegesfeier des Lichtes Gottes über alle Finsternis ist der Ursprung des christlichen Lobens. Das Lob der Christen ist darum im tiefsten österliches Lob. Die verschiedensten Gründe, Gott zu loben, konzentrieren sich immer wieder auf die eine österliche Heilstat Gottes in der

Auferweckung Christi, die alle betrifft und alles umfaßt. Darum ist österliches Lob von seinem Wesen her universales Lob.

Alle Osterlieder und -gesänge der Kirche sind wie das Weitersingen jenes ersten österlichen Siegesliedes vom Schilfmeer, das einst Mirjam und Mose auf den Befreier aus Ägypten anstimmten und in das noch heute in jeder Osternacht die christliche Gemeinde einfällt, um ihre eigene Rettung zu besingen:

„Ich singe dem Herrn ein Lied, denn er ist hoch und erhaben.
Rosse und Reiter warf er ins Meer.
Meine Stärke und mein Lied ist der Herr:
Er ist mir zum Retter geworden ...!" (Ex 15, 1 ff)

Echo des Osterlobes

Auch die Tagzeitenliturgie hat eine innere Beziehung zu dem, was in der Osternacht gefeiert wird. Auch sie ist Echo der Osterbotschaft und des Osterlobes jener Nacht, das weiter- und widerhallt an jedem Morgen und Abend ihrer Tage. Laudes und Vesper sind, so gesehen, die immer neue Antwort des Lobes und des Dankes auf die sieghafte Botschaft der Osternacht: Gott hat in Christi Auferweckung die tiefsten Finsternisse, Sünde und Tod ins Licht der Versöhnung und des Lebens gewendet! „Er hat uns der Macht der Finsternis entrissen!" (Kol 1, 12). Darum ist alles Rühmen des österlichen Gottes in der Tagzeitenliturgie der Gemeinde wie ein einziges Lob auf das Licht, das ihr im Auferstandenen von Gott her aufgegangen ist. Von Ostern herkommend und zum ewigen Osterfest unterwegs hält sie in Lob und Dank, in Klage und Bitte das Licht ihres Osterglaubens hoch und hinein in alle Tage und Nächte ihres Pilgerdaseins. Freilich: solange sie im Glauben und noch nicht im Schauen der schon begonnenen österlichen Herrlichkeit lebt, ist ihr Lob auch immer „supplex gloria", „flehentliches Rühmen", wie ein alter Tagzeitenhymnus sagt, ein Loben unter Tränen, „mixtis gemitibus" (Augustinus), vermischt mit den Seufzern der ganzen Schöpfung, die ihrer „öffentlichen" Vollendung zusammen mit dem Menschen voll ungeduldiger Sehnsucht entgegenharrt (Röm 8, 23).

2. Der österliche Grund aller Tage

Von Anfang an wollte die Tagzeitenliturgie dieses österliche Geheimnis unserer Erlösung in Christus im Alltag gegenwärtig und lebendig halten. Laudes und Vesper bieten die große Chance, in die eingeebnete Zeit des grauen Alltags die österliche Heilsgeschichte hineinzutragen. So wird das Christusereignis zur prägenden Kraft des Tages.

Endgültige Bejahung der Welt

Was jeden Tag seit Jesu Auferweckung von Gott her schon zuinnerst prägt, das muß auch alle Tage verkündet und gefeiert werden: das Pascha-Mysterium der österlichen Bejahung dieser Welt durch Gott in Christi Tod und Auferweckung. Die Zustimmung Gottes zu Welt und Mensch, in Christi Verherrlichung endgültig besiegelt, ist seit Ostern der festliche Grund aller Tage[3]. Nicht nur vom Sonn- und Festtag, sondern ebenso vom Werk- und Alltag gilt: „Dies ist der Tag, den der Herr gemacht hat; laßt uns frohlocken und seiner uns freuen!" (Ps 118,24).

Gegenwart des Heils in der täglichen Unheilsgeschichte

Die „ein für allemal" (Hebr 7,27) für alle Menschen geschehene österliche Rettung Gottes muß täglich neu proklamiert werden in einer Welt, von der nicht wenige meinen, sie sei nicht mehr zu retten. Wer Ostern feiert, der sagt, allem Augenschein zum Trotz: Sie *ist* schon gerettet! Die Gegenwart des österlichen Heiles muß als „Gnadengeschichte" Gottes inmitten der „täglichen Unheilsgeschichte"[4] unserer Tage immer neu bezeugt werden. Und weil der Tod in seinen tausend Gesichtern als scheinbar unumschränkter Herr das ganze Leben beherrscht, muß umso mehr der gefeiert werden, der von Gott her durch seine gewaltlose Liebe zum alleinigen Herrn über Leben und Tod erklärt worden ist: „Jesus Christus ist der Herr, zur Ehre Gottes des Vaters!" (Phil 2,11). Wie anders sollte die Hoffnung der ganzen Schöpfung auf Vollendung hochgehalten werden als in der täglich neuen Feier Christi, dessen Auferstehung ist „wie das erste Ausbrechen eines Vulkans, das zeigt, daß im Inneren der Welt schon das Feuer Gottes brennt, das alles zum seligen Glühen in seinem Lichte bringen wird"[5].

3. Die österliche Mitte der Tagzeitenliturgie

„Wenn also die Gläubigen zur Feier des Stundengebetes gerufen werden und in ihrer Versammlung Herz und Stimme vereinen, wird in ihnen Kirche sichtbar, die das Mysterium Christi feiert" (AES 22, vgl. SC 26 und 84), das Mysterium ihrer Erlösung in Christus.

Die Mitte der in seinem Namen und zu seinem Gedächtnis Versammelten ist, gemäß dem Verheißungswort Jesu (Mt 18,20), der auferstandene Herr. Ihn feiert die Gemeinde in seinem Pascha. „Der Herr des Pascha-Mysteriums, er, der tot war und in Ewigkeit lebt, um mit den Wundmalen seines Schlachtopfers unser Fürsprecher beim Vater zu sein, er hält die wichtigste Stelle in der Liturgie des Volkes Gottes auf Erden."[6] Er, der unser Fürbitter beim himmlischen Vater ist, er ist auch unser Mittler in der irdischen Liturgie. Er übt sein priesterliches Amt aus: Durch ihn empfangen die Seinen, hier und jetzt, die Kraft seines Pascha-Mysteriums, seiner österlichen Hingabe an den Vater für sie und zu ihrem Heil. Er selbst „vollbringt das Werk der Erlösung ... in der Feier des Stundengebetes. Denn er ist dabei gegenwärtig, wenn sich die Gemeinde versammelt, wenn Gottes Wort verkündigt wird und wenn die Kirche betet und singt" (vgl. AES 13). Die zum Gedächtnis seiner österlichen Liebe versammelte Gemeinde wird zum Sakrament seiner heilvollen Gegenwart. In den Zeichen der Versammlung auf seinen Namen hin, des geisterfüllten rühmenden Gedenkens der großen Taten Gottes durch Christus in Psalmen, Liedern und Hymnen, im gläubigen Hören und Antworten auf sein Wort in Gebet und Gesang, in der verhüllten Gestalt von Riten, Symbolen und Gebärden wirkt der auferstandene Herr an Ort und Stelle sein österliches Heil. Die Liturgie wird zum Zusammenspiel von menschlichem und göttlichem Tun: das Göttliche durchdringt das Menschliche. Unsere menschliche Gedächtnisfeier seiner Heilstaten fällt ineins mit seinem göttlichen Heilshandeln an uns.

4. „Heiligung der Zeit"?

Jeder Tag ein Tag des Heils

Wo der Pascha-Gedanke das Beten und Feiern der Kirche zu Recht prägt, erscheint der Gedanke der „Heiligung der Zeit" bzw. des Tages durch die Tagzeitenliturgie zumindest mißverständlich; er nimmt sich aus wie ein spätes, dem ursprünglichen Wesen dieser Liturgie übergestülptes Motiv, das den zentralen Gedanken von der Feier des Pascha-Mysteriums allzu leicht in den Schatten stellen kann. Sowohl die Liturgiekonstitution (SC 84 und 88) als auch die Allgemeine Einführung in das Stundenbuch (AES 10, 11, 29, 38) betonen dieses Motiv überraschend stark; SC 88 nennt die Heiligung des Tages geradezu das Ziel der Tagzeitenliturgie. Bedarf aber die Tagzeitenliturgie als Feier des Ostergeheimnisses Christi überhaupt dieser Motivierung? Oder hat sie nicht vielmehr ihren unerschöpflichen Beweggrund in sich selbst: Feier des Pascha-Mysteriums zu sein? Nicht „Heiligung des Tages", sondern „ausdrückliche Feier der göttlichen Tiefe des Alltags"[7]; nicht „Heiligung der Zeit", sondern Feier der alltäglichen Unheilsgeschichte als Gnadengeschichte Gottes von Ostern her ist das Thema der Tagzeitenliturgie.

Von Ostern her ist klar: Alle Zeit ist Osterzeit, d. h. erlöste Zeit. „Jetzt ist sie da, die rechte Zeit, jetzt ist er da, der Tag des Heils" (2 Kor 6,2). Jedem Tag und jeder Stunde ist schon unwiderruflich das Kreuz, das unsichtbare „Wasserzeichen" der endgültigen Gutheißung durch Gott, eingeprägt. Gewiß: Die Zeit muß *als Heilszeit* verkündet und erfüllt werden; aber sie wird nicht erst durch unser Tun „geheiligt" und „geweiht".

Österliche Grundstimmung

Je klarer diese „österliche Grundstimmung" (B. Fischer) der Tagzeitenliturgie zum Tragen kommt, desto eher hat sie eine Chance, als echte Feier unseres Osterglaubens angenommen zu werden. Die „ursprüngliche Reinheit der Bedeutung des frühchristlichen Morgen- und Abendgottesdienstes" beschreibt R. Taft, ein gründlicher Kenner der frühen Geschichte der gemeindlichen Tagzeitenliturgie, so:

„Im Glauben hatten die Christen die übergroße Freude zu wissen, daß sie in Christus ein neues Leben leben, ein Leben der Liebe, das sie mit all denen teilen, die denselben Glauben bekennen. Und was wäre normaler, als daß diejenigen, die sich bei Tagesanbruch versammeln konnten, ihre ersten Gedanken des Tages auf dieses Mysterium ihrer österlichen Erlösung richteten und Gott dafür lobten und priesen. Und am Ende des Tages kam man wiederum zusammen, bat um Vergebung für die Fehler, die man während des Tages begangen hatte, lobte und pries Gott erneut für seine mächtigen Taten. Auf diese Weise war der natürliche Rhythmus der Zeit in einen Lobhymnus auf Gott verwandelt und in eine Verkündigung des Osterglaubens vor der Welt, daß Gott den Menschen in Christus erlöst hat."[8]

5. Laudes und Vesper: das „Tages-Pascha" der Gemeinde

Jahres-, Wochen- und Tagespascha

Die frühe Kirche kannte, weil sie um das Geheimnis von Ostern als Herz und Mitte ihres erlösten Lebens wußte, neben der jährlichen großen Begehung von Ostern (Osterfest als „Jahres-Pascha") und der wöchentlichen Osterfeier am Sonntag („Wochen-Pascha") ganz selbstverständlich auch die *tägliche* Feier des Pascha-Mysteriums in und mit der Gemeinde („Tages-Pascha"); dies aber durch Jahrhunderte hindurch nicht in der Gestalt der täglichen Eucharistiefeier, sondern der morgendlichen und abendlichen Feier der Tagzeitenliturgie. Wie der Sonntag so sollte auch der Werktag mit seinen Sorgen, Plagen und Mühen vom österlichen Heilsgeheimnis Christi durchdrungen, geprägt und geformt sein. Durch Laudes und Vesper hatte der Alltag so etwas wie einen „österlichen Rhythmus" (E.v. Severus) und ein österliches Gesicht.

Tägliche Feier der Osterwirklichkeit

Die junge Kirche wußte: Wovon sie selbst und die ganze Welt täglich, ja stündlich lebt, das muß sie auch täglich feiern. Darum stellte sie den Tag, der ja normalerweise noch nicht durch die Eucharistie geheiligt war, unter dieselbe Wirklichkeit, unter die die sonntägliche Eucharistiefeier die Woche bzw. die Osterfeier das Jahr der Christen stellt. „Unaufhörlich, durch alle ihre Tage ... hindurch müssen die Christen für das Erbarmen danken, das in der Welt erschienen und ihnen zuteil geworden ist, als sie vom Pascha-Mysterium Christi erfaßt wurden: Tag und Nacht müssen sie in Ausübung ihres priesterlichen Amtes inmitten der Welt dieses rettende Erbarmen herabflehen über alles, was Menschenantlitz trägt... Die Christen gewährleisten (so), daß der Strom der Berakha (das heißt des Lobpreises) nicht abreißt, die aus der erlösten Menschheit zum Erlöser und seinem Vater emporsteigt."[9]

6. Zur „österlichen Atmosphäre" der Tagzeitenliturgie

Obgleich das Pascha-Mysterium Christi alle Phasen der Tagzeitenliturgie überstrahlt, obwohl das Gedächtnis des Herrn und seiner Heilstat das Grundmuster im Gewebe der Horen bildet, geht es doch „nicht in erster Linie um eine systematische Darstellung dieses Mysteriums, sondern um ein *Bewußtmachen des Christusgeheimnisses,* um eine ‚österliche Atmosphäre'"[10]. Wie kommt diese österliche Grundstimmung in Gestalt und Gehalt der beiden Haupthoren Laudes und Vesper zum Ausdruck?

a) Die österliche Grundstruktur wird deutlich durch:

1) die Symbolik von Morgen und Abend, „in denen das Pascha-Mysterium Christi im Aufhören und Hereinbrechen der Dunkelheit, im Kommen und Gehen des Lichtes erfahrbar wird"[11];
2) das Zeichen der Versammlung als Sakrament der erlösenden Präsenz des Auferstandenen;

3) die brennende Osterkerze als Symbol der Hingabe des Herrn an die Gemeinde;
4) ein Osterbild.

b) Österliche Elemente sind unter anderem:

1) Die Sonnensymbolik vieler Morgen- und Abend-Hymnen bzw. -Lieder.

2) Der österliche Sinn der Psalmen: Nach Lk 24,44ff sprechen die Psalmen (wie die Schriften = AT) vom Pascha-Mysterium Christi; sie dürfen also im Licht des Ostergeheimnisses neu gelesen werden. (Vgl. z. B. die Verwendung von Psalm 22 als Folie für das Passionsgeschehen in den synoptischen Evangelien oder Psalm 118 als Osterpsalm der Kirche).

Die Psalmen als Gebet mit Christus zum Vater
Die Lob- und Dankpsalmen werden im Mund der Kirche, die in das Gebet ihres Herrn einstimmt, zum Osterdank und Osterjubel. Die Klagepsalmen als Stimme des leidenden Christus, dem sich die Kirche zugesellt, werden durch ihre Wandlung in Zuversicht und Rettungsgewißheit zum Zeugnis der österlichen Hoffnung.

Die Psalmen als Gebet zu Christus
In sehr vielen Psalmen spielt das Befreiungs- und Errettungsmotiv, das Gelöstwerden aus den Fesseln, das Herausgerissenwerden aus Not und Tod eine zentrale Rolle; es ist Ausdruck der Freude über die österliche Befreiung und Freiheit: *Psalmus est libertatis laetitia* (Ambrosius).

Die Psalmtitel, Überschriften und Antiphonen beleuchten den christologischen und österlichen Sinn der Psalmen.

3) Die sogenannten Halleluja- oder Laudes-Psalmen (148–150) gehören, „sicherlich als Ausdruck christlichen Osterjubels, zum Urbestand der Laudes; ja sie hat ihren Namen von ihnen"[12].

4) Benedictus und Magnificat: Den Höhepunkt von Laudes und Vesper bilden biblische Gesänge, die von Ostern her ent-

worfen, voll österlicher Spreng- und Hoffnungskraft sind. In ihnen wird das „uralte" Erbarmen, das Gott dem Abraham und den Vätern geschworen hat, durch Christus wirksam an uns.

5) Das Halleluja am Ende der Eröffnung: Dahinter steht „das Bewußtsein, daß Osterfreude und Osterfrömmigkeit die immerwährende Grundstimmung ... alles christlichen Lebens und Betens sein müssen"[13]. – Dasselbe gilt für alle anderen Halleluja-Akklamationen in der Tagzeitenliturgie.

6) Rituelles Handeln: z. B. die Zeichenhandlung eines (schlichten oder festlichen) Luzernars, die Symbolik des Weihrauchopfers als sinnenhafte Vorgänge, die das Opfer des Herrn zur Darstellung bringen.

„Das Pascha-Mysterium klingt ohne Unterbrechung im ganzen Stundengebet mit, das von den Lippen derer kommt, die bekennen, daß Jesus der Kyrios ist, und aus den Herzen derer, die glauben, daß Gott ihn von den Toten auferweckt hat (vgl. Röm 10,9)."[14]

7. Tagzeitenliturgie als Schule österlicher Gemeinde-Spiritualität

a) Österlicher Gottesdienst

Eine entscheidende Frage für alles Gelingen der Tagzeitenliturgie wird sein, ob etwas von dieser österlichen Atmosphäre zu spüren ist. Wo sie den Feiernden mit Sinnen, Geist und Herz erfahrbar wird, könnte die regelmäßige Tagzeitenliturgie im Laufe der Zeit zu einer Schule österlicher Frömmigkeit werden. Eine Gemeinde aber, die Wurzeln schlägt im „Gott des Exodus", der aus dem Tod ins Leben führt, und im Glauben an Christus, den österlichen „Entreißer" aus Angst, Sünde, Not und Tod, wird selbst verwandelt werden. Immer mehr wird sie erfahren, daß Ostern allgegenwärtig ist im Auf und Ab ihres Lebens: „Unsere christliche Existenz besteht darin, daß wir ständig das Ostergeheimnis leben: kleine Tode, einer nach dem anderen, gefolgt von Ansätzen einer Auferstehung. Hier liegt der Ursprung des Festes. Von nun an stehen alle Wege offen."[15] Mit der Erfahrung der frühen Christen ausgedrückt: Das Leben im Osterglauben ist ein fortwährendes „Hinüberschreiten aus dem Tod ins Leben" (vgl. Joh 5,24), Schritt für Schritt, Tag für Tag, schon jetzt. Der Anführer dieses Glaubens aber ist der, den Gott selbst zum „Führer ins Leben" (Apg 3,15) gemacht hat.

Das österlich bestimmte Gotteslob wird abfärben auf die anderen Gottesdienstformen der Gemeinde. Denn Ostern beherrscht alles kirchliche Verkünden, Beten und Feiern. Die Frage, was ihr die jährliche Osterfeier sowie das wöchentliche Ostergedächtnis der sonntäglichen Eucharistie bedeuten, wird immer maßgebender alles Tun und Lassen einer solchen Gemeinde bestimmen.

b) Österlicher Bruderdienst

Und nicht zuletzt: Ihr österlich motivierter *Gottes-Dienst* wird die Gemeinden inspirieren zu österlichem *Bruder-Dienst.* Wer die „Auferweckungs-Praxis" (P.M. Zulehner) Gottes bzw. Jesu mit Herz und Verstand gefeiert hat, weiß sich – als ein im Osterglauben selbst dem Tod Entrissener – aufgerufen, sie mitzupraktizieren. „Auferweckung heute und hier" (K. Marti) aber geschieht, wo Menschen aus ihrem „Ägypten" befreit und ins Leben hinübergeführt werden; wo Menschen den Todesmächten der Angst, Verzweiflung und Hoffnungslosigkeit entrissen und an der Hand genommen werden, die sie aufrichtet (vgl. die östliche Osterikone des „Entreißers"). So geschieht mitten im Leben Ostern: der österliche Übergang aus dem Tod ins Leben. Dort kann der einst so mächtige, sieghafte Osterakzent des Glaubens und der Liebe der frühen Christen wieder lebendig werden, die voll Stolz von sich sagten: „Wir wissen, daß wir (schon jetzt) vom Tod zum Leben hinüberschreiten, weil wir die Brüder lieben" (1 Joh 3,14).

> „Der Mensch, das Leben, die Welt werden gelingen,
> wenn sie jeden Tag durchdrungen werden
> von der österlichen Liebe Christi.
> Schon heute werden sie verwandelt sein,
> morgen werden sie auferstehen" (M. Quoist).

8. Ostern (Pascha-Mysterium) – die Mitte der Gemeinde?

Wenn sich alles um Ostern dreht

Für die Gemeinde ist Ostern, das Pascha-Mysterium Christi, das unverrückbare Zentrum all ihrer Verkündigung (Martyria), all ihres unermüdlichen Liebesdienstes (Diakonia) und all ihres Betens und Feierns (Leiturgia). Was sie im Herzen der Eucharistiefeier als der gewiß dichtesten Weise, Gottes ewige österliche Liebe in Christus zu begehen, als „Mysterium fidei" bekennt:

> „Deinen Tod, o Herr, verkünden wir,
> und deine Auferstehung preisen wir,
> bis du kommst in Herrlichkeit"

ist gleichsam die Kurzformel ihrer gesamten österlichen Existenz... Sie gilt nicht nur an Ostern und am Sonntag, nicht nur in der Feier der Eucharistie. Das Pascha-Mysterium ist vielmehr das österliche „Existential" (K. Rahner), das göttliche Güte- und Prägezeichen, von dem alles Tun und Lassen der Gemeinde zuletzt bestimmt und durchdrungen werden soll.

Das Rad und das Pünktlein

Die entscheidende Frage für eine aus dieser österlichen Mitte lebende Gemeinde wird darum immer wieder sein: Worum dreht sich eigentlich das Rad der tausend Aktivitäten? Was treibt es um und hält es in Schwung? Was ist das „innerste Pünktlein", die Nabenmitte, in der die Last sich bündelt, die das Rad zu bewegen hat?

„Unser Problem ist nicht so sehr dies, den ‚Betrieb an sich' auf Touren zu halten, sondern darüber zu wachen, daß das ‚innerste Pünktlein' nicht abhanden kommt. Ohne es ist die Last nicht auszuhalten; das Rad wird auseinanderfallen, und die Katastrophe wird um so größer, je schneller es rotiert. *Was ist das ‚innerste Pünktlein'?* So viel ist sicher: Es liegt nicht im Bereich des Funktionalen, Machbaren, sondern im Bereich der ‚Partizipation'. Es ist der Punkt, wo Gott uns anrührt, wo er uns teilnehmen läßt... Dieser Punkt gilt vor allem, er hat absolute Priorität. Er ist durch nichts zu ersetzen ... Eine Speiche kann notfalls fehlen im Rad, das innerste ‚Pünktlein' nicht ... Soll sich das Rad weiterdrehen ohne das ‚innerste Pünktlein'? Gott helfe uns: Man darf's nicht geschehen lassen!"[16]

III. Eucharistiefeier und Tagzeitenliturgie: zwei Weisen, das eine Pascha-Mysterium der Erlösung zu begehen

1. Ein Blick auf die Praxis der frühen Kirche

Die christliche Frühzeit kannte Tag für Tag morgens und abends die Feier der österlichen Erlösung in Christus in der alltäglichen Form einer Tagzeitenliturgie; nur an Sonn- und Feiertagen (bzw. aus je gegebenem Anlaß) kam die Feier der Eucharistie in der Vollversammlung der Gläubigen „als *Höhepunkt* und Krönung hinzu" (J.A. Jungmann). Aber auch am Sonn- und Festtag waren Laudes und Vesper selbstverständlicher „integraler Bestandteil der Feier des Herrentages"[17]. Die Tagzeitenliturgie war nicht etwa ein liturgischer Ersatz für die Eucharistie; von Anfang an galt *sie* und nicht, wie dann später und bis heute, die tägliche Messe bei Klerus und Volk als „der eigentliche ‚tägliche', d. h. durch den Tag als je neue Zeiteinheit veranlaßte Gottesdienst der Kirche"[18]. Neben dem sonntäglichen Höhepunkt der eucharistischen Feier des Pascha-Mysteriums stand, ohne alle Konkurrenz, die alltägliche Form, dieses Geheimnis der österlichen Erlösung zu feiern: die Tagzeitenliturgie.

a) Ein weiter „Eucharistie"-Begriff

Das neue Gotteslob der Christen

Das Glaubensbewußtsein der frühen Jahrhunderte war noch weit und offen genug, um die österliche Feier des Glaubens nicht auf die sakramentale Hochform der Eucharistiefeier einzugrenzen. In beiden Formen, Tagzeitenliturgie wie sakramentaler Mysterienfeier, drückte sich für sie vielmehr das eucharistische Wesen der Kirche aus: daß sie sich Gott in Christus radikal *verdankt*. „Eucharistia" bezeichnete zum einen die Grundhaltung christlichen Lebens überhaupt; dann aber ebenso das neue Gotteslob der Christen, die „Gott allezeit danken" (Eph 5,20: *eucharistountes pantote*). Dies immerwährende Lob vollzog sich liturgisch in der Feier der Eucharistie ebenso wie in der Tagzeitenliturgie. „Die *Berakah* der Gemeinde, die in der sonntäglichen Eucharistiefeier ihren eigentlichen Ort hat, klingt in den werktäglichen Zusammenkünften weiter – sie soll ja die Grundstimmung erlösten Lebens sein. Man kann sie nicht besser aufwecken, als wenn man mit den erlösten Brüdern und Schwestern zum gemeinsamen Morgen- und Abendlobpreis zusammenkommt."[19]

Weder Ersatz noch Konkurrenz zur Eucharistie

Immer war klar, daß die vom Herrn gestiftete Eucharistie in der Gestalt des österlichen Opfermahls die höchste und dichteste Form der Feier unserer Erlösung ist. So wenig die werktägliche Begehung des Pascha-Mysteriums in der Tagzeitenliturgie ein Ersatz sein wollte, so wenig war sie Konkurrent oder Rivale zur Eucharistie. Ihre ursprüngliche, authentische Bedeutung empfingen beide von dem, was sie – auf verschiedene Weise – feiern: das eine Pascha-Mysterium der Erlösung in Christus Jesus... „Beides ist seinem Wesen nach *Lobpreis desselben Gottes aus demselben Grund, und dieser Grund ist Christus*."[20]

b) „Eucharistia lucernalis" und „Sacrificium vespertinum"

Am Beispiel des Abendgottesdienstes sei kurz aufgezeigt, wie unbefangen die frühe Kirche in Ost und West die abendliche Lichtfeier als „Licht-Eucharistie" bzw. „Abend-Opfer" der Eucharistiefeier an die Seite stellte.

„Eucharistia lucernalis"

Die Dokumente des 4. und 5. Jahrhunderts sprechen vom abendlichen *Luzernarium*, „dessen Kern das abendliche Dankgebet, die *epilychnios eucharistia* (eucharistia lucernalis) war, verbunden mit Hymnen"[21]. Die „abendliche Danksagung" findet ihren Ausdruck etwa im alten Hymnus „Phos hilaron" („Heiteres Licht"), bis heute der klassische Abendhymnus der ostkirchlichen Vesperliturgie. Es ist ein Dank für Christus, das Licht der Welt. Symbol dafür ist die Abendleuchte. – Aus der Traditio Apostolica des Hippolyt von Rom († 235) stammt jenes berühmte Licht-Danksagungsgebet, das „beim Hereinbringen der Lampen" gesprochen wurde (vgl. Kap. 25). Der Bischof leitet es ein mit dem Dialog, der ähnlich wie in der Feier der Messe das Hochgebet eröffnet:

B: „Der Herr sei mit euch"   A: „Und mit deinem Geiste"
B: „Laßt uns danksagen dem Herrn"   A: „Das ist würdig und recht ..."

Die anschließende Licht-Eucharistie ist im Stil einer Präfation gehalten. Sie lautet:

> „Wir danken dir, Gott,
> durch Jesus Christus, deinen Sohn, unseren Herrn.
> Durch ihn hast du unser Leben erhellt
> und uns dein nie endendes Licht geoffenbart.
> Wir haben die Länge des Tages durchmessen
> und sind an den Anfang der Nacht gelangt;
> wir sind satt geworden vom Licht des Tages,
> das du zu unserer Freude erschaffen hast.
> Durch dein Erbarmen fehlt uns auch jetzt am Abend
> nicht das tröstende Licht.
> Dafür loben und preisen wir dich durch Jesus Christus,
> deinen Sohn, unsern Herrn,
> der mit dir lebt und herrscht in Ewigkeit. – Amen."[22]

„Sacrificium vespertinum": Das Abendopfer Christi

Bei der rituellen Ausgestaltung der Vesper im 4. Jahrhundert scheut man sich nicht, von einem *sacrificium vespertinum* zu sprechen. Durch die Darbringung von Licht und Weihrauch (*oblatio luminis, offerimus*) wird die Feier zum abendlichen „Opfergottesdienst" (K. Gamber), zur rituellen Darstellung des Abendopfers Christi, der sich selbst Gott dargebracht hat „zu lieblichem Wohlgeruch", und zwar *hora incensi*, d. h. zur Stunde des alttestamentlichen Weihrauchopfers (vgl. Lk 1, 10). „Mit ausgebreiteten Armen hing er als Abendopfer (*sacrificium vespertinum*) am Kreuz und erstand als Morgengabe von den Toten", sagt eine gallikanische Osterpräfation [23]. „In Anknüpfung an den alttestamentlich-jüdischen Kult wird in der christlichen Überlieferung die Darbringung von Weihrauch und Licht als Abendopfer verstanden und *der Eucharistie an die Seite gestellt*. Wie Brot und Wein, so sind auch Licht und Weihrauch Elemente, die das Mysterium Christi vergegenwärtigen ... Wie Wohlgeruch und Helligkeit sich dem *Opfer* des verbrennenden Weihrauchs und der sich verzehrenden Kerze verdanken, so sind unsere Versöhnung und Erleuchtung die Frucht der Hingabe Christi. Der Abendgottesdienst ist ein *Dankopfer*, das die Epiphanie Christi im Zeichen von Licht und Weihrauch feiert."[24] Kultische Anamnese und epikletisches Begleitgebet zum Licht- und Weihrauchopfer geben dem Vorgang sakramentale Würde. Die große Beliebtheit der frühchristlichen Vesper stammt zum guten Teil von dieser tiefen, den ganzen Menschen ansprechenden äußeren Symbolik, die die innere Tür zum Vollzug des „Opfers des Lobes" (vgl. Ps 26, 6; Hebr 13, 15) aufstößt.

Fazit

Damit ist theologisch klar: Die Tagzeitenliturgie der frühen Kirche begriff sich als eigenständige Feier des Pascha-Mysteriums neben der Feier der Eucharistie. Sie wurde am Werktag gefeiert, an dem es (normalerweise) keine Eucharistie gab. Sie war nicht Ersatz für, sondern vollgültige liturgische Alternative zur Hochform der Eucharistie. Die tägliche Tagzeitenliturgie war nicht „der Goldreif, der den blitzenden Edelstein des Opfers (Pascha-Mysterium) faßt und trägt" (O. Casel), d. h. sie bezog ihren Wert nicht erst aus einer innersten Verbindung mit der Eucharistie; als Feier des Pascha-Mysteriums hatte sie ihren Wert und ihre Kostbarkeit in sich selbst. Und umgekehrt: Die Eucharistiefeier ihrerseits war nicht „Gipfel und Höhepunkt des ganzen Offiziums"[25], sondern unabhängig von diesem eine andere, die dichteste Art der Pascha-Feier. Es sind zwei konkurrenz- und neidlos nebeneinander bestehende, eigenständige Weisen, das eine Pascha-Mysterium unserer Erlösung in Christus liturgisch zu begehen.

2. Plädoyer für ein ausgewogeneres Verhältnis von Eucharistie und Tagzeitenliturgie heute

a) Im Rückblick auf die Praxis des Anfangs

Das Beispiel der frühen Kirche, die aus dem ehrfürchtigen Wissen um den hohen Anspruch dieser Feier die Eucharistie als Höhepunkt der ganzen Liturgie des Volkes Gottes dem Sonn- und Festtag vorbehalten und so vor aller unbedachten Abnützung bewahrt hat, könnte zur Hilfe werden in der gottesdienstlichen Not unserer Tage. Es gilt, die durch ihre (beliebig) häufige Feier gefährdete Eucharistie zu entlasten, damit sie wieder zum wirklichen Höhepunkt werden kann. Auf die entscheidende Entlastungsmöglichkeit weist übrigens die Allgemeine Einführung in das Stundenbuch selber hin, wenn sie betont: „Christus vollbringt das Werk der Erlösung ... durch die Kirche nicht nur in der Feier der Eucharistie, sondern auch in anderen Formen, besonders in der Feier des Stundengebetes" (AES 13; vgl. AES 10).

Im übrigen entbehrt es nicht einer gewissen Ironie der Geschichte, daß ausgerechnet das kirchliche Rechtsbuch im Grunde immer die ursprüngliche Bedeutung der Tagzeitenliturgie in ihrem Verhältnis zur Eucharistie festgehalten hat. Denn nach dem CIC war der Priester zu keiner Zeit der Geschichte der Kirche zur täglichen Zelebration der Messe verpflichtet, immer aber zur täglichen Feier der Tagzeiten.

b) Schritte für eine Praxis der Zukunft

Gerade was die tägliche Meßfeier betrifft, muß sich die Kirche heute, der pastoralen Not gehorchend, um eine neue Akzentuierung ihrer täglichen und sonntäglichen Gottesdienstpraxis bemühen, wenn der Osterglaube nicht langsam, aber sicher absterben soll.

Das Eigenprofil von Laudes und Vesper wahren

Häufig werden Laudes und Vesper in die Feier der Eucharistie „integriert" (AES 89 sieht das ausdrücklich als Sonderfall vor). „Wenn man die Einsicht ernst nimmt, daß Stundengebet und Eucharistie zwei verschiedene Formen der einen ‚eucharistia' sind, erscheint es als nicht sinnvoll, mit der morgendlichen oder abendlichen Eucharistie noch die entsprechende Hore zu verbinden."[26] Denn auf diese Weise wird den Feiernden gerade die Eigenstruktur und Eigenständigkeit der Tagzeitenliturgie verdeckt. Der Sache viel entsprechender wäre der Versuch – wo es noch eine tägliche Messe gibt – , die Eucharistie am Morgen mit einer abendlichen Vesper bzw. umgekehrt die Abendmesse mit den morgendlichen Laudes zu kombinieren. So kämen beide Weisen, das Pascha-Mysterium zu feiern, zu ihrem vollen Recht.

Das Beispiel der Ostkirche und der Anglikanischen Kirche

„Daß der Klerus jeden Tag die Tagzeitenliturgie feiern (‚das Brevier beten') muß, wird von den Gläubigen weder gesehen noch erfahren als etwas, was eigentlich die ganze Gemeinde angeht."[27] In der Ostkirche und in den Anglikanischen Kirchen des Westens muß der Priester bis heute das Offizium der Haupthoren, also Morgen- und Abendliturgie, *in der Kirche* verrichten (Mattins bzw. Evensong). Da sie öffentliches Gebet der Kirche sind, laden die Glocken die Gläubigen dazu ein. – Wo also ein Pfarrer oder Diakon mit seinen Mitarbeitern/innen Laudes und/oder Vesper in der Kirche feiert und die Gläubigen dazukommen können, ist schon ein Schritt in die richtige Richtung getan.

Um Laudes und Vesper wieder in den Herzen der Gläubigen zu beheimaten, ist es unumgänglich, die üblich gewordene Kopflastigkeit der Wortgottesdienste durch eine gesunde Korrelation der Zeichen- und Wortelemente zu überwinden. Auch hier kann das Beispiel der Anglikanischen Kirche etwa in der Frage der Vesperriten (Luzernar, Weihrauchopfer) ein Ansporn sein, uralte Volkselemente in heutiger Form für die Feier der Tagzeitenliturgie mit der Gemeinde wiederzugewinnen. Nur durch eine sinnenhafte Gestaltung kann dem Vorurteil begegnet werden, Laudes und Vesper entbehrten des österlichen Glanzes der Eucharistie.

Tagzeitenliturgie als liturgische Alternative

Auffällig selten findet man bislang in den Gemeinden die Tagzeitenliturgie als liturgische Alternative, vor allem, wo es werktags keine Messe mehr gibt. Hier gilt es umzudenken: Warum nicht wieder anknüpfen an die frühe Tradition der Kirche, die in der täglichen Feier von Laudes und Vesper das vollgültige „Tagespascha" der Gemeinde sah?

Mögliche Alternative in Gemeinden ohne Sonntagseucharistie

Was die Feier der Tagzeitenliturgie im *Sonntagsgottesdienst ohne Priester* betrifft, sei zwei Fachleuten das Wort gegeben. Nach H. Büsse „könnte bei der immer drängender werdenden aktuellen Frage nach der Gestaltung eines sonntäglichen Gemeindegottesdienstes ohne Priester, weil ein solcher zur Leitung einer Eucharistiefeier nicht mehr überall zur Verfügung steht, die gemeindliche Feier des Stundengebetes (Laudes oder Vesper) als Teilnahme an der Liturgie der Gesamt- bzw. Bistumskirche möglicherweise eine angemessenere Lösung dieser Notsituation bieten als ein selbständiger Wortgottesdienst nach dem Modell der Meßfeier, der im Zusammenhang mit einer anschließenden Kommunionfeier leicht in die Nähe einer ‚missa sicca' mit all ihren mißlichen pastoralen Konsequenzen geraten kann."[28] Und ähnlich J. Camps: „In einer *angemessen feierlichen Form*, mit der Möglichkeit, andere Elemente der Beteiligung und des Dialogs hinzuzufügen, kann das Gebet der Laudes oder Vesper die reichste und vollständigste *Alternative* zur Eucharistiefeier des Sonntags darstellen."²⁹ Wer solch angemessen feierliche Formen von Laudes und Vesper erlebt oder über längere Zeit hin selbst mitgestaltet hat, wird diese vorsichtige Einschätzung bejahen. Selbstverständlich müßte der Lesungsteil einer solchen Sonntagsfeier entsprechend erweitert werden.

Ohne theologische Bedenken dürfte eine österlich gestimmte Sonntags-Laudes und/oder -Vesper in einer Filialgemeinde sein, die schon am Samstagabend die Eucharistie feiern muß. Um den Sonntag als den eigentlichen Herrentag im Bewußtsein der Gläubigen lebendig zu halten, scheint eine solche Feier des Sonntags nicht nur möglich, sondern nötig.

E. Im Wandel der Generationen: Vom Beten in der Freiheit des Geistes zum individualisierten Pensum

(Martin Klöckener)

Als die Konzilsväter mit der Liturgiekonstitution sich zur Reform des Breviers entschlossen, war es ihr Anliegen, die jahrhundertelang vorherrschende, individualisierte und überhaupt verkümmerte Brevierpraxis zu überwinden und der Tagzeitenliturgie einen neuen Ort und neue Bedeutung im liturgischen Leben der Gemeinden und für die Ausbildung und Pflege einer gesunden Spiritualität der einzelnen Beter zu geben. Dazu bedurfte das „Breviarium Romanum", das „liturgische" Buch, in dem das Breviergebet bis dahin aufgezeichnet war, dringend einer umfassenden Erneuerung. Allen Beteiligten war klar: Es hing wesentlich von den bereitgestellten Hilfsmitteln, den *liturgischen Büchern*, ab, ob das gesteckte Ziel verwirklicht werden könnte. Denn diese spiegeln mit ihrem Aufbau, ihrer Organisation und ihrem Inhalt – oft stärker als Grundsatzerklärungen, Einführungen und Praenotanda – den wirklich zugrundeliegenden Geist wider; sie sind echte Hilfe oder eben auch Hindernis, das angestrebte Ziel zu erreichen. Sie prägen in erster Linie die konkrete liturgische Gestalt und das Niveau der betreffenden Feiern. Sie können positiv neue liturgische und spirituelle Entwicklungen in Gang setzen, aber auch Fortschritte verhindern oder gar Fehlentwicklungen fördern. Sie sind darüber hinaus Ausdruck des jeweiligen Liturgieverständnisses und der Liturgietheologie; sie geben, verglichen mit vorausgehenden und nachfolgenden Ausgaben, Zeugnis von Veränderungen, sei es in der Liturgie, der Pastoral und der Frömmigkeit, sei es auf der kulturellen, schrifttechnischen oder handwerklichen Ebene.

Im folgenden soll ein geschichtlicher Abriß zur Tagzeitenliturgie von den Anfängen bis vor der Konzilsreform des II. Vaticanum geboten werden, der die Buchtypen, ihren Gebrauch, ihre Bedeutung und, soweit möglich, die Hintergründe für die Veränderungen aufzeigt, also eine Geschichte der Tagzeitenliturgie anhand der für sie verwendeten schriftlichen Hilfsmittel[1]. Die nachkonziliare „Liturgia Horarum", der sich schwerpunktmäßig Kapitel F zuwenden wird, kann so besser innerhalb der verschiedenen Buchtypen für die Tagzeitenliturgie, die die Liturgiegeschichte hervorgebracht hat, eingeordnet werden. Auch lassen sich Modelle für nötige Weiterentwicklungen der Hilfsmittel für die Tagzeitenliturgie, auf die später eingegangen wird[2], so besser in der Geschichte verankern.

I. Hilfsmittel für das tägliche Gebet in den ersten drei Jahrhunderten

Die Christen der ersten Jahrhunderte kannten – wie das Judentum das regelmäßige Gebet zu verschiedenen Zeiten des Tages. Zwar sind Zeugnisse, die mehr als das Faktum an sich belegen, anfangs spärlich, doch hat man, abweichend von der jüdischen Gebetspraxis, die Zeiten des Gebetes unter dem Anspruch der neuen heilsgeschichtlichen Wirklichkeit gesehen und sie christologisch und eschatologisch gedeutet. Sie wurden vorwiegend privat, ab dem 3. Jahrhundert – wie etwa Tertullian († nach 220) und die *Traditio Apostolica* des Hippolyt (um 235) überliefern – auch in der Gemeindeversammlung gehalten. Wenngleich in den verschiedenen Ortskirchen weder eine einheitliche Abfolge der Horen (Cursus) im Laufe des Tages besteht noch sie eine einheitliche Struktur haben, wird aus den erhaltenen Quellen doch deutlich, daß den heiligen Schriften von Beginn an für das gottesdienstliche und geistliche Leben der Gemeinden eine zentrale Rolle zukommt: Viele Christen widmen sich zu Hause neben dem Gebet der Schriftlesung und -meditation, wie es etwa die *Traditio Apostolica* 41 bezeugt:

„Wenn ein Tag ist, an dem keine Unterweisung (katächäsis) stattfindet, soll ein jeder, wenn er in seinem Hause ist, das heilige Buch nehmen und darin hinreichend das lesen, was ihm für sich selbst fruchtbringend erscheint."[3]

Vor allem werden aber in der Versammlung der Gemeinde, besonders in der morgendlichen Unterweisung, die Vorrang vor dem häuslichen Gebet und der Schriftlesung des einzelnen hat, Abschnitte daraus vorgetragen und in der Homilie erklärt. Dazu finden biblische Gesänge und Psalmen Verwendung sowie weitere Gebetselemente, die – wie auch anderes liturgisches Gebet in dieser Zeit – vom Vorsteher nach seinem Vermögen frei formuliert werden.

Ein durchgängiger Grundzug trotz aller Verschiedenheit der liturgischen Gebetsformen ist, daß die Christen, die noch in der Minderheit sind und sich mit der jungen Kirche immer wieder Anfeindungen und Verfolgungen ausgesetzt sehen, gemäß der Mahnung des Paulus, „ohne Unterlaß zu beten" (1 Thess 5, 17; vgl. Lk 18, 1), weithin ihren Tageslauf durch das mehrmalige Gebet auf Christus ausrichten. Die *Traditio Apostolica* 35 und 41 kennt etwa das private Gebet zum Aufstehen, zur dritten, sechsten und neunten Stunde, beim Schlafengehen, um Mitternacht sowie zum Hahnenschrei. Daneben ist an einigen Tagen morgens die Gemeindeversammlung zur Unterweisung und abends zur Agapefeier[4]. Die Gebetspraxis der Gemeinden ist von einer vielfach charismatisch geprägten Spiritualität getragen. Unter solchen liturgisch-strukturell und spirituell offenen Bedingungen haben schriftliche Vorlagen und Bücher für die Gebetszeiten noch keinen Sitz im Leben, mit Ausnahme der hochangesehenen biblischen Schriften.

II. Erste schriftliche Vorlagen für die Tagzeitenliturgie der Gemeinden und monastischer Kreise (4.–7. Jahrhundert)

Als Folge der veränderten Stellung der Kirche im Reich und der Konsolidierung des innerkirchlichen Lebens durch die kirchenfreundliche Politik Kaiser Konstantins († 337) bilden sich im 4. Jahrhundert sowohl im Osten als auch im Westen neue Formen der Tagzeitenliturgie heraus, die den Gebrauch schriftlicher Hilfsmittel über die Bibel hinaus nach sich ziehen.

1. Das Offizium der ägyptischen Mönche

Das Offizium im ägyptischen Mönchtum, das zu Beginn des 4. Jahrhunderts in Erscheinung tritt, bedarf aufgrund der besonderen Formen der Spiritualität und der asketischen Übungen keiner neuen Hilfsmittel. Bei den Wüstenmönchen ist der Tag durch Versammlungen am Morgen und am Abend gegliedert, die jedoch weniger den Charakter einer liturgischen Feier haben, als vielmehr ein gemeinsames Beten und Meditieren sind, das aus der Heiligen Schrift schöpft. Gemäß dem Ideal des immerwährenden Gebetes soll der wahre Mönch das Gebet und die Psalmodie allzeit ohne Unterbrechung in seinem Herzen haben. Entsprechend kannte ein Großteil der Mönche längere Abschnitte oder gar ganze Bücher der Bibel und speziell den Psalter auswendig. Bei Pachomius († 346) in der Thebais tragen die Mönche im Wechsel darüber hinaus sogar Schrifttexte nach ihrem jeweiligen Vermögen auswendig vor[5]. Die Mönche in der Sketis-Wüste benutzen wohl beim Vortrag der jeweils zwei Schriftlesungen Bücher der Bibel als Hilfe; die Psalmen werden hingegen auch hier auswendig rezitiert, das jedem Psalm folgende laut gesprochene Gebet, das das Gebet der einzelnen abschließt, frei formuliert.

Diese relativ offene Gebetsstruktur mit Elementen des privaten Gebets, das aus den vorhergehenden Psalmen und Lesungen schöpft, und gemeinsam vollzogenen Teilen verlangt als schriftliche Vorlage nur – und das nicht einmal überall – die Bibel.

2. Die gemeindliche Tagzeitenliturgie in den Kirchen des Ostens

Trotz einer im Vergleich zum Mönchsoffizium stärkeren Strukturierung der Gebetszeiten werden auch in der gemeindlichen Tagzeitenliturgie an den Kathedralkirchen des Ostens seit dem 4. Jahrhundert kaum schriftliche Hilfsmittel benötigt. Man knüpft zwar wie das Mönchsoffizium an die Tradition der ersten Jahrhunderte an, wenn Morgen- und Abendhore gemeinsam gefeiert werden. Die gegenüber dem Mönchtum andersartigen soziologischen, kulturellen und spirituellen Bedingungen führen aber zu einer erheblich unterschiedenen Gestalt des liturgischen Betens. Die Psalmodie ist meistens auf die täglich wiederkehrenden Psalmen 140 (141) am Abend und 62 (63) am Morgen beschränkt. Das ermöglicht eine Gemeindebeteiligung auch ohne Vorlagen. Dies gilt besonders, wenn die Psalmen responsorial, das heißt mit einem festen Kehrvers oder Ruf, gesungen werden; allerdings läßt die Verwendung weniger fester Psalmen in der Gemeindeliturgie durchaus die antiphonale Psalmodie, also das wechselchörige Singen der einzelnen Psalmverse zu.

Die responsoriale Rezitation der Psalmen ist in der Kathedralliturgie älter und verbreiteter als die antiphonale, was vor allem durch die einfachere Gemeindebeteiligung zu erklären ist. Der antiphonale Psalmengesang ist mit der Gemeinde ohne schriftliche Aufzeichnungen nur bei oft wiederholten Psalmen denkbar, ansonsten in monastischen Kreisen.

Weitere Elemente wie das Lucernarium im Abendgottesdienst, das in den syrischen Apostolischen Konstitutionen (um 380) bezeugte Gebet der Gläubigen (Fürbittgebete) und Segensgebete bedürfen keiner schriftlichen Abfassung, was nicht ausschließt, daß sie einer geordneten Struktur folgen. Vereinzelt bezeugt ist die Verkündigung von Schriftlesungen (Ägypten, Kappadozien), speziell des Auferstehungsevangeliums in der Sonntagsvigil (Apostolische Konstitutionen für Syrien; außerdem Jerusalem). Auch in dieser Art der Tagzeitenliturgie werden demnach allenfalls biblische Bücher benutzt worden sein.

3. Der Sonderfall der gemeindlichen Tagzeitenliturgie in Jerusalem

Tendenzen hin zur Kodifizierung liturgischer Gebetstexte liegen in der Jerusalemer Tagzeitenliturgie vor, wie sie die Pilgerin Egeria beschreibt[6]. Durch die vielen Asketen, die im 4./5. Jahrhundert zu den heiligen Stätten wallfahrteten, nahm dort die Gemeindeliturgie mit der Einführung neuer Elemente, der Ausweitung der Psalmodie und der Ergänzung der

Horen Sext und Non mehr und mehr monastische Züge an. Zugleich führte das Bemühen um Historisierung der Liturgie in Jerusalem an den Stätten des Lebens, Leidens und Auferstehens Jesu dazu, daß die Feiern nach Orten und Zeiten differenziert wurden. Dabei hebt Egeria in ihrem Bericht mit der ständig wiederkehrenden Wendung „passend zum Tag und zum Ort" (*aptus diei et loco;* 31,1; 47,5 u. ö., was zweifellos mehr ist als ein literarischer Topos) hervor, daß die Psalmen, Hymnen, Lesungen, Predigten und die die Psalmen beschließenden Orationen dem jeweiligen Feierort und liturgischen Tag angepaßt sind. Eine solch strukturierte liturgische Ordnung verlangt für eine entsprechende Durchführung ihrer Elemente – über die Vertrautheit durch die regelmäßige Praxis hinaus – mit einiger Wahrscheinlichkeit schriftlich niedergelegte Hilfen. Die Präsenz von Priestern, Diakonen und zum Teil weiteren Klerikern zu allen Tagzeiten eigens mit dem Auftrag, die Psalmen und vor allem die Psalmorationen vorzutragen, hat ihren Grund sicher in deren hierarchischem Stand, mehr aber vielleicht noch in ihrer Kenntnis der vorgegebenen Ordnung und der zur Verfügung stehenden Formulare, da sie die Kontinuität unter wechselnden Pilgergruppen sicherten. Bei den Hilfsmitteln ist am ehesten an schriftliche Sammlungen von Psalmorationen zu denken. Darüber hinaus ist der vielfache Gebrauch von biblischen Büchern für die Schriftlesungen, besonders für die Verkündigung des Evangeliums von Tod und Auferstehung Jesu durch den Bischof am Sonntag in der Frühe, belegt. Ob zudem von den Solisten über das anzunehmende private Studium des Psalters hinaus Psalterien in der Liturgie benutzt wurden, muß unbestimmt bleiben.

4. Die Tagzeitenliturgie in den Kirchen des Westens

Im Zuge der Übernahme der im Orient ausgeprägten Gebetsstrukturen in die Kirchen und Klöster des Westens findet das noch wenig festgelegte Gebet der ägyptischen Mönche in seiner ursprünglichen Gestalt keine Fortsetzung. Die gemeindliche Tagzeitenliturgie an den großen Stadt- und Bischofskirchen wird hingegen erheblich weiterentwickelt. Wie schon in

Jerusalem wird sie schnell durch den Einfluß asketischer Kreise und Mönchsgruppen überformt, hinsichtlich der Zahl der Horen und Elemente erweitert und gibt dabei manche Spezifika einer gemeindlichen Tagzeitenliturgie auf. In einer Epoche, die ohnehin den Übergang von der Improvisation liturgischen Betens zur Kodifizierung, der Niederschrift der im Gottesdienst benötigten Texte erlebt, tragen diese Faktoren mit dazu bei, daß schriftliche Vorlagen in größerem Umfang herangezogen und das Aufkommen neuer Arten liturgischer Textsammlungen gefördert werden.

Psalmodie

Die Anzahl der Psalmen wird durchweg vermehrt, vor allem im monastischen Offizium, aber auch in der Tagzeitenliturgie an den Kathedralkirchen. Dabei kommen die responsoriale und die direkte, also die innerhalb eines Psalms ohne Unterbrechung fortlaufende Rezitation vor, zum Teil innerhalb derselben Hore, die wechselchörige (antiphonale) nur zu bestimmten, meist nicht liturgischen Gelegenheiten. Die Vermehrung der Psalmen bedeutet den Verlust der tagzeitenbezogenen Psalmauswahl; vorwiegend folgt man dem Prinzip der „psalmodia currens", also der Rezitation der Psalmen in ihrer biblischen Aufeinanderfolge. Diese Charakteristika der monastischen Tagzeitenliturgie setzen sich auch an den Kathedralkirchen bald durch. Die Solisten benutzen beim Psalmvortrag kein schriftliches Hilfsmittel; denn die Mönche und Kleriker kannten, wie im Orient, gerade die Psalmen durch Studium und regelmäßigen Gebrauch auswendig. Welche Bedeutung dem Auswendigwissen von Psalmen beigemessen wurde, zeigt das Beispiel des Caesarius, in den Jahren 502–542 Bischof von Arles: Er verfolgt innerhalb seines katechetischen Programms das Anliegen, daß selbst das Volk neben dem Vaterunser und dem Glaubensbekenntnis wenigstens die Psalmen 50(51) und 90(91) auswendig kennen sollte[7].

Psalmorationen

Schon die Gestalt der Jerusalemer Liturgie ließ für das Ende des 4. Jahrhunderts Sammlungen von Psalmorationen vermuten. Solche Textzusammenstellungen kommen seit dem 5. Jahrhundert auch im Westen auf; aus dem afrikanischen, römischen und westgotischen Liturgiebereich sind entsprechende Texte überliefert[8]. Daß die Psalmen auch in Gallien mit einer Oration beschlossen wurden, bezeugt verschiedentlich Caesarius von Arles (z. B. Sermo 76,1). Die *Regula Magistri* aus dem 6. Jahrhundert, der wichtigste Beleg für die Verwendung solcher Orationen im italischen Raum, gibt allerdings auch zu erkennen, daß trotz der Existenz schriftlicher Vorlagen weiterhin die freie Formulierung oder zumindest die Erweiterung vorgegebener Formulare praktiziert wurde (RM 55,16; 73,15).

Das verdeutlicht den grundsätzlichen Stellenwert von Gebetssammlungen zur Zeit der Anfänge der Kodifizierung liturgischer Texte: Sie sind in keiner Weise verbindlich, sondern dienen dem Zelebranten lediglich als persönliche Hilfsmittel. Die erstellten Blätter und Hefte, die sogenannten Libelli, wurden nicht als abgeschlossen betrachtet, vielmehr fortwährend durch neue Formulare ergänzt. Andererseits gewannen bestehende Libelli rasch normativen Charakter, wie es etwa die älteste Sakramentargeschichte zeigt.

Schriftlesungen

Schriftlesungen werden in der Tagzeitenliturgie der Kloster- und Bischofskirchen des Westens in weitaus größerer Zahl vorgetragen als in den Kirchen des Ostens, wo sie teils gar nicht, teils nur an besonderen Tagen vorkamen. In der monastischen Liturgie überwiegt die „lectio continua". Das herausragende Gewicht der Schriftlesungen an den Bischofskirchen läßt ein weiteres Mal das pastoralliturgische Bemühen des Bischofs Caesarius von Arles erkennen: Ihm dienen sie mehr als andere liturgische Elemente zur geistlichen Formung der Gemeinde.

Dazu heißt es im beinahe programmatischen Sermo 6,2-3 des Caesarius: „Dies also, Brüder, erbitte ich und dazu ermahne ich euch, daß jeder, der lesen kann, die Heilige Schrift häufig liest. Wer von euch aber nicht lesen kann, soll aufmerksam zuhören, wenn andere lesen. Denn das Licht der Seele und ihre ewige Speise ist nichts anderes als das Wort Gottes, ohne das die Seele nicht sehen und nicht leben kann. Denn wie unser Fleisch stirbt, wenn es keine Nahrung erhält, so wird auch unsere Seele ausgelöscht, wenn sie nicht das Wort Gottes empfängt."[9]

In diesem liturgischen und pastoralen Kontext entstehen die ersten, zweifellos noch unvollkommenen Leseordnungen für die Tagzeitenliturgie; in der Kirche von Arles scheint zur Zeit des Caesarius eine feste Leseordnung oder ein Lektionar bestanden zu haben (vgl. Sermo 84, 1); schon ein knappes Jahrhundert früher wird dem Priester Musaeus von Marseille († 460) die Abfassung eines Lektionars im Auftrag seines Bischofs zugeschrieben, so daß man spätestens für das 6. Jahrhundert die Existenz weiterer Bücher dieser Art annehmen darf.

Märtyrerpassionen

Neben den Schriftlesungen verbreitet sich gerade im gallischen Raum die Lesung aus Märtyrerpassionen in der Vigil bzw. am Tage ihres Festes. Dieser Brauch ist schon aus Nordafrika (besonders durch Augustinus) für einige Märtyrerfeste bekannt, geht dann in größerem Rahmen in die südgallischen Mönchsregeln und in die Gemeindeliturgie ein, wie sie Caesarius in Arles feiert[10].

Die Regel des Ferreolus aus der 2. Hälfte des 6. Jahrhunderts hält es für erwähnenswert, daß die Märtyrerpassionen sorgfältig gesammelt und niedergeschrieben wurden, was solche Kompositionen als einen erst in jener Epoche entstandenen oder zumindest noch im Entstehen begriffenen Typ liturgischer Schriften kennzeichnet.

Väterhomilien

Die *Regula Benedicti* und eine Predigt des Caesarius weisen darauf hin, daß ebenfalls seit Anfang des 6. Jahrhunderts sowohl in der monastischen als auch der gemeindlichen Tagzeitenliturgie Homilien der Väter vorkommen können. Diese ersetzen in der Gemeindeliturgie die Predigt des Bischofs, eines Presbyters oder Diakons; in der monastischen Liturgie dienen sie neben der Bibel in den Vigilien zur Meditation.

In Sermo 1,15 des Caesarius heißt es dazu: „Und wenn vielleicht einigen meiner Herren Priester es viel Mühe bereitet, aus sich heraus zu predigen, warum greifen sie nicht auf den alten Brauch der Heiligen zurück, der in Teilen des Orients bis heute heilsam bewahrt wird, daß für das Heil der Seelen durch den Dienst der heiligen Priester Predigten der alten Väter vorgetragen werden? ... Ich sage wahrhaftig, daß, auch wenn es an Priestern fehlt, die dies tun können, es nicht unpassend oder unwürdig ist, wenn auch den Diakonen vorgeschrieben wird, die Predigten der heiligen Väter öffentlich in der Kirche vorzutragen; denn wenn es würdig ist, daß ein jeder Diakon liest, was Christus gesprochen hat, darf man ihn nicht für unwürdig halten, daß er vorträgt, was der heilige Hilarius, der heilige Ambrosius, der heilige Augustinus oder die übrigen Väter gepredigt haben."[11]

In der Benediktsregel heißt es im Kap. 9,8: „In den Vigilien lese man die von Gott beglaubigten Bücher des Alten und des Neuen Testamentes, aber auch Erklärungen dazu, die von anerkannten und rechtgläubigen katholischen Vätern verfaßt sind."[12]

Benedikt dürfte auf eine ihm bekannte stadtrömische liturgische Praxis in der gemeindlichen Morgenhore zurückgegriffen haben, wie sie erstmals kurze Zeit vor seiner Regel durch das *Decretum Gelasianum* zu Beginn des 6. Jahrhunderts sicher belegt ist[13]. Ob Caesarius auch diesen Brauch gekannt hat, muß offen bleiben; sicher hat er im Zuge seiner Predigttätigkeit und seines seelsorglichen Bemühens die Väterhomilie in Gallien in die Liturgie eingeführt, was bei seiner ausgezeichneten Kenntnis der patristischen Literatur nicht verwundert.

Hymnen

Eine weitere Innovation bedeutet die Einführung der Hymnen in die Tagzeitenliturgie. In Südgallien erscheinen sie erstmals in der Nonnenregel des Caesarius, dann auch in seiner Mönchsregel. Von großem Einfluß auf die Nachwelt ist die Aufnahme der Hymnen in die Tagzeitenliturgie nach der Benediktsregel. Einige Jahre später läßt das 2. Konzil von Tours (567) neben den bereits gebräuchlichen Ambrosius-Hymnen, die in eigenen Hymnensammlungen überliefert wurden (can. 24: *libros Ambrosianos*), auch geeignete Dichtungen anderer namentlich bekannter, rechtgläubiger Autoren zu.

Orationen

Daß weitere schriftliche Hilfsmittel zur Feier der Tagzeiten geschaffen wurden, ergibt sich aus der ältesten erhaltenen Sammlung von *Libelli* zu liturgischem Gebrauch aus Rom, dem *Leonianum* (auch *Sacramentarium Veronense*), dessen Textmasse zum größten Teil auf das 5. Jahrhundert zurückgeht. Dieses liturgische Sammelwerk enthält in seinem Juli-Teil sieben Orationen, die den Morgen- bzw. Abendhoren der Tagzeitenliturgie zuzuordnen sind und dort als Abschlußoration gedient haben [14]. In späteren Sakramentaren wie dem *Gelasianum Vetus*, den Gelasiana des 8. Jahrhunderts und den Gregoriana wird die Anzahl solcher Orationen erheblich vermehrt.

5. Zusammenfassung

Insgesamt ist die Spätantike eine Epoche, in der die Weichen für die Entwicklung der Tagzeitenliturgie gestellt werden. Nachdem sich im Osten die Feier der Tagzeiten im 4. Jahrhundert konsolidiert hat, wird ihre liturgische Gestalt im 5./6. Jahrhundert in den Kirchen des Westens, sowohl an den Kathedralen als auch in den Monasterien, an die veränderten theologischen und spirituellen Konzeptionen, pastoralen Bemühungen und aszetischen Bestrebungen der Reformer angepaßt. In diesem Zusammenhang gewinnen die auch in anderen Fällen zu beobachtende Sammlung und Niederschrift von liturgischen Texten verschiedener Gattungen und die Nutzung der schriftlichen Vorlagen in der Tagzeitenliturgie selber an Bedeutung. Damit erweist sich diese Phase der Liturgiegeschichte einerseits als schöpferisch und innovativ, insofern sie bestehende Liturgieformen umwandelt und neue Textzusammenstellungen schafft, andererseits aber mit dem Übergang zur Kodifizierung bewährter liturgischer Textelemente auch als konservierend, wie es für die Liturgie als rituellem Handeln typisch ist. Die offenen, charismatisch geprägten Strukturen des täglichen Gebetes der Christen der ersten Jahrhunderte werden abgelöst, und gerade durch die Mönchsregeln der westlichen Kirchen bestimmen stärker ordnende Kräfte die Tagzeitenliturgie. Dennoch bleibt eine im Vergleich zu späteren Epochen große Vielfalt in der Liturgie erhalten; jede Bischofskirche und jede Mönchsgemeinschaft feiert mit ihren eigenen Hilfsmitteln ihre eigene Liturgie. Trotz gelegentlicher Bemühungen etwa von Konzilien um eine regional einheitliche Liturgie spielen Bestrebungen zu einer Vereinheitlichung, wie sie uns seit der Neuzeit vertraut ist, keine Rolle. Außerdem ergibt sich Offenheit daraus, daß die noch unvollkommenen schriftlichen Hilfsmittel keinen verbindlichen Charakter haben, sondern eher funktional zu sehen sind: sie sollen dem Leiter der Liturgie, den Lektoren, den Psalmisten und anderen Diensten ihre Aufgabe erleichtern oder überhaupt erst ermöglichen. Trotzdem sind sie durch die Vorgaben der liturgischen Ordnungen in gewissem Sinne normativ und sichern auf ihre Weise zugleich den Bestand und die Qualität der Feiern.

Weiterhin spiegelt diese Entwicklung das Aufkommen neuer Lebensformen in der Spätantike wider, die vor allem in der Form des Mönchtums asketischen Idealen folgen. So wird die Tagzeitenliturgie durch die Ausweitung des täglichen Cursus und die Vermehrung der Elemente für das koinobitische Mönchtum neu konzipiert; an den Bischofskirchen wird sie zunehmend monastisch überformt und den Möglichkeiten und Erfordernissen des gemeinschaftlich lebenden Klerus angepaßt, was wiederum den allmählichen Rückgang der Teilnahme von Laien bedingt, wenngleich ein Bischof wie Caesarius von Arles noch Zeuge der ursprünglichen Laienbeteiligung ist. Schließlich entsteht auf diese Weise eine neue Form christlicher Literatur, die Libelli, Hefte mit kleinen Sammlungen liturgischer Texte, was nur denkbar ist in der im 6. Jahrhundert fast durchweg christlich geprägten Umwelt des Abendlandes.

Tabelle 1:
Erste schriftliche Hilfsmittel für die Tagzeitenliturgie

Die folgende Tabelle skizziert das Aufkommen und die Verwendung von schriftlichen Hilfsmitteln für den Vollzug der einzelnen Elemente der Tageszeitenliturgie. Elemente, die in den jeweiligen Ordnungen ohne

KIRCHEN DES OSTENS (4./5. Jahrhundert)		
Ägyptisches Mönchsoffizium	*Gemeindliche Tagzeitenliturgie*	*Jerusalemer Tagzeitenliturgie*
Psalmen	feste Psalmen	Psalmen
		Psalmorationen
Schriftlesungen	Schriftlesungen (teilweise)	Schriftlesungen
		Predigt
	feste hymnische Gesänge	
	rituelle Elemente	rituelle Elemente
offenes Gebet	Gebet der Gläubigen (teilweise)	Gebet der Gläubigen
	Segensgebete	Segensgebete

schriftliche Vorlagen vollzogen wurden, haben keinen Pfeilverweis auf die Spalte „Schriftliche Hilfsmittel". Die unterbrochene Pfeillinie bei Psalterien bedeutet, daß deren Gebrauch in der Liturgie selber unsicher ist.

SCHRIFTLICHE HILFSMITTEL		KIRCHEN DES WESTENS (5./6. Jahrhundert)
		Monastisch überformte Tagzeitenliturgie der Gemeinden/Mönchsoffizium
----->	**Psalterien** <-----	Psalmen
------>	**Sammlungen von Psalmorationen** <------	Psalmorationen
------>	**Biblische Bücher** <------	Schriftlesungen
	Sammlungen von Märtyrerakten <------	Märtyrerpassionen
	Sammlungen von Väterhomilien <------	Väterhomilien
	Hymnensammlungen <------	Hymnen
	Gebetslibelli <------	weitere Orationen

III. Die Bücher für die Tagzeitenliturgie vom Mittelalter bis zur Neuzeit

1. Die Tagzeitenliturgie in der Karolingerzeit

Die frühen Versuche von Textsammlungen für die Feier der Tagzeitenliturgie wurden in der Folgezeit schrittweise verbessert, ohne jedoch wesentlich Neues hervorzubringen.[15] Die Psalmorationen kommen allerdings außer Gebrauch. Mit dem 8./9. Jahrhundert setzt eine neue Entwicklung ein, deren geistiger, kirchen- und gesellschaftspolitischer Hintergrund die Erneuerung des Reiches in der Karolingerzeit ist. Bereits Pippin erstrebte eine Vereinheitlichung der Liturgie nach römischem Vorbild, ein Anliegen, das Karl der Große aufgriff; er betrachtete die Liturgiereform, verbunden mit einer weitreichenden Bildungsreform, als einen wesentlichen Bestandteil seiner Reichserneuerung. Noch zu seiner Regierungszeit (768–814), dann vor allem unter seinem Nachfolger Ludwig dem Frommen (814–840) wirkte sich das auf die Tagzeitenliturgie und ihre Bücher aus. Manche der schon bekannten Werke wurden revidiert und dabei systematisiert; andere Bücher entstanden völlig neu.

Psalterien

Innerhalb der Bibelreform wurde auf Geheiß Karls des Großen das *Psalterium Romanum*, das einen altlateinischen Text hatte, durch das *Psalterium Gallicanum* ersetzt. Hatte man sich bis zu dieser Zeit für liturgische Zwecke vorwiegend mit dem biblischen Psalter begnügt, der mit Hilfe von Marginalien und Markierungen im Text für die Liturgie eingerichtet wurde, so ging man nun bei der Erstellung neuer Handschriften vermehrt dazu über, die Psalmen exakt auf die einzelnen Tage und Offizien zu verteilen, was den eigentlichen liturgischen Psalter ausmacht; dieser liegt ausgereift jedoch erst mit dem 13. Jahrhundert vor. Die Handschriften dienten in erster Linie dem Hebdomadar und anderen Verantwortlichen zur Vorbereitung der Liturgie. In den Feiern selber wurden die Psalmen weiterhin auswendig gesungen. Wohl ändert sich etwa ab dem 9. Jahrhundert die Rezitationsweise: der antiphonale, wechselchörige Gesang der Psalmen löst den bis dahin fast ausschließlich geübten solistischen Vortrag ab; dieser Übergang scheint sich jedoch nicht in den Psalterien niedergeschlagen zu haben. Vielmehr ist die enorme Zunahme an liturgischen Psalterhandschriften seit dem 9. Jahrhundert neben selbstverständlichem Verschleiß und Verlusten älterer Codices Folge der Neuorganisation des Lebens in Mönchs- und Kanonikergemeinschaften, die – bereits angeregt durch Chrodegangs Kanonikerregel von 766 – vor allem unter Ludwig dem Frommen durch Benedikt von Aniane durchgeführt wurde.

Bücher für die Schriftlesung

Sind anfänglich die Nachrichten über die Bücher für die Schriftlesung in der Tagzeitenliturgie recht unsicher, so ergibt sich seit dem Frühmittelalter ein klareres Bild.[16] Neben die fortlaufende Lesung eines biblischen Buches, dessen Abschnitte im Codex mit Marginalien angezeigt wurden, treten noch in der Spätantike neu konzipierte Perikopenlisten, die sogenannten *Capitularia lectionum*, und Lektionare mit dem vollen Text der jeweiligen Perikope.

Wir nannten oben bereits die frühen Beispiele des Musaeus von Marseille und des Caesarius von Arles, die in der Entwicklung der Leseordnungen eine nicht unbedeutende Rolle gespielt haben dürften. Bemerkenswert sind dann das altgallische Lektionar von Luxeuil aus dem 7. Jahrhundert sowie ein Lektionar aus Sélestat (ebenfalls 7. Jh.), die erstmals in größerem Umfang eigentliche Lektionare mit ausgeschriebenem Bibeltext darstellen.[17]

Daneben existieren in Rom im 7./8. Jahrhundert Verzeichnisse der biblischen Bücher, die in der Tagzeitenliturgie zu bestimmten Zeiten und Festen des Jahres gelesen werden. Diese Listen, wie sie in den Ordines Romani XIII A (8. Jahrhundert) und XIV (7. Jahrhundert) vorliegen,[18] zeigen in der geschichtlichen Entwicklung den Übergang von der Bibel für die „lectio continua" zum Capitulare lectionum bzw. Lektionar an.

Dem Capitulare, das zusätzlich eine Bibel für die liturgische Feier erfordert, ist kein langer Erfolg beschieden. Das Lektionar erlebt hingegen seinen Durchbruch in der Karolingerzeit und bleibt das ganze Mittelalter hindurch in Gebrauch.

Homiliare, Sermonare, Lektionare für die Väterlesungen

An die Verbesserung der Sammlungen von Väterhomilien begeben sich bereits im Laufe des 8. Jahrhunderts mehrere Bearbeiter; die bekanntesten von ihnen sind Agimundus († 730) und Alanus von Farfa († 770). Karl der Große beauftragt Paulus Diaconus dann mit der Schaffung eines gänzlich neuen Homiliars, wobei in diesem Fall das Anliegen der Romanisierung der Liturgie hinter das Ziel zurücktritt, eine im ganzen Reich einheitliche liturgische Praxis durchzusetzen. Paulus legte das Homiliar zwischen 786 und 792 als zweibändiges Werk *per totius anni circulum* vor. Durch die Sonderstellung als Auftragsarbeit Karls des Großen wurde es breit rezipiert, konnte aber – wie auch andere Liturgiebücher in dieser Zeit – die intendierte einheitliche Liturgie nicht erreichen[19].

Hagiographisches Lektionar, Legendar, Passionar

Das hagiographische Lektionar, *Legendarium* bzw. wegen seines Inhaltes, den Märtyrerpassionen, *Passionarium* genannt, tritt mit dem aus dem gallischen Liturgiebereich stammenden Lektionar von Luxeuil (7. Jahrhundert) in umfangreicherer Form in Erscheinung[20]. Die Handschrift ist kein reines Passionar, sondern bringt überwiegend Schrifttexte; jedoch sind die sechs hagiographischen Lesungen so lang, daß sie die Hälfte der Textmasse von immerhin 248 Blatt ausmachen.

Kollektar

Eine bedeutende Neuentwicklung aus der Karolingerzeit ist das Kollektar, das die Orationen der einzelnen Horen, die bis dahin in den Sakramentaren, erstmals im *Leonianum*, ihren Platz hatten, in sich vereinigt. Die ältesten Belege haben wir aus dem ausgehenden 8. Jahrhundert; wesentlich verbesserte Konzeptionen, wie etwa in einer Handschrift aus Kloster Prüm/Eifel, sind seit der ersten Hälfte des 9. Jahrhunderts bekannt. Griff man zunächst nur auf den Schatz der Orationen aus den Sakramentaren zurück, so wurden schon bald neue

Formulare geschaffen; die überlieferten Gebete reichten nicht aus, um für jeden Tag und jede Hore eine Oration bieten zu könnn.[21].

Antiphonar-Responsoriale

Schließlich handelt es sich bei dem Antiphonar-Responsoriale um ein Liturgiebuch, das zwar auf Vorläufern des 7. und 8. Jahrhunderts aufbauen konnte, das aber in der karolingischen Reform neu konzipiert wird. Bereits Pippin wollte den römischen Gesang nördlich der Alpen einführen. Entscheidend ist die Initiative Amalars von Metz, der nach vergeblichen Versuchen, sich ein solches Werk in Rom zu beschaffen, auf Grundlage des in Metz gebräuchlichen und der in Corbie vorhandenen Antiphonare römischen Ursprungs um 840 eine eigene Ausgabe erstellt, die die Tagzeitenliturgie des ganzen Jahres umgreift. Die älteste überlieferte Handschrift eines Antiphonars stammt aus Compiègne aus der zweiten Hälfte des 9. Jahrhunderts[22]

Hymnar

Hymnen sind in der römischen und der fränkisch-römischen Liturgie zwar nicht unbekannt, jedoch weniger geläufig als in den Liturgien von Mailand und Gallien und in der Benediktsregel[23]. Erst im Hochmittelalter werden sie im römisch geprägten Liturgiebereich allgemein verbreitet und in eigenen Hymnaren oder häufiger in Antiphonaren überliefert.

Mönchs- und Kanonikerregeln

Weitere Hilfsmittel sind die Mönchsregeln und Kanonikerregeln, insofern sie die Tagzeitenliturgie ordnen. Für die Klöster ist dies die Benediktsregel, die auf Betreiben Karls des Großen und vor allem Ludwigs des Frommen in allen Klöstern des Reiches verbindlich eingeführt wurde, während dasselbe Anliegen bei den Kanonikerstiften wohl scheiterte und die Vielfalt der Regeln erhalten blieb[24].

Vielfalt der liturgischen Bücher

Insgesamt hat die karolingische Liturgiereform eine Blüte der liturgischen Bücher heraufgeführt, was die Quellen der Tagzeitenliturgie eindrucksvoll beweisen. Der Liturgiker Sicardus von Cremona († 1215) weiß einige Jahrhunderte später noch davon, wenn er in seinem *Mitrale* die Bücher für die Tagzeitenliturgie aufzählt:

„Die Bücher für das Wort sind die Bibel, das Passionar, Legendar, Homiliar, Sermonar, Epistolar, Evangeliar, Kollektar und der Ordo ... Es gibt drei Bücher für den Gesang: das Antiphonar, das Graduale und das Tropar."[25]

Die Vielzahl der Buchtypen und der gleichzeitige Gebrauch mehrerer Handschriften in einer Liturgiefeier ist durch folgende Ursachen zu erklären:
– die uneinheitlich verlaufende Entwicklung der einzelnen Elemente der Tagzeitenliturgie;
– in deren verschiedenem Vorkommen in den jeweiligen Horen und an den liturgischen Tagen;
– in der buch- und schreibtechnischen Schwierigkeit, eine so umfangreiche Textmasse, zudem in einer vergleichsweise großen Schrift, wie sie die karolingische Minuskel immer noch darstellt, in einen Codex zusammenzubringen;
– nicht zuletzt in der Gestaltung der Tagzeitenliturgie selber, die normalerweise im Chor gefeiert wird und entsprechend verschiedene liturgische Dienste vorsieht, von denen jeder das von ihm benötigte Buch in Händen haben muß[26].

Diese differenzierte Vielfalt liturgischer Bücher vermittelt das Bild eines hochstehenden liturgischen Lebens in den Klöstern und Stiften, den kirchlichen Zentren der Karolingerzeit. Allerdings sei auch darauf hingewiesen, daß diese Gestalt der Tagzeitenliturgie für eine Gemeinde der Gläubigen keinen Raum mehr läßt. Die schon sich früher abzeichnende Entwicklung der Tagzeitenliturgie zu einem Gottesdienst für Kleriker und Mönche ist hier endgültig vollzogen. Da in den Pfarreien in der Regel keine Morgen- und Abendgottesdienste mehr gehalten werden, ist die Feier der Tagzeitenliturgie mit der Gemeinde ganz außer Gebrauch gekommen.

2. Die Entwicklung zum Breviarium

Die aufgewiesenen Typen der liturgischen Bücher für die Tagzeitenliturgie haben selten in Reinform existiert. Die erhaltenen Handschriften verdeutlichen, daß sie meistens durch weitere Elemente angereichert oder auch miteinander vereinigt wurden. Das Bemühen, um der genauen Erfüllung des Offiziums willen möglichst viele Elemente in einem Band zusammenzufassen und darüber hinaus die Offizien in ihrem Verlauf zu beschreiben, wie es etwa vier Handschriften aus Montecassino in einem sogenannten *Breviarium sive ordo officiorum per totam anni decursionem* machen[27], bereiten das Aufkommen des Buchtyps „Breviarium" als einer Ganzausgabe der Tagzeitenliturgie vor, dessen erste Exemplare im 11. Jahrhundert in monastischen Kreisen entstanden. Der treibende Impuls ist schließlich eine abermalige Erneuerung des kanonischen Lebens und der Seelsorgsformen im Zuge der gregorianischen Reform. Die Gemeinschaften der Regularkanoniker vermehrten sich, bestanden oft aber nur aus wenigen Mitgliedern. Sie hielten an der Tagzeitenliturgie fest, konnten diese jedoch nicht mehr in der feierlichen und vollständigen Form einer großen Kommunität halten. Die Bündelung der verschiedenen Bücher in einen Band bei Kürzung der Lesungen und teilweisem Verzicht auf die Gesangsteile, allem voran den Stücken zur Auswahl (Antiphonen und Responsorien), entsprach unter praktischen Gesichtspunkten eher den gewandelten Bedürfnissen. In Klöstern wurden die gekürzten Lesungen im Refektorium fortgesetzt; bisweilen fehlen sie ganz in den Breviarien, was noch den gleichzeitigen Gebrauch eines Lektionars anzeigt. Möglicherweise hat ebenfalls das diese Epoche kennzeichnende Bestreben der Kanonisten, ihre Quellen in großen Summen zusammenzutragen, den Buchtyp „Breviarium" begünstigt; denn die Einbringung der vielfältigen Bücher der Tagzeitenliturgie in einen Band verfolgt formal ein dem Kirchenrecht vergleichbares Anliegen. Weder die zu Unrecht oft für diese Zeit schon angenommene Privatrezitation noch ein Niedergang der Liturgie sind also für das Aufkommen des Breviers verantwortlich.

Eine weitergehende Erneuerung der gewachsenen Struktur der Tagzeitenliturgie, die der geänderten Situation noch besser hätte gerecht werden können, stand nicht zur Debatte. Von den Liturgikern der damaligen Zeit sind keine Versuche dieser Art bekannt, und es gab in der bunten Vielfalt der Kloster- und Stiftsliturgien keine ordnende Instanz, die solches hätte durchsetzen können. So beschränkte sich die Anpassung im wesentlichen auf die Zusammenfassung, gelegentliche Kürzung und buchtechnische Neuorganisation des Bestehenden.

3. Das Breviarium von der Zeit Innozenz III. bis zur Neuzeit

Das Ordinarium der päpstlichen Kurie

Die von Innozenz III. (1198–1216) und dem 4. Laterankonzil (1215) initiierte Erneuerung des kirchlichen Lebens läßt das Breviarium endgültig zur Normalausgabe des Offiziums werden. Ein Ordinarium für die bescheidene Liturgie der päpstlichen Kapelle mit einer kleinen Gruppe von Klerikern, das aus den Jahren 1213/1216 stammen dürfte, wird dabei zum Modellbuch der Reform. Es vereinigt in sich das Incipit aller liturgischen Texte der Tagzeitenliturgie sowie die Regeln für seine Feier. Es brauchte nur noch mit den vollständigen Formularen aufgefüllt zu werden, um ein benützbares Breviarium zur Verfügung zu haben[28].

Die Rolle des Franziskanerordens

Den Franziskanern kommt eine wesentliche Rolle bei der Verbreitung dieser römischen Fassung des Breviarium zu. Übernahmen sie anfangs die lokalen Ordnungen des Offiziums, die sie an ihren Wirkungsstätten vorfanden, so schrieb ihnen die Zweite Regel von 1223 das *divinum officium secundum ordinem sanctae Romanae Ecclesiae* vor, also praktisch das Offizium der päpstlichen Kapelle, was das Generalkapitel von 1230 bestätigte. Die Franziskaner führten diesen Beschluß konsequent durch; der Ordensgeneral Haymo von Faversham nahm 1244 nochmals eine Revision vor. Aufgrund des enormen Zuwachses des Ordens und seiner Tätigkeit in ganz Europa wurde so das Offizium der päpstlichen Kapelle in der Fassung der Franziskaner in relativ kurzer Zeit, abgesehen von den Klöstern und einigen großen Kirchen, zum gebräuchlichsten Brevier in der lateinischen Kirche. Es verdrängte die lokalen Fassungen mehr und mehr, und viele Kirchen gaben erneut um der Romanisierung der Liturgie willen ihre Eigentraditionen auf. In der Folgezeit bis zum tridentinischen Breviarium Romanum wurden noch einige Offizien, z. B. marianische und das Totenoffizium, und Elemente wie die Bußpsalmen, Suffragien und Litaneien ergänzt, der Kalender erheblich angereichert; dies spiegelt die veränderten mittelalterlichen Frömmigkeitsformen wider; doch gab es keine prinzipiellen Veränderungen mehr.

Das Brevier des Kardinals Quiñonez

Die Erfindung des Buchdrucks förderte die Verbreitung des römischen Offiziums durch hohe Druckauflagen, da schon aus Kostengründen Sonderausgaben für einzelne Diözesen kaum zu realisieren waren. Lediglich das in päpstlichem Auftrag erstellte Brevier des Kardinals Quiñonez, das 1535, in verbesserter Auflage 1536 erschien[29], brach für einige Jahrzehnte die Dominanz des römischen Breviers; Quiñonez hatte seine Ausgabe konsequent für die Einzelrezitation des Weltklerus eingerichtet und zu diesem Zweck weitreichende Eingriffe in die Tradition, in manchen Punkten einen völligen Bruch mit ihr nicht gescheut.

Das Breviarium Romanum von 1568

Mit dem *Breviarium Romanum* Pius' V. von 1568, dem ersten liturgischen Werk der Trienter Liturgiereform, kehrte man jedoch trotz des großen Erfolgs der Quiñonez-Ausgabe weithin zur früheren römischen Fassung zurück, ohne die dringend notwendige Reform der Tagzeitenliturgie wirklich geleistet zu haben. Das *Breviarium Romanum* wurde in der ganzen römischen Kirche außer in den Kirchen mit einer mindestens 200jährigen

Vom Beten in der Freiheit des Geistes zum individualisierten Pensum

Tabelle 2: Die Entwicklung der Bücher für die Tagzeitenliturgie bis 1970

Kursivschrift bei „Psalterien" bezeichnet, daß diese nicht in der Liturgie selber verwendet wurden.

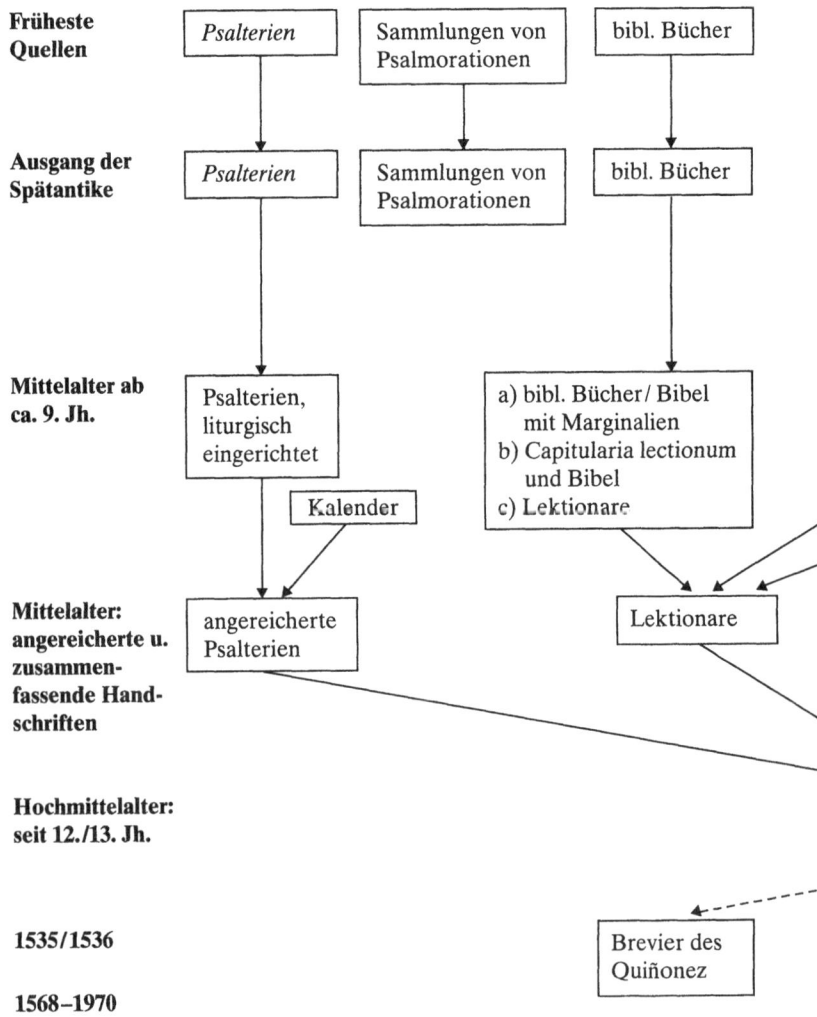

Früheste Quellen

Ausgang der Spätantike

Mittelalter ab ca. 9. Jh.

Mittelalter: angereicherte u. zusammenfassende Handschriften

Hochmittelalter: seit 12./13. Jh.

1535/1536

1568–1970

Die Bücher für die Tagzeitenliturgie vom Mittelalter bis zur Neuzeit

Durchgezogene Linien bezeichnen eine unmittelbare Abhängigkeit verschiedener Buchtypen, unterbrochene Linien zeigen indirekte Verbindungen der einzelnen Entwicklungsstufen.

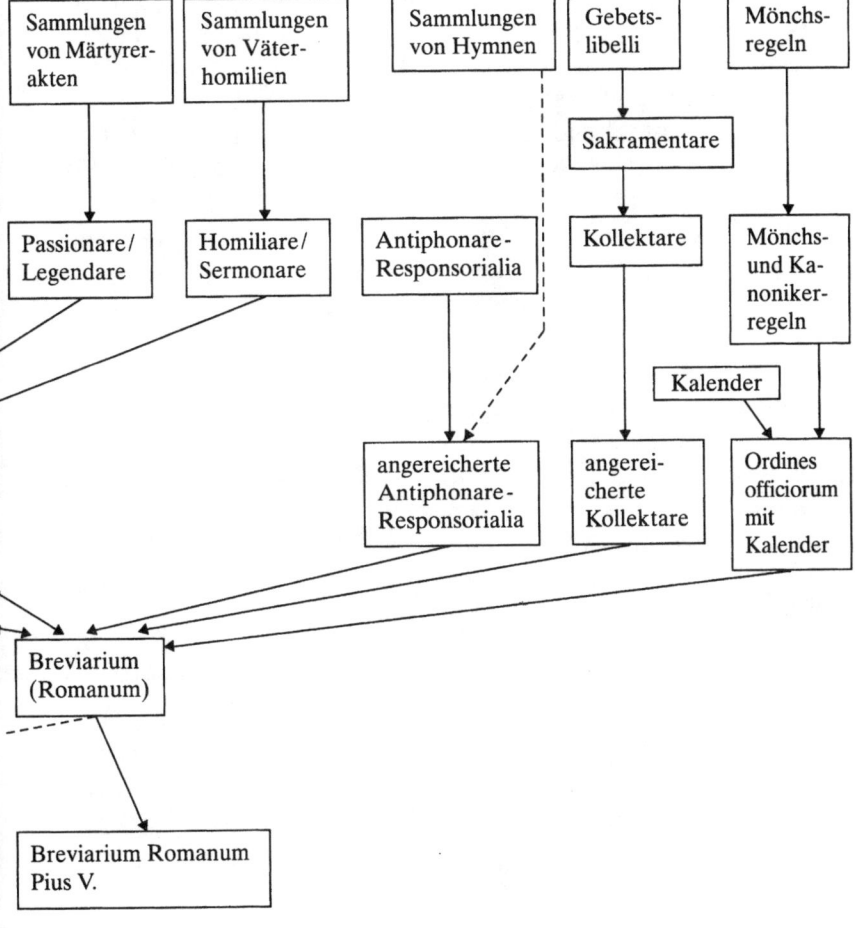

Sondertradition verbindlich vorgeschrieben und blieb, abgesehen von einigen kleineren Reformen, unverändert bis zum Jahre 1970 in Gebrauch. Spätestens dieses Brevier reduzierte die einstmals mit der Gemeinde oder Kommunität gefeierte Tagzeitenliturgie auf ein „Gebet der Kirche", das dem einzelnen Kleriker zur privaten Persolvierung anvertraut war. Wie der Name „Breviarium" sagt, bietet das Buch nur noch eine Kurzfassung, einen Auszug der früher reichen Liturgie.

Die Struktur und der Inhalt lassen noch die monastischen Ursprünge erkennen. Die konkrete Gestalt folgt der – wohl mehrfach überarbeiteten – Liturgie der päpstlichen Hauskapelle des beginnenden 13. Jahrhunderts. Das Brevier ist überlastet mit Festen verschiedenster Klassen, mit Offizien und manchen Elementen, die Ausdruck längst vergangener, zeitbedingter Frömmigkeitsformen sind. Dieses Buch und mit ihm die darin enthaltene Liturgie war, gemessen an der Geschichte, schon bei seinem Erscheinen reformbedürftig und hat sich dennoch 400 Jahre lang behauptet. Es verlangte von den Klerikern ein großes tägliches Gebetspensum, das keineswegs zu allen Zeiten erfüllt wurde. Angesichts wachsender Anforderungen der Seelsorge war zuletzt eine regelmäßige Ausübung des Gebetsauftrags für viele Priester kaum mehr möglich; anderen bedeutete das verpflichtende Pensum große physische und psychische Belastung, woraus eine gesunde Spiritualität nur schwer wachsen und sich nähren konnte. Bei alledem war es ein Buch und eine Gebetsform, zu der die Laien – fast möchte man sagen: glücklicherweise – keinen Zugang hatten. Sie entwickelten im Laufe der Zeit Ersatzformen der Frömmigkeit und des Gebetes, um ihrem Glauben den nötigen Ausdruck zu verleihen und ihn zu stärken.

Zweiter Teil:
Pastoralliturgische Perspektiven und Modelle

F. Die Herausforderung des Anfangs: Impulse für eine steckengebliebene Reform

I. Die zukunftsweisende Kraft der Anfänge

Das Scheitern der Tagzeitenliturgie in der westlichen Kirche wird seinen Grund kaum in der Sache haben. Denn im Osten haben sich bis heute Traditionen gemeindlicher Morgen- und Abendliturgie erhalten, vor allem dort, wo die Tagzeitenliturgie ihren ursprünglichen kathedral-pfarrlichen Charakter bewahrt hat... Die bisherige Reform der römischen Tagzeitenliturgie fußt zu einseitig auf der monastischen Tradition dieses Gebetes und geht zu wenig zu den Ursprüngen der kathedralen Tagzeitenliturgie zurück, als sie noch Liturgie des ganzen Volkes Gottes war. Im Hinblick auf eine zukünftige pfarrliche Tagzeitenliturgie aber gewinnen gerade diese Anfänge richtungsweisende Bedeutung. Das Wort von Reiner Kunze: „Wer die Vergangenheit nicht kennt, den kann es die Zukunft kosten", besagt in unserem Zusammenhang: Der Weg zu einer Tagzeitenliturgie des Volkes Gottes im dritten Jahrtausend wird ein Stück Weg zurück zu den Anfängen des 4. und 5. Jahrhunderts sein. Leitendes Motiv ist dabei nicht Nostalgie, sondern die Orientierung an einer Tradition, die allen späteren klerikalen Überformungen vorausliegt und bis heute ihre geistliche Überzeugungskraft nicht verloren hat.

1. Tagzeitenliturgie als Ausdruck des Gemeindebewußtseins – damals und heute

Was es vor allem zu bedenken gilt: Die Tagzeitenliturgie jeder Zeit ist Ausdruck des jeweiligen Kirchenverständnisses! Voraussetzung für eine Tagzeitenliturgie von heute ist „ein entsprechendes theologisches Gemeindeverständnis bei den Vorstehern wie beim Volke Gottes. Die Grundfrage ist, welche Rolle ein wie auch immer gestaltetes Tagzeitengebet für das

Selbstverständnis der Pfarrei als liturgischer Gemeinschaft spielt."[1] Wie sehr der Gottesdienst Ausdruck des Glaubensbewußtseins ist, ist an der kathedralen Tagzeitenliturgie des Anfangs abzulesen. Sie verstand es, das *betende Selbstbewußtsein* der befreiten Kirche in genial einfacher Art in gottesdienstliche Gestalt umzusetzen. Diese Liturgie verrät einerseits einen sicheren Blick für die Würde des gläubigen *Volkes*: seine mittragende Rolle im täglichen Dienst des Lobes und der Fürbitte, seine konkreten Bedürfnisse, Möglichkeiten und Grenzen in der liturgischen Praxis; sie hat andererseits Augenmaß für die gefeierte *Sache*: die konzentriert bündige und zugleich meditativ-feierliche Art, das Mysterium der österlichen Erlösung der Welt in Christus hörbar und sichtbar zur Sprache und zur Darstellung zu bringen. Die tätige und bewußte Teilnahme der Gläubigen mit Leib, Geist, Sinnen, Herz und Gemüt gehörte fraglos zur gemeindlichen Liturgie. Ihre Volksnähe entsprang der gefeierten Sache selbst; diese Liturgie schuf offenbar eine Atmosphäre, in der sich auch der einfache Gläubige wiederfinden konnte.

2. Prinzipien einer volksnahen Tagzeitenliturgie

Fragt man sich, was die frühe Kathedralliturgie zur Gemeindefeier machte, so war es gewiß ihre Schlichtheit und Durchsichtigkeit, die Ausgewogenheit ihrer Elemente, die einfache Schönheit der symbolischen Vollzüge, die das Gebet begleiteten, die wohltuende Kürze und Dichte der Feiern, ihre Bindung an Anfang und Ende des Tages mit der Licht- und Christussymbolik und nicht zuletzt die Ausgestaltung der konstanten Grundstruktur. Bestimmte Prinzipien der kathedralpfarrlichen Tagzeitenliturgie in der Alten Kirche können bei der Suche nach einer heutigen gemeindlichen Gestalt richtungsweisend sein:
– die aktive und bewußte Teilnahme der Gläubigen;
– Transparenz durch Einfachheit und Durchschaubarkeit von Ziel, Inhalt und Form;
– ganzheitliche Einbeziehung der feiernden Menschen durch Zeichen, Symbole, Gesten und Gebärden;

– tagzeiten- bzw. festzeitenbezogene Auswahl der Feierelemente (Hymnen, Psalmen, Gesänge und Gebete);
– Ausgewogenheit durch Ausgleich zwischen Wiederholung und Abwechslung, Wort- und Zeichenelementen, ausgewogenem Zueinander von konstanten und variablen Teilen und Elementen;
– „gestufte Festlichkeit" (AES 273) durch Angleichung an Situation und Anlaß, an Größe, Möglichkeiten und Grenzen der jeweiligen Gruppe.

II. Chancen und Grenzen der „Liturgia Horarum"

1. Das Stundenbuch: Ein Buch für religiöse Spezialisten

Das erklärte Ziel der Reform

Die mit der Reform der Tagzeitenliturgie befaßten Gremien waren entschlossen, sie aus ihrem jahrhundertealten klerikalen Schlupfwinkel herauszuholen und als Verwirklichung des Auftrags der ganzen Kirche, „allezeit zu beten", wieder in die Mitte der Gemeinde zu rücken. Das zu Allerheiligen 1970 von Paul VI. promulgierte neue Buch „Liturgia Horarum" (4 Bände; deutsche Ausgabe 3 Bände und 16 Faszikel) entwickelt in der „Allgemeinen Einführung in das Stundengebet" in der Tat eine biblisch und patristisch fundierte Theologie des Gebetes, in der man den frischen Wind der frühen Kirche spürt. Das Gebet der Kirche ist „christologisch begründet" und „ekklesiologisch verankert"[2]. Träger der Tagzeitenliturgie ist die Kirche, und das sind ausdrücklich die Gläubigen (AES 22), also die Getauften, unter dem selbstverständlichen Vorsitz und Beispiel des Bischofs und seines Presbyteriums. Die Gläubigen, die sich zur Liturgia Horarum versammeln, „manifestieren die Kirche, die das Mysterium Christi feiert" (AES 22). Und AES 270 erklärt unmißverständlich: „Das Lob der Kirche ist weder von seinem Ursprung noch von seiner Eigenart her den Klerikern oder Mönchen vorbehalten ..., sondern ist *Sache der ganzen christlichen Gemeinde.*"

Fortschritte für den Einzelbeter

Es ist keine Frage: Für den Einzelbeter ist mit dem deutschen „Stundenbuch" bzw. der „Liturgia Horarum" ein großer Fortschritt gelungen. Der Aufbau des gesamten Offiziums mit seinen Haupthoren Laudes und Vesper tritt klarer hervor. Die Reduzierung der Kleinen Horen auf eine am Tag, vor allem aber die Beschränkung und Neuordnung der Psalmen bringt eine wesentliche Entlastung. Der Wegfall des früheren Pensumdenkens, das Angebot eines reichen Hymnenschatzes und einer großen Auswahl geistlicher Literatur (aus der Hl. Schrift, den Kirchenvätern und geistlichen Schriftstellern) und nicht zuletzt die Betonung des zeitgerechten Ansatzes der Tagzeiten dürfen als glücklicher Gewinn angesehen werden.

Ungelöste Spannung zwischen Ziel und Verwirklichung

Aber im Blick auf das vom Konzil skizzierte und von AES ausgeführte Ziel der Wiedergewinnung einer traditionellen Gebetsliturgie für die ganze Gemeinde stellt sich die Frage: Ist aus dem Brevier der Kleriker bzw. aus dem Offizium der Mönche von gestern wirklich eine Tagzeitenliturgie des Volkes Gottes für heute geworden? Kommt in der praktischen Reform das Volk, d. h. der heutige Beter, mit seiner Situation genügend in den Blick, der für „das ureigene Gebet der Kirche" (AES 279) wiedergewonnen werden soll?

Die liturgische Praxis der Gemeinden spricht deutlich dagegen, von Ausnahmen abgesehen. Die Ursachen liegen aber nicht zuletzt in der Gebetsstruktur, wie sie das erneuerte Stundenbuch präsentiert. Bei aller Qualität der theologischen Aussagen, trotz aller Erleichterungen und Verbesserungen gegenüber früher bleibt eine erhebliche *„ungelöste Spannung zwischen dem Wunsch nach Vollzug durch das ganze Volk Gottes und dem vorliegenden Modell des Stundenbuches"*[3]. Das offensichtliche Mißverhältnis zwischen Absichtserklärung und Nichtverwirklichung ist das Ergebnis der jahrhundertealten „Brevier-Mentalität", die das Konzil überwinden wollte, in praxi aber offenbar so rasch gar nicht überwinden konnte. Den Vätern des 2. Vatikanum fehlte eine lebendige Vorstellung von der Struktur eines Gemeindeoffiziums. Die Folge war, daß die Reform der Tagzeitenliturgie von 1970 im Rahmen der monastisch bestimmten römischen Tradition verblieb, sich weder genügend aus ihrem „monastischen Apriori" (R. Zerfaß) löste noch in ökumenischer Offenheit die Tradition anderer Kirchen (vor allem des Ostens, aber auch der Anglikaner) einbezog. Im Blickfeld der Reformer stand, trotz gegenteiliger Beteuerung, der bisherige Adressat des Breviers: der Seelsorge- und Ordensklerus, vielleicht noch theologisch (aus)gebildete Laien, Fachleute also, die ex professo damit umzugehen gewohnt sind. Was als Sache der ganzen Gemeinde geplant war, wurde zur Sache von Experten und Spezialisten: eine so hochstilisierte Form von Tagzeitenliturgie, „daß nur Fachpersonal sie noch durchschauen und ‚feiern' kann."[4]

2. Defizite im Blick auf die Gemeinde

Wo aber ist in dieser Gebetsordnung *der heutige Mensch* geblieben? Der Mensch mit seiner Glaubensschwäche und Glaubensnot? Der Beter von heute, dem das Beten längst keine Selbstverständlichkeit mehr ist; der seine Mühe hat, „auch nur das Minimum an Glaubensantwort, Gebet genannt, aufzubringen"[5]; der in einer Umwelt „religionsfreundlicher Gottlosigkeit" lebt, in der Gebet als Flucht verdächtigt und Gottesdienst weithin als „kulturelle Verhaltensanomalie"[6] angesehen wird? Wo bleibt der normale, vor allem der jugendliche Zeitgenosse, dessen religiöse Kapazität rasch erschöpft ist, der schnell mit religiösen, erst recht mit liturgischen Ansprüchen überfordert ist? Ihm ist die vorliegende Tagzeitenliturgie zu fremd, zu fern seiner Welt: er findet sich in ihr kaum zurecht; aber vor allem: er findet sich in ihr nicht wirklich wieder. Sie mag etwas für Vollkommene sein, für fromme Beter, deren Glaube nicht angefochten ist, „nicht aber für den Christen, der nun einmal, doch nicht ohne Gottes allmächtige Fügung, in diesen wirren Zeiten zu leben hat"[7].

Für die Durchschnittsgemeinde von heute ist die Gebets-

organisation des neuen Stundenbuches zu kompliziert, zu nüchtern und vor allem zu perfektioniert; und das heißt, zu wenig auf ihre Möglichkeiten und Bedürfnisse zugeschnitten:
– *zu komplex und kompliziert,* weil sie zu vieles und zu viel Verschiedenes bietet; weil sie zu viel voraussetzt, was man erst mühsam und umständlich erklären muß, da es nur dem geschulten Fachmann (selbst)verständlich ist;
– *zu nüchtern,* weil die einseitige Wort- und damit Kopflastigkeit sowie das fast völlige Fehlen symbolischer und zeichenhafter Handlungen die Sinne des feiernden Menschen kaum einbezieht. Was etwa die Tagzeitenliturgie in Taizé so anziehend macht für Menschen aller Alters- und Bildungsschichten, das ist im Stundenbuch bloßer Wunsch geblieben. Gerade die Beter der Gemeinde vermissen das „feierliche" Element, und das heißt in der Sprache des Volkes das, was ihnen die gefeierte Sache von innen her nahebringt und Geist und Herz für sie erwärmt;
– *zu perfektioniert,* weil alles bis ins Detail geregelt, geordnet, genormt und festgelegt ist. Wo bleibt da Atemraum für den Einzelnen, wo schöpferischer Freiraum für die feiernde Gemeinde? Ordnung und möglichst große Vollkommenheit bestimmen das Konzept, Lebendigkeit und Nähe zum Volk sind kaum im Blick. Wie soll dann aber jene Freude aufkommen am Gotteslob, die doch erklärtes Ziel der gemeinsamen Feier ist (vgl. AES 279)?

Gerade Praktiker der pfarrlichen Tagzeitenliturgie wenden ein: „Die eigentlichen gemeindlichen Möglichkeiten sind nur angedeutet in der Allgemeinen Einführung, aber leider auch im deutschen Stundenbuch kaum konkretisiert, auch nicht durch Hinweise an Ort und Stelle."[8] So kommen die theoretisch vorgesehenen „Freiheiten" der Gestaltung nicht zum Tragen: etwa die Möglichkeit, Hymnen durch geeignete Lieder zu ersetzen, Psalmen auszutauschen oder ihre Zahl zu mindern (vgl. AES 247 und 252), die Ausführung der Psalmodie zu variieren (AES 279), Lesungen auszuwechseln (AES 46), das Fürbittgebet zu konkretisieren (AES 188) u.a.m. „Immerhin gibt das Supplement des deutschsprachigen Stundenbuches durch die Aufnahme von Stundengebetsstücken aus dem ‚Gotteslob' Ermutigung und Hinweis, daß Morgen- und Abendlob täglicher Dienst der Pfarrgemeinde sind und ihr Sinn sich dann voll erfüllt, wenn sie, wenn auch mit schwachen Mitteln und in vereinfachter Gestalt, in der Gemeinde gesungen werden."[9]

Eine Tagzeitenliturgie des Volkes Gottes, der Gemeinde vor Ort, müßte dafür sorgen, daß die Feier „weder zu nüchtern noch zu kompliziert" ist und daß „es Freude bereite, das Gotteslob zu feiern" (AES 279). Das aber heißt konkret: Die Tagzeitenliturgie der Gemeinde soll klar und einfach sein im Aufbau, durchsichtig in Sinn und Gehalt. Sie wird Abschied nehmen müssen von jeder Art von Pensumsdenken, vor allem in der Psalmodie. Wahl-, Austausch- und Anpassungsmöglichkeiten an die Situation und ihre Bedürfnisse sind flexibel zu handhaben. Sie wird den ganzen Menschen mit Leib, Geist, Sinnen und Gemüt in das liturgische Geschehen einbeziehen. Ergänzung und Abwechslung einerseits und Wiederholung andererseits lassen das Gefeierte in tieferen Schichten Wurzeln schlagen. Der Spielraum für eine freie, persönliche Mitgestaltung der Feiernden wird sehr viel weiter sein. Eine größere Offenheit für das, „was der Geist eingibt" (AES 33, wo Kol 3, 16 zitiert ist), wird an die Stelle größtmöglicher Perfektion und Vollkommenheit treten. Denn die Freude an Gott (Neh 8, 10) soll ja als Kraft und Stärke derer erfahrbar werden, die das Heil der Welt in Christus feiern.

3. Warum *ein* Buch für *alle*?

Das vorliegende Stundenbuch will im Angebot *einer* Gestalt von Liturgie *allen* und *allem* Genüge tun. Alle offiziellen Bücher, die inzwischen für die gemeindliche Feier der Tagzeitenliturgie erschienen sind, sind nach dem (monastischen) Schema der Liturgia Horarum aufgebaut: das „Antiphonale" und das „Christuslob" (beide sind für Ordensgemeinschaften geschaffen), die entsprechenden Feiern im „Gotteslob", dem Rollenbuch der Gemeinde, sowie das „Kleine Stundenbuch". Gewiß: die vier Bände des „Kleinen Stundenbuches", für den Einzelbeter und die betende Gemeinschaft gedacht, sind durch ihre inhaltliche Beschränkung auf Laudes, Vesper und Komplet transparenter als die entsprechenden Bände der Vollausgabe; sie ersparen viel Blättern und erleichtern so den Vollzug. Ein Vergleich mit den französischen Ausgaben des Stundenbuchs für die Hand der Laien freilich zeigt, daß dort der vorrangige Blick auf die Situation des Beters von heute die Gesamtkonzeption viel nüchterner, d. h. lebensnäher gelingen ließ: *ein* Taschenbuch (statt vier Bände „Kleines Stundenbuch") mit den beiden Haupthoren Laudes und Vesper, mit entsprechenden Hinweisen auf mögliche Anpassungen an Ort und Stelle; auf ein kluges Durchschnittsmaß für den heutigen Menschen reduziert und zugeschnitten, z. B. grundsätzlich nur ein Psalm.

Sowohl das Antiphonale wie auch das Christuslob enthalten wertvolle Einzelelemente auch für eine pfarrliche Tagzeitenliturgie. In ihrem Gesamt aber sind sie zu anspruchsvoll für die (nicht monastischen) Beter der Gemeinden.

Einheitsliturgie in Glaubenspluralität?

Das eigentliche Problem sitzt noch tiefer: Kann es angesichts der so *pluralen* Lebens- und Glaubensformen in den Gemeinden heute überhaupt noch so etwas wie eine *Einheits*-Tagzeitenliturgie und also entsprechend ein *Einheitsbuch* dafür geben? Sowohl vom ursprünglichen Kathedraloffizium, aber ebenso vom Lebensstil der heutigen Seelsorger/innen wie von den sehr verschiedenen Möglichkeiten und Bedürfnissen der Laien her ist es zumindest bedenklich, die jetzige Form des Stundenbuches als die einzig mögliche anzusehen. Die Gefahr, dadurch die Beter und das Buch zu überfordern, liegt auf der Hand; die Praxis mit dem Großen oder Kleinen Stundenbuch erweist es immer neu. Die Grundkonzeption „Ein Buch für alle" nimmt die plurale kirchliche Situation nicht ernst; sie setzt im Grunde einen noch immer für alle gleichermaßen gültigen Lebens- und Glaubenshintergrund voraus.

Einen konsequenten Schritt weiter gehen da die im Bereich der Jugendpastoral entstandenen Versuche von „Stundengebete(n) mit jungen Christen"[10], die sich einerseits, mehr oder weniger streng, an Struktur und Elementen des offiziellen Stundenbuches orientieren, zum anderen aber ganz bewußt die spezifische Situation des jungen Menschen in die Feiern miteinbeziehen. Aus demselben Grund einer glücklichen Kombination von Tradition und heutiger Situation erfreuen sich auch die sogenannten Jugendvespern bei vielen jungen Menschen einer so großen Beliebtheit.

„Instrumentarium" für die gemeindliche Feier

Die Entwicklung hin zu einer lebendigen Tagzeitenliturgie der Gemeinde wird sich vermutlich eher in diese Richtung vollziehen. Den so unterschiedlichen Situationen der Ortskirchen (Pfarreien) muß eine konkrete Hilfe zum Vollzug einer gemeindlichen Tagzeitenliturgie angeboten werden. Flexibler und an die jeweilige Feiergruppe anpassungsfähiger als fertige Rezepte dürften sich in Zukunft Ordnungen des Gebetes erweisen, die um einen festen Kern eine Zone freier Gestaltungsmöglichkeiten lagern. Eine Sammlung bewährter Elemente, alter und neuer, dient als inhaltliches Angebot zur Gestaltung der jeweiligen Feier. Eine solche Vorgabe tritt den Feiernden helfend zur Seite, überläßt es aber ihrer Wahl, was im Einzelfall das für sie Gemäße ist. Was das „Gotteslob" als Materialsammlung für die musikalische Gestaltung der sonntäglichen Eucharistiefeier der Gemeinde ist, könnte ein solches „Instrumentarium" für die Tagzeitenliturgie der Gemeinde werden. Im Grunde wäre damit erfüllt, was AES 273 (im Zusammenhang mit dem Grundsatz einer „gestuften Festlichkeit") ausdrücklich wünscht: „Durch diese größere Auswahlmöglichkeit wird das öffentliche Lob der Kirche ... den verschiedenen Umständen vielfältig angepaßt werden können."

III. Zwei richtungsweisende Entwürfe

1. Der benediktinische „Thesaurus Liturgiae Horarum Monasticae" (1977)

Sieben Jahre nach dem römischen Stundenbuch erschien das monastische Stundenbuch der benediktinischen Kongregation: ein Gebetsordo, „der nichts anderes ist als eine *Materialsammlung*, aus dem die einzelnen Gebetsgemeinschaften die Textgestalt ihrer Stundenliturgie schöpfen...."[11] Dieser Thesaurus stellt eine *Rahmenordnung* dar, die aus dem Schatz der überlieferten Ordnungen der Tagzeitenliturgie bewährte Elemente anbietet, die Einzelregelung aber bewußt der jeweils feiernden Gemeinschaft überläßt. So respektiert das monastische Buch flexibel die verschiedenen Bedingungen der klösterlichen Häuser und verbindet die Situation von heute mit der Tradition von gestern. Eine Praxis der Gebetshilfe ganz aus dem Geist altkirchlicher Tradition, die die Gegenwart ernst nimmt und in die Zukunft weist; in die Zukunft nicht nur der monastischen, sondern auch einer gemeindlichen Tagzeitenliturgie. Ein Buch für alle: für alle möglichen Gruppierungen, in allen möglichen Fällen – aber nicht in Einheitsgestalt vorprogrammiert, sondern der *schöpferischen Freiheit* der Verantwortlichen zur detaillierten Eigengestaltung nach Maßgabe ihrer Verhältnisse und Möglichkeiten anvertraut. Wer etwa als Gast an der Tagzeitenliturgie benediktinischer Gemeinschaften teilnimmt, kann in verschiedenen Häusern eine nach Umfang, Auswahl und Detailgestaltung sehr variable Liturgie erleben, ohne dadurch die Einheit der Kirche im geringsten angetastet zu sehen.

„Warum sollte ein ähnlicher Thesaurus nicht auch Gemeinden zur Verfügung gestellt werden, anhand dessen jede Pfarrei in einem längeren geistlichen Prozeß die ihr angemessen erscheinende Tagzeitenliturgie zusammenstellt? Bei grundsätzlicher Wahrung der Einheit der Liturgie bliebe so doch genügend Freiheit für die Verwirklichung der berechtigten und notwendigen Vielfalt. Zudem wäre dies eine Aufgabe, bei der die Mitverantwortung der Gemeinde für die Liturgie zum

Tragen käme und sie den für eine geistliche Gemeinschaft unverzichtbaren Dienst des Gebetes erkennen und vertiefen könnte."[12]

2. „The Book of Alternative Services of the Anglican Church of Canada" (1985)

Dieses Gebet- und Gesangbuch der Anglikanischen Kirche Kanadas, in fast 15jähriger Entwicklungs- und Erprobungszeit nach der Liturgia Horarum entstanden, entspricht seiner Intention nach in etwa dem katholischen „Gotteslob": Es ist das Rollenbuch der Gemeinde für alle ihre gottesdienstlichen Feiern. In der Einleitung wird das Grundanliegen verdeutlicht: „Heute setzt sich die Erkenntnis durch, die Texte (sc. eines solchen Buches) sollten zum einen ein *Rahmenwerk* (framework) und ein *Grundmuster* (pattern) für die Liturgie vorsehen, zum anderen aber ebenso reiches *Quellenmaterial* (rich resources) an Lesungen, Lobpreis- und Fürbittgebeten bereitstellen, das insgesamt *in schöpferischer Einfühlung* (with sensitivity and creativity) verwendet werden muß."[13] Das Buch, für die Hand des Einzelbeters, der Gruppe, der betenden Hausgemeinschaft ebenso wie der feiernden Gemeinde in der Kirche gedacht, für Kleriker wie für Laien, will ein Modell sein, „in dem überkommene Riten mit zeitgenössischen und alternativen Riten koexistieren"[14].

In der Einführung in die Tagzeitenliturgie werden die ursprünglichen Wurzeln dieses Gemeindegebetes sichtbar: das frühe kathedrale Offizium der Bischofskirchen. Aus der klaren Unterscheidung zur monastischen Tagzeitenliturgie werden hier Konsequenzen für eine heutige Tagzeitenliturgie gezogen. Für die praktische Gestaltung von Morning- und Evening-Prayer steht ein Angebot liturgischer Materialien zur Verfügung. „Wer immer aber diese Gebetsordnung benutzt, ist gebeten, sie den jeweiligen Bedürfnissen entsprechend *schöpferisch* an die Umstände, Personen, den Ort und die Gelegenheit *anzupassen.*"[15]

Wie konsequent die Erkenntnisse der historischen Forschung der letzten 25 Jahre aufgenommen und in diese reformierte Tagzeitenliturgie eingearbeitet wurden, zeigt besonders der „Service of Light", das Vesper-Luzernar mit Lichtdanksagungsgebeten und wahlweisem Weihrauchopfer, sowie das Modell einer Auferstehungs-Vigil („Vigil of the Resurrection") für die Vorabende der Sonn- und Feiertage. Beide Elemente knüpfen an die Blütezeit der frühchristlichen Tagzeitenliturgie des 4./5. Jahrhunderts an.

Ein Tagzeitenbuch der Gemeinde wie dieses, das den Mut hat, „konstruktive Empfehlungen und Anregungen" zu erbitten und Musiker zu ermuntern, „neue Sätze für Cantica, Responsorien, Litaneien und andere Texte zu komponieren"[16], weiß sich selbst unterwegs zu einer Tagzeitenliturgie für heute und morgen. Es schreitet mutig in eine verheißungsvolle Richtung voran.

IV. Das Ziel damals und heute: Tagzeitenliturgie als Lebenshilfe

Bedenkt man, daß es sich bei der ursprünglichen Tagzeitenliturgie um tägliche, nicht nur gelegentliche Gottesdienste handelte, so wird man daraus schließen dürfen, daß sie für die Feiernden eine echte Hilfe zum Leben bedeutet haben. Sie haben den Menschen in seiner Mitte angesprochen und getroffen; sie verstanden es offenbar, in Zeichen und Wort das Leben zur Sprache zu bringen und gleichzeitig die „andere Wirklichkeit" Gottes durchsichtig werden zu lassen. Das tägliche Luzernar beispielsweise, das das heillose Dunkel des Lebens im Licht des Glaubens erscheinen läßt: hatte es nicht buchstäblich lebens-erhellende Kraft? Oder die tägliche Weihrauchspende, die der zum Himmel stinkenden Atmosphäre des Bösen in der Welt den „Wohlgeruch" der versöhnenden Liebe Gottes gegenüberstellt, die sich im (Abend)Opfer Christi in die sündige Welt verströmt: hatte sie nicht reinigende Macht? Dazu die tägliche Wiederholung des Weihrauchpsalms 141: Im Schauen des aufsteigenden Weihrauchs prägte sich der gehörte Psalmtext umso tiefer ein; die Gläubigen, die ihren Kehrvers („Wie Weihrauch steige mein Gebet vor dir auf ...") auswendig sangen, konnten sich horchend, schauend und riechend auf das Gesamterlebnis Vesper einlassen; sie waren mit allen Sinnen am heiligen Geschehen beteiligt.

Warum sollte nicht auch heute die Feier eines anhand der alten Grundregeln gut gestalteten Luzernariums zu einer lebensdeutenden Hilfe werden? Beispiele dafür gibt es bereits. Freilich wird eine solche Feier ihre ganze Kraft erst entfalten, wenn sie einen regelmäßigen Rhythmus findet. Dann aber „sollte das Grundschema erhalten bleiben und vor allem darauf geachtet werden, daß die durch die Gemeinde mitzusingenden Teile so invariabel wie möglich bleiben, um eine Verwurzelung in der Tiefendimension der Lichtfeier selbst zu ermöglichen."[17]

Eine Tagzeitenliturgie, die daran geht, die Erlösung des Menschen in alten und neuen Zeichen anschaulich zu feiern, muß sich am hohen Anspruch der Anfänge messen lassen. Sie wird dem Gläubigen von heute nur insoweit gerecht werden, als sie sein Leben kennt und seine Situation ernst nimmt. Beides aber ist von der Kathedralliturgie von einst für heute zu lernen.

G. Im Blick auf mutige Mitchristen: Den täglichen Gottesdienst retten

Mutige Mitchristen haben sich verschiedenerorts seit Jahren auf den Weg gemacht, die Tagzeitenliturgie im gottesdienstlichen Leben ihrer Gemeinden zu beheimaten. Im folgenden soll anhand einiger Modelle gezeigt werden, wie die gemeindliche Feier von Morgen- und/oder Abendlob zum täglichen Gemeindegottesdienst wird, wie sie die eucharistische Eingleisigkeit wohltuend ergänzt und gerade in Gemeinden ohne tägliche Messe zu einer liturgischen Alternative und zum geistlichen Fundament für die Gläubigen werden kann.

I. Modellbeschreibungen

1. Tägliche Vesper: Modell Mariä Himmelfahrt – Bad Tölz

Seit über zwölf Jahren versammelt sich eine Gruppe von Beterinnen und Betern in der kleinen Werktagskapelle der Stadtpfarrkirche Mariä Himmelfahrt, um zusammen mit Pfarrer oder Kaplan, nicht selten aber auch ohne sie, das Abendlob der Kirche zu singen. Die tägliche Vesper bildet in dieser Pfarrei das abendliche liturgische Pendant zur täglichen Meßfeier am Morgen. – Wie ist es dazu gekommen?

Entstehung

Der Weg dorthin verlief nach dem Bericht des Pfarrers R. Berger[1] in mehreren Etappen. Der erste Versuch, die Vesper in Verbindung mit der Abendmesse an den großen Festen (Weihnachten, Ostern, Patrozinium) zu feiern, scheiterte an der Hürde der Psalmodie. „Irgendwie waren die Psalmen doch noch zu fremd; es kam kaum Freude auf." – Ein zweiter Anlauf, es zunächst mit der Sonntagsvesper zu versuchen, wurde vom Erscheinen des „Gotteslob"-Buches inspiriert (1975). Die

Verbindung mit der Sonntagabendmesse wurde fallengelassen; stattdessen knüpfte man diesmal an das in der Pfarrei lebendige Rosenkranzgebet am Samstagabend an. So entstand die „Vorabendvesper". Der „Start mit der Sonntagsvesper des neuen Buches" wurde bewußt auf das in Altbayern sehr beliebte Kirchweihfest gelegt. Der Anfang war lange und gut vorbereitet und wurde entsprechend festlich begangen: „Die Ministranten hatten wochenlang mit unserem Chorleiter die Psalmen eingeübt und übernahmen die eine Chorhälfte der Psalmodie; Pfarrer und Kaplan stützten die Volksseite beim Psalmengesang. Der feierliche Einzug, ein herzliches Wort des Priesters, Fackelträger und Inzens zum Magnificat – all das schuf eine freudige Einstimmung zum Kirchweihtag..." Diese gelungene Feier der Vorabendvesper rief rasch nach Wiederholung bei anderen festlichen Anlässen.

Als nächster Schritt wurde im folgenden Jahr die Adventvesper nach dem „Gotteslob" eingeführt. Diese wurde in der letzten Adventwoche zur unmittelbaren Vorbereitung auf das Weihnachtsfest jeden Abend gesungen. Vor allem der Gesang der O-Antiphonen, deren fremde Schönheit eine jeweils ausgewählte Lesung und ein erschließendes Wort des Pfarrers zum Leuchten brachte (zum Magnificat läutete überdies die große Glocke), ließ diese Vespergottesdienste zu „kleinen, besinnlichen vorweihnachtlichen Feiern" werden, die bei den Teilnehmern großen Anklang fanden. – Dem Wunsch nach Wiederholung im Advent des nächsten Jahres folgte der Vorschlag aus dem Beterkreis, sich doch auch in der weihnachtlichen Festoktav zur täglichen Feier der Vesper zu treffen. Ganz ähnlich dann bei der Weltgebetsoktav im Januar... Eine entscheidende Hilfe bei der Durchführung bot das inzwischen erschienene „Vesperbuch zum Gotteslob" (1979). „... und so wurde es im Lauf des Jahres 1980 selbstverständlicher Brauch, daß sich ein kleiner interessierter Kreis täglich um 17.30 Uhr, im Sommerhalbjahr um 19.00 Uhr in der Kapelle trifft und die Vesper mit Hilfe des ... Vesperbuches singt. An den Samstagen schließt sich seither regelmäßig die Vesper an den Rosenkranz an...; vor allem Männer kommen eigens zur Vesper und freuen sich über diesen Auftakt zum Sonntag. An den Sonntagen wurde nach einigem Probieren die feierliche Vesper ohne Konnex mit der Abendmesse auf 18.00 Uhr festgelegt; denn es wurde deutlich, daß Vesper und Abendmesse einen ganz verschiedenen Interessentenkreis haben."

Trägerkreis

Zu dem kleinen, festen Kern, der diese tägliche Vesperliturgie trägt, gehörten am Anfang einige Schwestern, die ihre Niederlassung in der Nähe der Pfarrkirche hatten. Vor allem aber wirkten vom ersten Tag an der Mesner und der Kirchenmusiker engagiert mit. „Immer wieder kommen auch Ministranten." Ältere Burschen, die als Buben in der Vesper Vorsängerdienste innehatten, singen nach der Stimm-Mutation in der Regel gerne wieder mit. „Im Schnitt kommen am Werktag ein Dutzend Leute; ... je nach Anlaß und Jahreszeit können es auch bis zu zwanzig werden. An Samstagen und Sonntagen nehmen an die vierzig Leute an der Vesper teil, an Festtagen sind es weit über hundert. Im Gegensatz zu anderen Gottesdiensten sind fast die Hälfte der Teilnehmer Männer."

Zur Gestaltung der täglichen Vesper

Von Anfang an wurde die Vesper *gesungen*: „Sie ist überhaupt nicht anders in das Bewußtsein der Leute eingedrungen." Als gute erste Hilfe für den Gesang der täglichen Werktagsvesper wird von den Teilnehmern das „Vesperbuch zum Gotteslob" benutzt; am Sonntag reicht für gewöhnlich das „Gotteslob". Das Defizit an guten Hymnen, das Fehlen von geeigneten Magnificat-Antiphonen zum Sonntagsevangelium u. a. m. wurden im Lauf der Zeit durch Stücke aus dem Stundenbuch, aus dem „Christuslob" und in wenigen Fällen aus dem „Antiphonale" ausgeglichen.

Die Erfahrung mit der täglichen Vesper zeigte, daß die *Schriftlesung* mit dem Kleinen Stundenbuch auf Dauer zu kurz gerät und bereichert werden muß. Darum nimmt man zur Vesper am Sonntag regelmäßig die Epistellesung der Messe, an werktäglichen Heiligengedenktagen „diejenige Lesung aus dem Meßlektionar, die bei der Meßfeier nicht zum Zuge gekommen war." Als wesentliche Hilfe bei der regelmäßigen Feier der Vesper erwies sich auch „die gelegentliche Betonung des einen oder anderen Elementes, notfalls bei gleichzeitiger Kürzung anderer Bauteile, vor allem der Psalmodie." Als Beispiel nennt Pfarrer Berger das Luzernar, das zusammen mit einem Lichthymnus und einer Lichtdanksagung der Vesper ein feierliches Profil geben kann, vor allem im Advent und in der Fastenzeit. Auch durch musikalische Gestaltung, etwa einen festlichen Magnificatgesang des Chores, bekommt das Ganze einen besonderen Akzent.

Das wichtigste Element aber für die Lebendigkeit einer Gemeindevesper ist „ein, wenn auch ganz kurzes, *persönliches Wort* der Besinnung." Anfangs stand es gleich zu Beginn der Feier als Erklärung von Aufbau und Texten. In der Regel aber ist es gedacht als „Hilfe zu einem persönlichen Betroffensein von der Stunde: es blickt zurück auf den Tag und will ihn begreiflich machen als ein Geschenk des Schöpfers; es blickt voraus auf die Nacht und will das Dunkel des Lebens in der Begegnung mit Christus erhellen helfen ... Dazu bieten sich viele Texte, oft einzelne Psalmverse an, aber auch Gebärden, Kreuzzeichen und Aufstehen, Licht und Weihrauch, die durch einen besinnlichen Hinweis für viele ganz unvermittelt zu sprechen beginnen ... Ohne ein solches lebendiges persönliches Wort würde die tägliche Vesper mit der Zeit für viele zu einem Formalismus erstarren; so aber kann sie echte Lebenshilfe sein, die dazu beiträgt, den Tag im Licht des Glaubens zu sehen ..."

2. Tägliche Laudes: Modell St. Peter – Aachen

Wie es dazu kam

Seit langem ist in der Stadtpfarrei St. Peter in Aachen die tägliche Abendmesse im Anschluß an den Rosenkranz fester Brauch. Der Morgen hingegen hatte seit der Streichung der Kaplansstelle keinen gemeinsamen gottesdienstlichen Beginn mehr. Vor allem ältere Menschen empfanden diese Lücke.

Die Suche nach einem pfarrlichen Morgengebet begann mit einer Verlegenheitslösung. Zur Gestaltung der Pfingstnovene, so schreibt der Pfarrer der Gemeinde Anton Jansens, „war uns nichts anderes eingefallen als die Andacht zum Heiligen Geist, wie sie im ‚Gotteslob' steht."[2] Daß dazu jeden Morgen zwischen zehn und zwanzig Mitbeter erschienen, ermutigte, zu Advent und Fastenzeit wieder zu dieser Art „Frühschicht für ältere Menschen" einzuladen. So blieb es etwa zwei Jahre lang. – Für Pfarrer und Beter war es dann gleichermaßen eine befreiende Entdeckung, daß die Kirche für die Gemeinde seit ältesten Zeiten eine eigene Morgenliturgie bereithält: „Als wir uns daranmachten, unserem gemeinsamen Morgengebet die Form der Laudes zu geben, fiel es uns allmählich wie Schuppen von den Augen ..." Heute nennen sie die Laudes nicht ohne Stolz „den Morgengottesdienst unserer Gemeinde".

Für den noch unregelmäßigen Anfang genügte das (einzige) Laudesformular im „Gotteslob". Aber bald suchte man nach einem zweiten. Da die älteren Menschen nicht jedes Mal ein neues Formular wollten, kam das Kleine Stundenbuch dafür nicht in Frage. Man griff zur Selbsthilfe: „Wir stellten uns selbst ein Heft zusammen, suchten Psalmen aus, sammelten besinnliche Texte anstelle der Homilie, brauchten Fürbitten, benötigten so etwas wie einen Schlußsegen." Aus den Reihen der Beter kam dann eines Tages der Anstoß zum *täglichen* Beten. „Irgendwann ... fragte die hochbetagte Hanna aus unserer Gemeinde: ‚Und warum beten wir nicht das ganze Jahr hindurch die Laudes? Ich würde es einfach probieren. Und wenn nur fünf kommen'. Seitdem beten wir die Laudes jeden Tag, jeden Morgen." In den letzten Jahren waren es noch nie weniger als zehn Beter, die sich dazu in der Werktagskapelle zusammenfanden.

Formale Gestaltung

Die täglichen Laudesgottesdienste orientieren sich am Schema der „Gotteslob"-Laudes. Zu den verschiedenen Zeiten im Kirchenjahr wählt man aus dem Psalmenschatz des Gesangbuches drei Psalmen aus. Der Hymnus wird gesungen, die

Psalmen dagegen im Wechsel von zwei Seiten gesprochen (vorerst: „ob wir sie einmal alle singen werden?"); die dazugehörigen Antiphonen singt der Organist vor, die Gemeinde wiederholt sie. Ein Lektor („Für jeden Tag ist ein Lektor bestimmt") liest die Tageslesung aus dem Meßlektionar, die in der Messe am Abend nochmals zu Gehör kommt; dem Antwortgesang folgt ein kleiner „Abschnitt aus einem der zahlreichen Bücher mit Anregungen für jeden Tag", dem Benedictus Fürbitten aus dem Kleinen Stundenbuch. „Das gesungene Vaterunser und der Aaronssegen (Num 6, 24–26) beschließen den Gottesdienst."

Laudes: der Morgengottesdienst der Gemeinde

„Da wir die Laudes zu Recht als den Morgengottesdienst unserer Gemeinde ansehen, versuchen wir mit Geduld und Erklärung, alle Anliegen ... der Gemeinde in dieses gemeinsame und öffentliche Gebet mit hineinzunehmen ... Natürlich ist es nicht einfach, diese neugewonnene (alte) Sicht allen Gläubigen einsichtig zu machen. Etwa im Fall des Gebetes für einen Verstorbenen aus der Gemeinde an seinem Begräbnistag, wenn die Trauernden zu den Laudes am Morgen eingeladen bzw. auf die Gemeindemesse am Abend verwiesen werden. Aber das Ziel bleibt klar: Unser Morgengottesdienst ist die Laudes, unser Abendopfer bleibt die Eucharistie."

Begleitende Maßnahmen

Um die Gläubigen mit dem Geist der *Psalmen* vertraut(er) zu machen, nützt der Pfarrer alle seelsorglichen Gelegenheiten: den Kinder- und Schulgottesdienst („Dabei wissen die Kinder: diese Gebete hat Jesus gebetet"), die psalmodische Danksagung nach der Kommunion bei den Werktagsmessen, die monatliche Bibelrunde, manche Predigt, das Gespräch mit älteren Menschen: „flankierende Maßnahmen, um den Gläubigen das Psalmengebet zu erschließen".

„Ein Gottesdienst, der ohne Priester möglich ist"

Der Pfarrer, der von Anfang an dabei war, nimmt selbstverständlich am Gebet der Gemeinde teil, so oft er kann. Aber er ermuntert die Gläubigen zur Selbständigkeit, indem er sie an der Vorbereitung teilhaben läßt. Ist er aus triftigen seelsorglichen Gründen verhindert, übernimmt einer der Anwesenden die Leitung der Feier. Wegen Abwesenheit des Pfarrers ist jedenfalls noch keine Feier ausgefallen. Ein gelegentliches Wort über den „Wert dieses welt- und zeitumspannenden Gebetes" fördert nicht nur die Mündigkeit der Laudesbeter, sondern stärkt auch ihre Durchhaltekraft.

3. Täglich Laudes – Mittagsgebet – Vesper: Modell St. Maria – Stuttgart

Ein reiches Gottesdienstangebot

Ein Blick auf das Angebot der Gottesdienste im Gemeindebrief von St. Maria, einer von ihrer Struktur her schwierigen Großstadtpfarrei im Zentrum von Stuttgart, überrascht sofort: der tägliche Rosenkranz und die (darauffolgende) tägliche Messe am Abend werden jeden Morgen von einem „Morgenlob" (7.30 Uhr) und jeden Mittag von einem „Mittagsgebet" begleitet. Der ganze Tag ist von einer regelmäßigen Tagzeitenliturgie gerahmt. Dazu kommt (vor großen Festen und in den geprägten Zeiten des liturgischen Jahres) die Vigil am späten Samstagabend als Auftakt für den Sonntag oder das Fest sowie die Vesper an jedem Sonntag, die die Feier des Herrentages der Gemeinde beschließt.

Dieser tägliche Rahmen einer Tagzeitenliturgie ist mühsam im Laufe vieler Jahre gewachsen. Auf ihrer Suche nach einer Gemeindespiritualität hatten die Priester und Laien der Stuttgarter Fraternität verschiedene Schritte unternommen, immer bewegt von der Frage: Wie läßt sich heute die Solidarität mit den Armen und Schwachen – der eine Pol der Pastoral – authentisch verbinden mit einer gemeindlichen Feier des Gotteslobes? Zunächst, in einer noch eher individualistisch verengten Sicht, betete man im Oratorium des Pfarrhauses gemeinsam Laudes und Komplet. Erst der Ortswechsel nach einigen Jahren zu den morgendlichen Laudes in die Pfarrkirche (1981) machte allmählich bewußt, daß das Morgenlob nicht (eigentlich) das Gebet der „Hauptamtlichen" für die Gemeinde, sondern das Gebet der Gemeinde selbst ist, die sich zum Lobe Gottes versammelt. „Wir entdeckten die lange Tradition der Kirche im gemeinsam gefeierten Gebet", schreibt Pfarrer Peter Arnold[3]. Laudes (Dienstag bis Freitag) und Vesper (zweimal wöchentlich) bestanden zu jener Zeit aus einer gemischten Form von „Gotteslob"- bzw. Taizé-Gesängen, einer Lesung mit langer Meditationsstille, den lukanischen Hochgesängen und dem Bittgebetteil des Stundenbuches. Auf der Suche nach einer gemäßeren Form einer gemeindlichen Tagzeitenliturgie stieß man schließlich 1984 auf das französische Modell der Apostolischen Mönche der Stadtpfarrei St. Jean de Malte im südfranzösischen Aix-en-Provence, das die weitere Richtung von St. Maria entscheidend beeinflussen und prägen sollte.

„Chorgebet des Volkes Gottes"

Was man dort vorfand, war „das ..., was wir schon lange für unser Leben als Fraternität und für die Spiritualität unserer Gemeinde gesucht hatten"[4]. In der 10 000-Seelen-Pfarrei St. Jean de Malte war in langjähriger Gemeinschaftsarbeit ein „Chorgebet des Volkes Gottes" entstanden: „ein zusammenhängendes musikalisch-textlich Ganzes ..., das den vielfältigen Reichtum des liturgischen Erbes der Kirche, der westlichen und der östlichen, umfaßt" und bestrebt ist, „dem Volk Gottes seine eigene Liturgie wiederzugeben ...; den Getauften die tiefen Quellen ihres spirituellen Lebens wieder zu erschließen"[5].

Laudes und Vesper als tägliche Eckhoren bauen zwar auf dem klassischen Schema der römischen Tradition auf, ergänzen dieses aber bewußt um wesentliche Volkselemente aus der frühen Kathedralliturgie. Durch die Anschaulichkeit der Zeichen(handlungen) sowie durch die einfache Mehrstimmigkeit eines Großteils der Gesänge entsteht eine Feiergestalt und Atmosphäre, die den feiernden Menschen in seiner Ganzheit anzusprechen vermag. Geistlicher Sinngehalt und jeweilige Ausdrucksgestalt der Feier werden durchsichtig füreinander. Die Laudes sind ein „Freudengebet" an den auferstandenen Herrn, „das aufstrahlende Licht aus der Höhe"[6]. In ihr wird an jedem Tag der Woche das Gloria (als alter Morgenhymnus) gesungen, gefolgt von einem „Lobpreis auf die Schöpfung" (anhand der sieben Schöpfungstage der Woche), in dem auch die Neuschöpfung der Welt durch Christus zur Sprache kommt; nach alter Tradition der Kirche gehört zur täglichen Psalmodie einer der sogenannten Königspsalmen oder ein Laudatepsalm: sie lassen die ganze Schöpfung einstimmen in das Lob auf die Macht der Auferstehung ihres Herrn; den Abschluß bildet eine nach ostkirchlichen Melodien gesungene Loblitanei am Morgen, die in das Herrengebet ausmündet.

Die Vesper als „Gebet des Vertrauens und des Sich-Überlassens" an den lebendigen Herrn, „das ewige Licht, das keine Dunkelheiten kennt"[7], wird regelmäßig eröffnet mit einem schlichten Luzernarium: Die versammelte Gemeinde singt zum Entzünden der Lichter eine Neufassung des uralten Lichthymnus „Phos hilaron" („Du Licht vom Lichte"); dessen letzte Strophe nimmt den Weihrauchvers (Ps 141,2) auf, zu dessen Gesang der Vorsteher eine Schale mit entzündetem Weihrauch emporhebt: „Wie der Weihrauch steigt das Gebet dir entgegen, allmächtiger Gott ..." Die Sprache der Zeichen gibt zusammen mit der an Bibel und Vätern geschulten Sprache der Gesänge dem Feiernden eine Anschauung des besungenen Heils. Gerade durch die tägliche Wiederkehr bestimmter gleichbleibender Texte und Gesänge entsteht im Laufe der Zeit ein kostbarer Gebetsschatz, der – auswendig gekonnt – sich in den tieferen Schichten der Betenden einwurzelt.

Zwischen Ideal und Wirklichkeit

Freilich: Die Hoch- und das heißt die Vollform dieser Tagzeitenliturgie läßt sich in St. Maria nur zu den Hochzeiten des Kirchenjahres verwirklichen. Wer einmal die Weihnachts-

oder Osternachtsvigil in der großen Hallenkirche mitgefeiert hat, weiß um die ansteckende Kraft der festlichen Gesänge, wenn sie von einer gut eingesungenen Schola angeführt werden. Aber wo steht schon werktags eine Schola zur Verfügung? So muß sich die werktägliche Tagzeitenliturgie für gewöhnlich, aus Mangel an genügend sicheren Sängern, mit einstimmigen Melodien begnügen; jeder Teilnehmer an Laudes oder Vesper hat neben dem Buch mit den mehrstimmigen Gesängen auch das „Gotteslob" zur Hand. Je nach Situation und Möglichkeit der Versammlung ergänzen sich dann einfacher und festlicher Gesang. Es genügt freilich schon ein einziges, bekanntes mehrstimmiges Stück, um dem Ganzen eine feierliche Atmosphäre zu geben.

Am schwersten haben es, trotz längster Tradition, noch immer die Laudes. Gut angenommen sind inzwischen die Samstagslaudes (8.30 Uhr) mit anschließendem gemeinsamen Frühstück im nahegelegenen Treffpunkt der Gemeinde sowie die sonntägliche Vesper, zu der gewöhnlich ein kleiner Kreis der Scholasänger zugegen ist. Gut besucht sind im Durchschnitt die für 21.00 Uhr angesetzten Vigilien: offenbar nach Zeitwahl und Form die beste Einstimmung auf den Sonntag bzw. das bevorstehende Fest.

Während man Laudes, Vesper und Vigilien im dafür vorzüglich geeigneten Chorraum der großen Marienkirche feiert, wird das tägliche Mittagsgebet in der kleinen Sakramentskapelle gehalten. Zu den Gebetszeiten sind nach Möglichkeit alle drei Priester anwesend. Zum täglichen Kern der Betergemeinde gehört von Anfang an auch der Mesner, der die tägliche Feier der Tagzeitenliturgie durch seine regelmäßige Teilnahme ganz selbstverständlich mitträgt.

Tagzeitenliturgie als Fundament der Gemeindepastoral

Hinter dem Gottesdienstprogramm von St. Maria verbirgt sich ein pastorales Konzept: regelmäßige Tagzeitenliturgie als das geistliche Fundament, auf dem alle Seelsorge aufbaut. Was in der Gemeinde täglich an dienender und helfender Liebe geschieht, will Echo des Lobes auf Gottes rettende österliche Liebestat an ihr sein. Aller unermüdlicher Einsatz in Verkündigung und Diakonie, alle Sorge um die Schwachen und Armen gehen von dem unablässigen Lob auf Gott aus und münden darin wieder ein. Denn von Gottes endgültiger Zusage in Christus lebt die Gemeinde Tag für Tag, ob sie es wahrnimmt oder nicht. Lobpreis Gottes und Liebestat am Bruder sind wie die beiden Ruder des Bootes, das die Gemeinde ist; fehlt eines davon, dreht sich das Schiff im Kreis, um sich selbst. Erst beide zusammen halten es in Bewegung: auf Gott und auf die Schwestern und Brüder hin.

II. Lernen am Modell

1. Ein langer Weg

Der Weg zur regelmäßigen Tagzeitenliturgie einer Gemeinde ist, wie die Beispiele zeigen, in der Regel ein langer Weg, der sich über Jahre hinziehen kann und Umwege nicht ausschließt. Rechter Zeitansatz, konkrete Feierform, einzelne Gestaltungsfragen u. a. m. wollen in praxi erprobt werden. Das braucht Zeit und vor allem Geduld. Alle Modelle zeigen: Man darf sich von Fehl- oder Rückschlägen nicht entmutigen und von der (zumindest anfänglich) geringen Teilnehmerzahl nicht beirren lassen. „Und wenn nur fünf kommen!" Wie das Aachener Beispiel sichtbar macht, ist es richtiger, mit dieser Einstellung anzutreten als den Versuch „wegen mangelnder Teilnahme" vorzeitig abzubrechen.

2. Bedeutung des Wochenendes

Bemerkenswert scheinen die Ansätze, das Wochenende (Freitagabend bis Sonntagabend) für Laudes- bzw. Vesperfeiern in der Gemeinde zu nutzen. Das Wochenende bedeutet für viele einen Einschnitt und schafft den nötigen Freiraum von Berufs- und anderen Verpflichtungen, die sie für geistliches Tun empfänglich macht. Das zeigt etwa der gelungene Versuch, die Laudes am Samstagmorgen (nicht zu früh angesetzt) mit einem schlichten Frühstück der Teilnehmer zu verbinden;

oder durch eine Vorabendvesper bzw. Vigil am Samstagabend die Gläubigen auf den beginnenden Sonntag bzw. Festtag einzustimmen. Als nichteucharistische Gottesdienste können Laudes bzw. Vesper für den Sonntag und seine Gestaltung disponieren. In der Praxis sollte darum das Meßangebot für Samstag- bzw. Sonntagabend unter benachbarten Pfarreien so abgesprochen werden, daß zwar die berechtigten Wünsche der Gläubigen zum Zuge kommen, aber auch andere Formen des Gottesdienstes in den Gemeinden wieder zum Leben erweckt werden können. Erfahrungsgemäß wird gerade die Sonntagsvesper, wenn sie einmal Fuß gefaßt hat, von vielen Gläubigen gerne angenommen. Sie bildet nochmals einen Raum, in dem die Feier des Herrentages nachhallt und ausklingt. Sowohl in Pfarr- wie in Domkirchen kann sie zu einer Tradition werden, die die Gläubigen nicht mehr missen möchten [8].

3. Intensivzeiten

Wichtig auf dem Weg zu einer (regelmäßigen) Tagzeitenliturgie ist der Ansatz bei kürzeren bzw. längeren Intensivzeiten mit täglichem Morgen- oder Abendlob (z. B. letzte Adventwoche: 17.–24. Dezember; die Weihnachtsoktav; die ökumenische Gebetswoche; Karwoche und Osteroktav; Adventszeit, Fastenzeit, Osterzeit …). In ihnen kann eine erste positive Erfahrung mit dem Rhythmus dieses Betens gemacht werden: die Ahnung, daß Regelmäßigkeit trägt. Unter den Feiernden entstehen menschliche Beziehungen; sie entdecken miteinander die Lebenskraft der Texte und wie diese ihnen helfen, die Feste nicht nur punktuell zu feiern, sondern betend vorzubereiten und nachklingen zu lassen.

4. Initiativen von seiten der Beter

Der entscheidende letzte Schritt vom gelegentlichen zum täglichen Beten geht dann meist „von unten" aus: er kommt als Anregung, Wunsch oder Bitte von Seiten der Beter. Viel hängt freilich davon ab, wie dies vom Pfarrer und den anderen Seelsorgern/innen aufgenommen wird.

5. Rolle des Priesters bzw. Seelsorgers

Die Rolle des Priesters in diesem ganzen Prozeß ist von nicht zu unterschätzender Bedeutung. Seine Einstellung kann Initiativen ermutigen, ebenso jedoch verhindern. In der Regel wird auch der Pfarrer eine Entwicklung durchmachen, vom „Brevierbeter", der er oft noch ist, zum Mitbeter in seiner Gemeinde. Die Entdeckung, daß die Tagzeitenliturgie als „das öffentliche und gemeinsame Gebet des Volkes Gottes" nicht das Hobby einiger besonders Frommer, sondern „eine der Hauptaufgaben der Kirche" (vgl. AES 1) ist, kann es einem „wie Schuppen von den Augen fallen" lassen und Anfang einer echten Bekehrung sein, wie das Aachener Modell zeigt. Die engagierte Unterstützung derer, die den Pfarrer um Hilfe beim gemeinsamen Beten bitten, steht gegen jene häufig begegnende Abwehrhaltung, bei der den Gläubigen unterstellt wird: „Die Leute mögen das (diese Art des Betens) nicht!"

6. Tragende Gruppierungen

Auch für die Frage nach möglichen Trägergruppen der Tagzeitenliturgie ist aus unseren Modellen zu lernen. Kinder und Jugendliche (als Ministranten, u.U. Erstkommunionkinder und Firmlinge) einerseits und ältere Menschen andererseits können dabei eine wichtige Rolle übernehmen. Warum sollten etwa junge heranwachsende Menschen, unter entsprechender Anleitung und Schulung, nicht als Lichtanzünder beim Luzernar, als Psalmensänger, Vorsänger, Lektor von Lesungen oder Fürbittsprecher zum Zug kommen können?[9] Warum sollten, wo es einen Kinderchor oder eine Jugendschola gibt, diese nicht gelegentlich in die Gestaltung mit einbezogen werden? Das Aachener Modell aber zeigt, wie ansprechbar ältere Menschen für die elementare Aufgabe stellvertretenden Betens in Gemeinschaft sind, wenn der Pfarrer sich ihnen mit Rat und Tat, ermutigend und bestätigend zur Seite stellt. Nach meiner Überzeugung wird das geistliche Glaubenspotential älterer Menschen in vielen Gemeinden zu wenig wahr- und ernstgenommen. Gerade die Laudes, die für Berufstätige so gut wie nicht in Frage kommen, könnten, zu einem späteren Zeitpunkt angesetzt, in vielen Fällen von einer festen Gruppe von Senioren getragen werden; für manchen sicherlich nicht nur eine persönliche Aktivierung seines Glaubens, sondern darüber hinaus ein willkommener religiöser Treffpunkt am Morgen, auf den man sich von Mal zu Mal freuen kann [10].

7. Pfarrliche Gestalt

Die Suche nach einer pfarrlichen Gestalt der Tagzeitenliturgie orientiert sich in allen Modellen mehr oder weniger am Grundschema des Stundenbuches (bzw. des „Gotteslob"). Dabei ist man sich wohl bewußt, daß das GL „noch nicht wirklich das Liturgiebuch für das tägliche Gebet unserer Gemeinden" [11] ist. Die zu einer „Liturgie des Volkes Gottes" nötige Auswahl, Akzentuierung und Anpassung an Situationen und Möglichkeiten der Gemeinde ergeben in concreto eine sehr verschiedene Feiergestalt. Das Stuttgarter Modell zieht dabei am konsequentesten die Folgerungen aus einer zu nüchternen, weil einseitig wortlastigen Liturgie, indem es musikalische und symbolische Elemente einsetzt, die der feiernden Gemeinde zu einem freudigen und ganzheitlichen Vollzug verhelfen. Wahrhaftigkeit ist gefragt: *Was* gefeiert wird, soll im *Wie* der Gestalt und Gestaltung sichtbar und hörbar werden.

8. Psalmen und Psalmodie

Als größte Schwierigkeit, nicht selten als das entscheidende Hindernis für die Einführung der Tagzeitenliturgie, erweist sich immer wieder der Komplex „Psalmen und Psalmodie". Ohne Psalmen aber keine Tagzeitenliturgie! Die Erfahrung zeigt, daß ohne die persönliche Vertrautheit des Leiters der Feier mit dem Geist der Psalmen die Hemmschwelle zu groß ist, um damit an andere heranzutreten. Und weiter: Das Problem kann gewiß nicht allein innerhalb der Feiern gelöst werden; es bedarf langfristiger flankierender Hilfen, wie etwa der Pflege des sogenannten Antwortpsalms in der Messe; des erschließenden Wortes zu einem gesungenen Psalmvers oder

Psalmbild; der Heranführung der Schulkinder an einzelne Psalmen ebenso wie des Psalmengesprächs mit älteren Menschen usw. – Gerade bei der Psalmodie zeigt sich, wie unerläßlich die Mitwirkung des verantwortlichen Musikers in der Pfarrei ist. Ideal ist es, wenn Pfarrer und Musiker sich im Bemühen um eine lebendige Tagzeitenliturgie verstehen und zusammenwirken; für die Gemeinde könnte daraus im Laufe der Zeit Ungeahntes erwachsen.

9. Verquickung von Tagzeitenliturgie und Eucharistie

Die Verquickung von Laudes/Vesper mit der Feier der Eucharistie (sog. Integration) hat sich – gerade im Fall der täglichen Messe (Stuttgart) – als nicht günstig erwiesen. Sie sollte ein „pastorales Zugeständnis" (B. Fischer) bleiben. Denn es kommt dabei nicht nur die Eigengestalt der Tagzeitenliturgie ungenügend zur Darstellung; sondern in der Tagzeitenliturgie und Messe wird die eine christliche eucharistia auf zwei verschiedene Weisen gleichzeitig gefeiert. Das kann, jedenfalls auf Dauer, dem Profil beider nur schaden.

Vorreiter wie die dargestellten Gemeinden (und manche anderen, die nicht genannt worden sind) haben in unserer heutigen Situation beispielhafte Bedeutung: Sie machen anderen Mut zur eigenen Initiative, zeigen an ihrem Weg, daß und wie es gehen kann, und vor allem, daß der Weg nur im gemeinsamen Suchen und Lernen aller nach vorn einem lohnenden Ziel entgegenführt.

III. Perspektiven zur Rettung des täglichen Gottesdienstes

1. Zielvorstellung: Kein Tag ohne Gottesdienst der Gemeinde

Von jeher „gehörte das österliche Lob an jedem Tag ... zum Existential kirchlichen Lebens"[12]. Aus dem Wesen der Kirche ergibt sich die Zielvorstellung: nach Möglichkeit kein Tag ohne öffentlichen Gebetsgottesdienst der Gemeinde.

Um den täglichen Gottesdienst in den Gemeinden ohne (regelmäßige) Eucharistie zu retten, aber auch um die eucharistische Eintönigkeit in den Gemeinden mit (täglicher) Eucharistiefeier zu überwinden, bedarf es einer liturgischen Strategie.

a) Notwendigkeit einer „liturgischen Strategie"

Erklärtes Ziel ist es, „anstelle immer weniger Priester immer mehr Messen vorstehen zu lassen, die Gemeinden, d. h. die Laien, dazu zu befähigen, das Tagzeitengebet am Morgen und Abend als den werktäglichen Gottesdienst zu feiern"[13]. Wie kann Frauen und Männern aus den Gemeinden dazu geholfen werden, ihre tragende Rolle beim Gemeindegebet zu erkennen und in die Form des werktäglichen Gottesdienstes umzusetzen? Auf dieses Ziel sollte nach Möglichkeit in Gemeinde, Dekanat und Pfarrverband der Einsatz der vorhandenen Kräfte sorgfältig abgestimmt werden.

In Gemeinden ohne eigenen Priester

Der Wunsch von Konzil und Synode, die pfarrliche Tagzeitenliturgie wiederzubeleben, betrifft besonders dringlich jene Gemeinden, in denen nur noch gelegentlich an Werktagen Eucharistie gefeiert werden kann. Hier ist die Abwechslung von Laudes und Vesper mit anderen Formen gemeinschaftlichen Betens zu empfehlen, etwa Frühschicht am Morgen, Rosenkranz, Litaneiengebet oder eine Andacht (wenn noch vorhanden) am Abend.

In Gemeinden mit täglicher Eucharistie

Da zur täglichen Messe erfahrungsgemäß ein bestimmter enger Kreis von Teilnehmern kommt, wendet sich das erweiterte Gottesdienstangebot bewußt auch an solche Christen, die mit der Messe überfordert sind, sich aber von der offeneren Form von Laudes und Vesper ansprechen lassen, in deren Feier sie ihren oft noch anfanghaften Glauben leichter einbringen können. „Ideal wäre eine Gemeinde mit täglichem Morgenlob und Abendlob, wobei die Eucharistiefeier am Morgen oder Abend für das jeweilige Tagzeitengebet eintritt"[14], wie es die vorhin besprochenen Modelle praktizieren. In zentral gelegenen Stadt- oder Klosterkirchen mit mehreren Priestern, etwa in mancher großstädtischen Fußgängerzone, ließe sich sogar an die tägliche Trias: Laudes am Morgen, Eucharistiefeier mittags, Vesper am Abend denken.

b) Tagzeitenliturgie im Kontext anderer Gottesdienstarten

In die gottesdienstliche Planung werden auch jene anderen nicht-eucharistischen Gottesdienstformen einbezogen, die in den Pfarreien entweder seit langer Zeit bestehen oder sich inzwischen neu gebildet haben. Es bleibt im Laufe des Kirchenjahres genügend Platz für ihre verschiedenen Spielarten.

Beispiele traditioneller oder neueingeführter Gottesdienste zeigen, wie sich bestimmte Feiern großer Beliebtheit erfreuen; so z. B. die Adventskranzsegnung, der Jahresschlußgottesdienst, die sogenannte Maiandacht, das Totengedenken zu Allerheiligen u.a.m.: alles Anlässe, „die zu Herzen gehen", lauter gemeinschaftliche Feierformen, bei denen das Leben des einzelnen bisweilen unmittelbarer angesprochen wird als in der Feier der Eucharistie.

Dazu kommen *meditative Formen* gemeinsamen Betens: das Rosenkranzgebet, das Litaneiengebet, der Kreuzweg, die eucharistische Anbetung, aber auch Andachten im engeren Sinn, in denen ein Thema des Glaubens im Wechsel zwischen Leiter und Volk betend betrachtet wird. Sicher sind manche vorhandenen Formen nach Gehalt und Gestalt zu überprüfen und, wenn nötig, zu revidieren, durch neue Elemente anzureichern und zu vitalisieren. Aber grundsätzlich muß das Bewährte behalten, das neu Entstehende gefördert, das Wachsende begleitet werden. Für alle außereucharistischen gemeindlichen Gebetsweisen gilt wie für die Feier der Eucharistie stets, daß sie dem Lebensgefühl und der Situation des heutigen Menschen entsprechen müssen; sie dürfen auch einer gewissen Festlichkeit nicht entbehren. „Ein Fest zu feiern ist nicht primär eine Sache des Aufwandes als vielmehr der Kultur... Unsere auf Funktionieren und Wirtschaftlichkeit ausgerichtete Zeit bedarf zu ihrer Gesundung in besonderer Weise der Zwecklosigkeit, der Ekstase und der Phantasie des Festes."[15] Dem Profil all dieser verschiedenartigen Feiern käme es zugute, wenn sie von einer recht gefeierten Tagzeitenliturgie lernen könnten, einerseits einem allzu unbedarften Subjektivismus zu steuern, andererseits bei der Gestaltung auf Klarheit, Transparenz und den Glanz einfacher Festlichkeit zu achten.

2. Geistliche Motivation

Wie etwa im Falle der Einführung von sonntäglichen Wortgottesdiensten muß die Gemeinde über längere Zeit auf die neue Situation mit der Tagzeitenliturgie vorbereitet werden. Dies kann in Predigten und Gesprächskreisen, über Pfarrgemeinderat und Liturgieausschuß, aber auch über altersspezifische Gruppen geschehen. Dabei ist die geistliche Motivierung der Gemeinde von entscheidender Bedeutung. „Grundlegend ist die Einsicht, daß es für die ganze Kirche eine innere Notwendigkeit ist, ‚nach dem Bild ihres Hauptes – Christus – eine betende Kirche zu sein'"[16]. Das betrifft zunächst die amtlich bestellten Beter (Bischöfe, Priester, Diakone, Ordensleute), die sich zum großen Teil noch immer im Gebet als Einzelkämpfer fühlen und nicht als Kern der Gebetsversammlung der Gemeinde, wie es in der Frühzeit der Kirche war. Es geht aber ebenso die Laien an, die ihre Aufgabe beim Gemeindegebet nicht mehr den „Spezialisten" überlassen „und auch ohne tägliche Messe die Berufung der Gemeinde zur täglichen Liturgie realisiseren können und sollen"[17]. Ohne geistliche Einsicht in die Lebensnotwendigkeit des täglichen Gottesdienstes kann die Not nicht gewendet werden. Wie in der Eucharistie feiert die Gemeinde in der Tagzeitenliturgie die Mitte des Christusmysteriums: In ihm vollbringt Christus das Werk der Erlösung an der versammelten Gemeinde. Deshalb ist die Tagzeitenliturgie keine Randerscheinung, die genauso gut entfallen kann; sie ist Wesensvollzug der Kirche. Wo die Gemeinde Gottesdienst feiert, da tritt ihr Wesen leibhaftig in Erscheinung. „Ihr Wesen aber ist der erhöhte Herr selbst als das Heil aller Menschen. Um der Präsenz des Heiles in der Welt willen ist werktägliche Liturgie notwendig."[18] Lebendiger Gottesdienst in Kirchen, die für jeden offenstehen, ist in unserer Zeit ein unverzichtbares Zeugnis. Gemeinsames tägliches Gebet der Gemeinde: nicht als Pflicht, sondern „als Aufatmen, Sammlung, neuer Impuls und Trittfassen ... Das Betenkönnen als das arme, alltägliche Geschenk des immer nahen Gottes, mit dem er unser Dasein reich macht."[19]

3. Die praktischen Probleme

a) Trägergruppen

Für die Praxis einer gemeindlichen Tagzeitenliturgie ist zunächst wichtig, daß sich Gruppen oder Gruppierungen finden, die bereit sind, das tägliche Gebet der Gemeinde mitzutragen und die Gestaltung einzelner Tagzeiten mitzuübernehmen. Wer kommt dafür in Frage?

Wo es schon freie Gebetsinitiativen gibt, etwa Früh- oder Spätschicht-Gruppen, könnten diese zur Mitarbeit eingeladen werden. Jedenfalls sollte ein guter Kontakt, nicht Konkurrenzdenken die einzelnen Gebetskreise miteinander verbinden. Das Beispiel etwa der Rosenkranzbeter in Bad Tölz zeigt, wie die meisten dieser Beterinnen und Beter sich auch für die Vesper gewinnen lassen, wenn *ihr* Gebet ernstgenommen wird und sie entsprechend in das neue, noch unbekannte Gebet eingeführt werden.

Als tragenden Kern für einzelne Tage ist zum Beispiel an Frauenkreise oder Familiengruppen zu denken, in dörflichen Strukturen an Vereine. Vielleicht ist bei der Suche nach Trägergruppen für die Tagzeitenliturgie auch eine Neubelebung einer Gebetsbruderschaft oder sogar eine Neugründung in heutiger Gestalt in Erwägung zu ziehen. Auch junge oder erwachsene Katechumenen kommen in Frage, für die das gemeinsame Gebet mit den anderen aus der Gemeinde eine Schule des Betens werden könnte, die Chance, ein wesentliches Stück der gemeinsamen Berufung aller intensiver kennen und lieben zu lernen.

Was aber die mögliche Trägerschaft älterer Menschen betrifft: In wie vielen Pfarreien gibt es, oft in wöchentlichem Turnus, einen Seniorennachmittag? Wie wäre es (wenigstens hin und wieder) mit einer Einladung an die Versammelten zu einem für sie und mit ihnen gestalteten Abendlob in der Kirche? Und warum nicht auch gelegentlich in den Seniorentreffs selbst eine Einführung oder ein Stück Einübung in den wichtigen stellvertretenden Dienst des Lobes und der Fürbitte? Könnte das nicht manchen Vereinsamten neuen Auftrieb und eine Bestätigung ihrer Wichtigkeit in der Gemeinde geben? Nicht wenige alte Leute beten für sich allein eine Art Stundengebet und äußern bei Gelegenheit, wie sehr sie eine gemeinsame Form des Betens in ihrer Gemeinde begrüßen würden. Warum nicht mit einer Seniorengruppe – wie im Modell von Aachen – eine „Senioren-Laudes" starten? Es bedürfte dazu nur einer einfachen Form mit möglichst sich wiederholenden gleichbleibenden Elementen, die das Gefühl der Beheimatung geben.

b) Leitung

Wer soll und darf die öffentlichen Morgen- und Abendgottesdienste leiten, wenn kein Priester oder Diakon anwesend ist? Wir sagten schon früher: Als Maßstab für eine heutige Form von Tagzeitenliturgie sollte eine Gebetsversammlung gelten ohne akademisch geschulten Leiter.

In der Einführung zum Stundenbuch wird ausdrücklich gewünscht, daß das Tagzeitengebet in der Familie und in Laienkreisen (vgl. AES 27) vollzogen wird. Hier ist also entweder Vater oder Mutter oder ein anderes Familienmitglied bzw. der Leiter der Gruppe auch Leiter des Gebetes. Die öffentliche Tagzeitenliturgie im Kirchenraum kann vom Bischof, Pfarrer, Diakon wie auch von einem dazu beauftragten Laien geleitet werden [20].

Es ist selbstverständlich, daß die Gemeinden, in denen werktags die Tagzeitenliturgie ohne Priester gehalten wird, auf ausgebildete Leiter/innen angewiesen sind. Die langfristig angesetzte Ausbildung und ebenso die weiterführende geistliche wie praktische Begleitung solcher Männer und Frauen oder auch geeigneter älterer Jugendlicher müßte einen pastoralen Schwerpunkt im Seelsorgekonzept einer Diözese bilden. Besonders gefragt sind hier natürlich auch die Laien im pastoralen Dienst.

c) Ausbildung

Wer aber schult und begleitet diese Gottesdiensthelfer? Die Frage einer gründlichen Ausbildung darf man nicht abschieben an die zuständigen Seelsorgeämter (in der Erwartung, von ihnen fertige Handreichungen zu erhalten). In dieser an den Lebensnerv der Kirche rührenden Frage müssen sich alle von der Notwendigkeit der Sache Überzeugten in Pfarrei und Dekanat, in den Pfarrverbänden und Seelsorgeregionen der Diözesen bis hinauf zu den für Seelsorge und Liturgie zuständigen Ämtern und Stellen zusammentun.

Die Gottesdiensthelfer dürfen auf keinen Fall sich selbst überlassen bleiben. Ihre ersten kompetenten Anwälte und Helfer sollten sie in den „Geistlichen" am Ort haben, d. h. in denen, die selber mit diesem Gebet vertraut und persönlich vom Wert dieser ältesten Form des täglichen Gotteslobes überzeugt sind. Wie fruchtbar die unmittelbare Hilfe des Pfarrers ist, demonstrieren die vorhin besprochenen Modelle.

So aber wird die Schulungsfrage der Laien zur Rückfrage an die Ausbildung der *Theologen und Geistlichen*. Was hält man dort von der Notwendigkeit einer *liturgischen Bildung* der künftigen Gottesdienstvorsteher? Welchen Stellenwert hat der tägliche Gottesdienst im Ausbildungsprogramm unserer Seminarien? Welche Hochschätzung genießt dabei die gemeinsame Übung von Morgen- und Abendlob? Ist der ganz konkrete Umgang mit dieser Art von Gottesdiensten ein wesentliches Element der liturgischen Ausbildungspraxis? Die Erfahrung zeigt, daß in der gemeindlichen Praxis nur schwer zu vermitteln ist, was einem in der eigentlichen Lehrzeit nicht zur persönlichen Übung geworden ist.

Weil das Anliegen und die Gestaltung aller pfarrlichen Liturgie Theologen (Priester wie Laientheologen) und Musiker gemeinsam angeht, muß auch die Anfrage an die Ausbildung unserer *Kirchenmusiker* erlaubt sein. Werden die Studierenden (egal ob A-, B- oder C-Musiker) auf ihre zentralen gottesdienstlichen Aufgaben in der Gemeinde liturgisch und musikalisch-praktisch hinreichend vorbereitet? Welche Rolle spielt dabei – um ein Kernproblem gemeindlicher Meß- und Tagzeitenliturgie herauszugreifen – die Psalmodie? Müßte nicht jeder Kantor darin geschult sein, den Psalmengesang der Gemeinde anzuführen, wenn möglich auch andere (Schola, Chor, Gemeinde) darin zu unterweisen? Geistlicher Sinngehalt und dazugehörige liturgische Grundgestalt von Laudes und Vesper sollten zum selbstverständlichen Übungsprogramm der Ausbildung gehören. Gerade die im Unterschied zur Messe offenere Form der Tagzeitenliturgie bietet eine große Palette an musikalischen Möglichkeiten, die nur entdeckt und genutzt werden müßten. Abgesehen von der festlichen Gestaltung etwa des Abendlobs an besonderen Festen durch Orgel- und Chormusik alter und neuer Meister [21] tut sich auch für einfache Feiern ein Feld für instrumentale Meditationsmusik, für den chorischen Einsatz von Kinder- bzw. Jugend-Schola auf, das noch weitgehend brach liegt.

Bei der musikalischen Begabung vieler junger Leute ließe sich auch daran denken, das Amt des *Jugendkantors* durch entsprechende Ausbildung und Aufgaben wieder attraktiv zu machen. Ansätze dazu, die Grund zum Optimismus geben, gibt es bereits [22].

4. Gemeindliche Tagzeitenliturgie: ein wesentliches Stück Seelsorge

a) Ein geistlicher Dienst

Überall dort, wo man sich um das Tagzeitengebet der Gemeinde bemüht, bedeutet dies zunächst ein Mehr an Arbeit. Was hier an Zeit, Geist und Kraft investiert wird, ist wahrhaft ein geistlicher Dienst beim Aufbau der Gemeinde, ein echtes und wesentliches Stück Seelsorge von Laien und Priestern zugleich. Das Sammeln und Gewinnen ganz verschiedener Menschen für diesen Dienst des Gebetes, das Suchen nach möglichen Trägern und Leitern, die Sorge um ihre Begleitung und Schulung, alles Motivieren, Animieren und Inspirieren der Gemeinde als ganzer und einzelner Frauen und Männer aus ihr ...: all dies steht im Dienst an „einer der Hauptaufgaben der Kirche" (vgl. AES 1).

b) Schule des Betens

Nicht wenigen Gläubigen hat es die Sprache des Gebetes verschlagen; ihr Glaube ist verstummt und weiß sich nicht mehr auszudrücken. In der Tagzeitenliturgie finden Menschen die Gelegenheit, sich einzureihen in das Beten ungezählter Generationen des Gottesvolkes vor ihnen, an ihren Erfahrungen mit Gott teilzunehmen und sich mit ihrer Sprache und in ihren Worten auszudrücken. Die Psalmen beispielsweise als Zeugen dieses Betens sind randvoll nicht nur von allen denkbaren Nöten und Leiden der Menschen; sie speichern ebenso in sich das Hoffnungspotential der ganzen Menschheit.

Gerade von dieser universalen Weite biblischen Betens her ist die Tagzeitenliturgie eine Schule des Betens für Geübte wie für Ungeübte, für Suchende und Fragende, für Zweifler und Außenstehende, die einen Weg nach „drinnen" suchen – für solche, die sich im Geheimnis des Glaubens geborgen wissen wie für solche, die erst auf dem Weg ins Geheimnis sind. Der offene Charakter dieser Gebetsform, im Unterschied zum „geschlossenen" der Eucharistie, weist auf einen Wesenszug kirchlicher Gebets- und Wortgottesdienste hin, der in der heutigen Situation ständig an Aktualität gewinnt: sich für Katechumenen offenzuhalten, „auf sie einzugehen und sie zum Mysterium hinzuführen"[23]. Wie viele auch unter den getauften Christen befinden sich de facto in einer katechumenalen Situation: Ohne schon zu einer persönlichen Form des Glaubens gefunden zu haben, ohne wirklichen Zugang zu der anspruchsvollen Hochform der Eucharistie sind sie angewiesen auf eine „Vorschule des Betens" (R. Guardini) vor der sakramentalen Begegnung mit Christus. Gerade für sie ist die „human-religiöse Weite" (A. Häußling) dieser Gottesdienstform wichtig, die vom einzelnen – je nach seiner Fassungskraft – mehr oder weniger weit auf das zentrale Christusmysterium hin überschritten werden kann (aber nicht muß; man denke etwa an das verschiedene Verständnis der Psalmen). Durch Mitbeten werden sie eingeübt in wesentliche Grundvollzüge und Haltungen des Glaubens: in das Hören auf Gottes Wort, von dem der Glaube kommt; in „das neue Lied", das Sprechen zu Gott und das Singen vor ihm, „die Sprache des Glaubens, die gelernt und geübt sein will, soll sie keine Fremdsprache bleiben in dieser Welt. Sind nicht Lobgesang und Gebet seit unserer Taufe unsere wahre Muttersprache?"[24] Weil aber Gebet nichts anderes als „sprechender Glaube" ist, ist solches Betenlernen ein schrittweises Lernen des Glaubens selbst. Gerade seine Regelmäßigkeit dient einer gedeihlichen Verwandlung des betenden Menschen: „Kontemplation, um nach und nach unseren Blick umwandeln zu lassen, bis wir schließlich mit den Augen Christi auf die Menschen und die ganze Welt sehen können"[25].

c) Unterwegs zu einer gemeindlichen Spiritualität

Jedes Gotteslob sucht vom Wesen her ein Wir. Wo Priester und Laien sich im täglichen Dienst des Lobes und der Fürbitte zusammenschließen zum Wir des Volkes Gottes, da verwirklichen sie ihre gemeinsame priesterliche Berufung. „Alle Gläubigen sind Theologen im genauen Verständnis des Wortes, nach dem Maß des Glaubens. Theologie ist Lob Gottes und Künden von Gott im Heiligen Geist."[26]

Das gemeinsame Lob von Laien und Priestern hält in der Gemeinde den Sinn für das Erstwichtige wach. Es legt den Grund für eine gemeinsame Spiritualität aller: Gemeinde auf dem Fundament des Lobes. Kirche aber, die bewußt aus dem unaufhörlichen Dank und Lobpreis lebt, kreist nicht länger um sich selbst. Ihr Lob ist Aufstrahlen Gottes im Dank. Der Dank läßt sie nicht vergessen, wovon sie selbst und alle Welt Stunde für Stunde lebt; im Lob aber darf sie sich vergessen und wird frei: für Gott und für die Menschen.

Tagzeitenliturgie als Basis für die gesamte Pastoral der Gemeinde: ein tragfähiges Fundament für den anderen Pol christlicher Existenz, die vielseitige Tat der Liebe! Denn aller Einsatz in der Diakonie am schwachen und kranken, am gefährdeten und notleidenden Mitmenschen wird in dem Maße heilend sein im Sinne Jesu Christi, als er sich in Dank und Lob immer neu inspirieren läßt von der Wirklichkeit seines Mit-uns-Seins alle Tage bis zur Vollendung der Weltzeit. Dann setzen wir in unseren Aktionen mehr auf ihn als auf uns und unsere Mittel, mehr auf wirkliche Liebe als auf äußere Taten und Werke. Der Liebesdienst der Gemeinde an den Brüdern und Schwestern, der Tag für Tag herkommt vom Rühmen Gottes und einmündet in das Aufglänzen seiner Liebestat in Christus an uns, ist „Einsatz im Einsatz Gottes" (H.U.v. Balthasar); seine erlösende Kraft kommt nicht von uns.

Von der Einheit im Lobpreis Gottes her läßt sich, so darf man hoffen, auch der verhängnisvolle Dualismus zwischen Klerikerspiritualität und Volksfrömmigkeit und dahinter das „pastorale Grundschisma" (P.M. Zulehner) von Klerus und Laien überwinden. Durch das Zu- und Miteinander beider im Zentrum allen geistlichen Lebens wird die gläubige Identität der Gemeinde als ganzer und ihrer einzelnen Gläubigen gestärkt und geschützt.

d) Ökumenische Chance

Wie selbstverständlich die Feier des Gotteslobes in der Tagzeitenliturgie auch evangelische und katholische Christen miteinander verbinden kann, zeigt in bewegender Weise das Beispiel von St. Maria in Stuttgart. Seit Jahren singen der evangelische Nachbarpfarrer und seine Frau in der Tagzeitenschola mit, die Laudes, Vesper und Vigilien vorbereitet und gestaltet. Ökumene am Ort, aus der gemeinsamen geistlichen Mitte, in freundschaftlicher Verbundenheit von Christen, die sich miteinander berufen wissen „zum Lobpreis seiner Herrlichkeit" (vgl. Eph 1,6.12.14).

e) Vorrangige Aufgabe der Seelsorgeämter

Nach meiner Überzeugung wird die Tagzeitenliturgie in den Gemeinden sich vorwiegend von unten entwickeln. Die positiven Ansätze etwa der Früh- und Spätschichten in der Jugendliturgie sind dafür deutliche Anzeichen.

Die erste Aufgabe der für die Liturgie zuständigen und verantwortlichen Stellen wird es darum nicht sein, für fertige Konzepte und Rezepte zu sorgen. Viel grundlegender und wichtiger ist im Vorfeld die Frage, ob sich Bischöfe, Priester und Laien einig sind in der Sorge, daß der tägliche Gottesdienst in den Gemeinden gerettet werden muß. In diesem geistlichen Bereich käme den offiziellen Stellen entscheidende Bedeutung zu. Nur die Überzeugung, daß die Anstiftung der Gemeinden zum Lobpreis Gottes und zur unermüdlichen Fürbitte in dieser Welt voll Elend und Not von Tag zu Tag wichtiger wird – soll der Glaube nicht an Kurzatmigkeit ersticken –, wird helfen, gemeinsam aufzubrechen auf einen noch weithin ungewohnten, mühevollen, aber lohnenden Weg.

Die Sorge um konkrete Hilfen ist, von daher gesehen, sekundär. Vorrangig bleibt die Solidarisierung „von oben" mit den Initiativen und Initiatoren „von unten", Laien oder Priestern. Erstwichtig ist die Ermutigung der Gemeinden zu eigenen Versuchen und Schritten, die Förderung des Erfahrungsaustausches unter den Gemeinden, die Rückendeckung und Ermunterung zum Weitermachen trotz Schwierigkeiten und Rückschlägen. In einem solchen Klima können dann die von Seelsorge- und Kirchenmusikämtern gemeinsam anzugehenden Probleme der Ausbildung, Schulung und Begleitung sowie die Erstellung konkreter Arbeitshilfen für die Gemeinden zum Nutzen aller gelöst werden.

H. Erprobte Schritte in eine neue Zukunft: Das „Fürstenrieder Modell"

Das folgende „Fürstenrieder Modell" berichtet vom Bemühen um die Tagzeitenliturgie mit Menschen, die aus ganz verschiedenen Orten ins Exerzitienhaus Schloß Fürstenried (München) kamen. Über 15 Jahre hindurch versuchten wir, im Rahmen der Kursarbeit die älteste Form des Gotteslobes der Gemeinden, die morgendliche und abendliche Tagzeitenliturgie, wieder aufleben zu lassen.

Bei der Suche nach einer pfarrlichen Gestalt heutiger Tagzeitenliturgie geht es um die Vermittlung zwischen der überkommenen Tradition und der Situation unserer Zeit. Wie kann die ursprüngliche Tagzeitenliturgie so belebt und neugestaltet werden, daß sie für den zeitgenössischen Menschen zu einer ihm gemäßen Ausdrucksform seines Glaubens wird? Das Fürstenrieder Modell zeigt *Stationen eines Lernprozesses*. Zur Sprache kommen nach grundsätzlichen Erwägungen zu Gehalt und Gestalt von Laudes und Vesper Beobachtungen und Entdeckungen aus unseren Kursen, methodische und didaktische Grundsätze, geistliche Hinweise, aber auch praktische Tips, die von allgemeiner Bedeutung sind. Sie alle dienen dem Ziel, den Gemeinden Anregung und Anleitung zu geben. Sie wollen Hilfen aus der Praxis für die Praxis sein.

Die „Allgemeine Einführung in das Stundengebet" ermuntert, sich mit Phantasie und Elan auf diesen Weg zu einer Tagzeitenliturgie für heute und morgen zu machen, wenn sie sagt:

„Das Stundengebet ist ... nicht primär als schönes Denkmal einer vergangenen Zeit anzusehen, das möglichst unverändert bewahrt werden muß ... Vielmehr kann es *auf neue Weise* wieder aufleben, neue Bedeutung gewinnen und zum Zeugnis einer lebendigen Gemeinschaft werden ... Die Hoffnung ist nicht gering, daß auch für unsere Zeit *neue Wege* und *neue Formen* gefunden werden, wie es im Leben der Kirche immer geschehen ist." (AES 273)

I. Grundsätzliche Erwägungen zu Bedeutung und Gestalt

Voraussetzungen einer sachgerechten Gestaltung heutiger Tagzeitenliturgie

Nur wer um den inneren Sinn, die formale Grundstruktur, um Dynamik und Dramaturgie kirchlicher Tagzeitenliturgie weiß, kann auf der Suche nach ihrer situations- und gemeindegerechten Verwirklichung in verantworteter schöpferischer Freiheit zwischen gestern und morgen vermitteln. Daher scheint es hilfreich, einige grundsätzliche Überlegungen, die aus der Reflexion der Fürstenrieder Praxis hervorgegangen sind, an den Anfang des Modells zu stellen.

1. Geistlicher Sinngehalt

Die spirituelle Leitidee, der geistliche Sinngehalt gemeindlicher Tagzeitenliturgie wird sichtbar, wenn man das ursprüngliche Morgen- und Abendlob der frühen Kathedralliturgie von seinen späteren Überlagerungen befreit. Dann zeigt sich: Was hier Morgen für Morgen und Abend für Abend gefeiert wird, hat in Zeichen und Wort „die Vergegenwärtigung des Heilswillens Gottes zum Inhalt"[1]. An den Angelpunkten des Tages erfährt die feiernde Gemeinde in der Begegnung mit ihrem auferweckten Herrn: der anbrechende bzw. der zu Ende gehende Tag ist *Tag des Heils*. Denn Tag und Nacht ist beständig der am Werk, der rettend und heilschaffend in die Geschichte der Menschen eingegriffen hat, endgültig und unwiderruflich in Jesus Christus.

Die gemeinsame Mitte von Morgen- und Abendlob

Die Feiern von Laudes und Vesper sind an den Aufgang bzw. Untergang der Sonne geknüpft. Die gemeinsame Mitte von Morgen- und Abendlob der Kirche ist der, der von sich sagt: „Ich bin das Licht der Welt. Wer mir nachfolgt, wandelt nicht im Finstern, sondern hat das Licht des Lebens" (Joh 8,12). In die aufgehende Morgensonne hinein feiert die Kirche das *Gedächtnis der Auferstehung Christi,* und darin ihre eigene Hoffnung auf Auferstehung. Daß dieses Licht von Ostern mit der untergehenden Sonne nicht erlischt, ist Inhalt der abendlichen Vesper. Im *Gedächtnis des Abendopfers Christi* wird der Dank für das irdische Licht des (vergehenden) Tages zum Lobpreis für das Licht, das von Christi erlösender Kreuzeshingabe ausgeht und alle Nacht und Finsternis des Lebens und des Sterbens erleuchtet. So wird die Feier der endgültigen Versöhnung Gottes mit der Welt am Eingang zur Nacht zum Unterpfand des Friedens und der Hoffnung auf den ewigen Tag, der keinen Abend mehr kennt.

2. Liturgische Grundgestalt

Dieser geistliche Sinngehalt sucht eine adäquate Ausdrucksgestalt in den liturgischen Feiern von Laudes und Vesper. Von ihrem Ursprung in der frühen pfarrlichen Tagzeitenliturgie her sind beide Gottesdienste latreutischer Art, d. h. Lob-Gottesdienste. Die deutsche Bezeichnung „Morgen-Lob" und „Abend-Lob" trifft gut den Kern der Feiergestalt.

Gebetsgottesdienste: Lobpreis und Fürbitte

Die latreutische Grundstruktur von Laudes und Vesper schwingt um die beiden Pole: *Lobpreis* Gottes und *(Für-)Bitte* für die ganze Welt. Das Herz dieser Feiern am Anfang bzw. Ende des Tages ist, ihrer biblisch-jüdischen Herkunft gemäß, *berakha:* das nie verstummende Lob auf die in allen Untergängen siegreiche Gnade Gottes, wie sie sich in Christi Auferweckung aus dem Tod unwiderruflich offenbart hat. Dementsprechend sind alle „wesentlichen und unersetzlichen Bestandteile"[2], die Laudes und Vesper konstituieren, Elemente des Lobes: Hymnus, Psalm(en) als „Preisung(en)", die Lobgesänge (Cantica aus AT und NT) ebenso wie die Hochgesänge aus dem Evangelium, Benedictus und Magnificat; nicht weniger freilich die begleitenden rituellen Vollzüge etwa des abendlichen Lichtanzündens und des Weihrauchopfers zur

Eröffnung der Vesper. Sogar die (Für-)Bitten der Gemeinde sind unter dem Blickpunkt der berakha nichts anderes als die Nagelprobe auf die Echtheit ihres Gotteslobes. Denn alles Rühmen Gottes auf dieser Erde voll Sünde und Leid, voll Not und Tod ist realistischerweise immer „mit Seufzern gemischtes Lob" (Augustinus), *supplex gloria,* d. h. Verherrlichung Gottes, aus der wie von selbst die flehentliche Bitte erwächst, Gott möge sein Heil inmitten aller Heillosigkeit von Welt und Kirche heute ebenso wirksam werden lassen wie einst, bis alles in seiner Liebe vollendet ist.

Gebet als Verherrlichung Gottes und Verkündigung des Heils

Gebet ist also die durchgehende Grundatmosphäre von Laudes und Vesper. Und zwar Gebet als Verherrlichung Gottes und eben darin als Verkündigung seines Heiles. Wohlgemerkt: Der ganze Gottesdienst ist Gebet, nicht nur ein sogenannter Gebets-*Teil,* womit man gewöhnlich die abschließenden Bitten/Fürbitten (mit Vaterunser und Schlußoration) bezeichnet. Und ebenso: die ganze Feier ist Verkündigung, nicht nur und erst ein sogenannter Verkündigungs-*Teil,* der sich in der Regel aus einer Kurzlesung (Capitulum)[3] und einem ebenso kurzen Antwortgesang zusammensetzt. Denn im dankenden und lobenden Gedenken der großen Heilstaten Gottes (Anamnese) geschieht ihre Verkündigung. Laudes und Vesper verkünden in Lobpreis und Bitte: Gott *hat* gerettet und Gott *wird* retten.

Der priesterliche Dienst der Gemeinde

Lobend und (für)bittend erfährt die Gemeinde an sich selbst die heilende Macht der von ihr gepriesenen Güte Gottes. So übt sie Tag für Tag ihre durch Taufe und Firmung empfangene priesterliche Berufung aus, den „Dienst des Lobes und der Fürbitte"[4]. So sind Morgen- und Abendlob die betende Antwort der Gemeinde auf das ihr von Gott geschenkte österliche Heil, wie es in den Gesängen und Gebeten zur Sprache, in den rituellen Zeichen und Vollzügen zur Anschauung kommt.

LAUDES UND VESPER:
Der priesterliche Dienst des Gottesvolkes kraft Taufe und Firmung

„DIENST DES LOBES – DIENST DER FÜRBITTE"

LAUDES	Grundgestalt	Theologische Bestimmung	Liturgische Elemente	VESPER
Sinngehalt:	*Gebets*-Gottesdienst: latreutische Grundstruktur	*Gebet* als Verherrlichung Gottes und Verkündigung des Heils	*Gebets*-Elemente	Sinngehalt
1. Schöpfung: Feier der unerschöpflichen Treue des Schöpfers		ERSTE PHASE		1. Schöpfung: Feier der unerschöpflichen Treue des Schöpfers
	Lob-Gebet	**Anamnese**	**Lob-Elemente**	
	Lobpreis Gottes … (Berakha als Grundatmosphäre der ganzen Feier)	dankbar lobpreisendes *Gedenken* der österlichen Heilstaten Gottes in Jesus Christus in:	– Hymnus – Psalm(en) – Canticum aus AT/NT – Capitulum mit Responsorium	

Beschreibung des Modells

| 2. Erlösung: Feier der Auferweckung Christi (endgültige Bundestreue Gottes) | – Schöpfung
– Erlösung
– Vollendung | – „Hochgesang" aus dem Evangelium: Benedictus/Magnificat | 2. Erlösung: Feier des „Abendopfers" Christi am Kreuz (Ps 141,2) (Befreiung, Erlösung, Versöhnung) |

Das rühmende und bittende **Gedenken** macht das Heilshandeln Gottes in der feiernden Gemeinde gegenwärtig.

ZWEITE PHASE

Bitt-Gebet	**Epiklese**	**Bitt-Elemente**
„mit Seufzern vermischt" (Augustinus)	Bitte um den Geist: Gottes rettende Liebe von einst möge weiterwirken in der Welt.	– Bitten/Fürbitten (mit Lob) – Vaterunser (Zusammenfassung) – Oration – Weitere Elemente: **Zeichen:** – Luzernar – Weihrauchopfer **Prozessionen:** – Einzug – Taufbrunnen – Auszug

| 3. Vollendung: Ausblick auf den „ewigen Morgen" (eschatologischer. Aspekt) | | | 3. Vollendung: Ausblick auf den „Tag ohne Abend" (eschatologischer Aspekt) |

169

3. Innere Dynamik und Dramaturgie von Laudes und Vesper

Allzu oft hat man bei Laudes- und Vespergottesdiensten, die das vorgegebene Stundenbuchschema übernehmen, den Eindruck der bloßen Häufung und Aneinanderreihung verschiedenartiger Elemente; es plätschert alles gleichmäßig dahin, ohne innere Dynamik und Dramatik. Man muß den Eigencharakter der verschiedenen Elemente und ihre innere Beziehung zueinander im Ganzen der Feiergestalt kennen, um ein Gespür zu entwickeln für die Dynamik der Feiern und sie mit Hilfe einer entsprechenden liturgischen Dramaturgie Ausdruck gewinnen zu lassen.

II. Beschreibung des Modells

1. Hymnus und lukanische Hochgesänge

Der Hymnus steht am Anfang von Laudes und Vesper; von ihm hängt für das Gelingen der weiteren Feier vieles ab. Den Gipfel des Morgen- und Abendlobes bildet ebenfalls ein hymnischer Gesang: Benedictus bzw. Magnificat; zwei neuralgische Stellen, auf die wir zuerst unser Augenmerk lenken.

a) An den „Toren des Lobes": der Hymnus

1) Seine Funktion

Der Hymnus ist gleichsam das „Portal zum Lobpreis": durch ihn tritt die Gemeinde singend in die Feier ein. Er will eröffnen und einstimmen zugleich. Die Versammlung muß sich erst einmal zusammen-singen, äußerlich und innerlich. Der Hymnus möchte dabei helfen, die Gedanken und Gefühle auf das Kommende, den Lobpreis Gottes, hin zu sammeln. Er gibt der jeweiligen Tages- bzw. Festzeit (Morgen, Abend, Nacht; Advent, Österliche Bußzeit usf.; Werktag, Sonntag ...) durch Text und Melodie ihre Färbung und Stimmung.

Wenn mit dem Hymnus am Anfang ein ruhiger, gemessener Atem gelingt, wird die weitere Feier davon profitieren. Ist die

Eröffnung vom Hymnus her eher froh bewegt und beschwingt, so wird auch die anschließende Psalmodie lockerer gehen. Wird aber der Anfang verschleppt, so tut man sich im folgenden um so schwerer, für das Psalmenlob von innen her bereit zu sein. Eine Gemeinde sollte ihre besondere Sorge diesem Anfang widmen. Die Erfahrung hat es wieder und wieder bestätigt: Von ihm hängt für das Ganze Entscheidendes ab.

2) Ein Lied anstelle des Hymnus

Von der eben beschriebenen Funktion des Hymnus her eignet sich an seiner Stelle oft ein *Lied*. Um die singende Gemeinde nicht gleich am Anfang zu überfordern, ist an die Regel des gegliederten Singens zu erinnern: die Lied- bzw. Hymnusstrophen sollten immer *im Wechsel* gesungen werden, je nach Möglichkeit zwischen Kantor/Schola/Chor und Gemeinde, zwischen rechter und linker Gemeindeseite oder zwischen Frauen und Männern.

– *in den Laudes*

An erster Stelle stehen, jedenfalls in der Zeit im Jahreskreis, drei der großen alten Morgen-Lieder. Sie helfen, daß der Übergang aus der Nacht in den neuen Tag leichter gelingt.

Dies gilt vor allem von den *Licht*-Liedern. Ein typisches Sonnenlied ist GL 668: „Morgenglanz der Ewigkeit ..." Die Christus-Symbolik der aufgehenden Sonne leuchtet durch alle Strophen hindurch und stellt die Gemeinde in das Licht von Ostern.

Ein morgendliches Lob auf die Verläßlichkeit des Schöpfers ist GL 666: „All Morgen ist ganz frisch und neu des Herren Gnad und große Treu ..." Während die beiden Mittelstrophen auf die Thematik des Lichtes abheben, laden Anfang und Ende des Liedes ein, sich „den langen Tag" auf Gottes Treue zu verlassen (1. Str.) und im Glauben in ihr Stand zu fassen (4. Str.).

Ein besonders kostbares Morgenlied ist Paul Gerhardts „Lobet den Herren alle, die ihn ehren" (GL 671). Der Text führt den Sänger, der aus dem Schlaf kommt, Strophe für Strophe in den Tag hinein, in das „Heute" (vgl. 5. Str.). Die Melodie von Johann Crüger hat einen ruhigen, ausschwingenden Atem; sie öffnet den Lobenden von innen her, wenn ihre wunderbaren Bögen ausgesungen und nicht durch falsche Pausen aufgehoben werden. Solche geschlossenen Strophenlieder sollten grundsätzlich ganz und nicht strophenweise gesungen werden; denn nur so entfalten sie ihre Schönheit und Kraft. Die erste und letzte Strophe singen alle zusammen, die übrigen wechselt man ab.

Den *Eröffnungs*-Charakter betont das dem Psalm 100 nachgedichtete Lied „Nun jauchzt dem Herren, alle Welt" (GL 474): ein ausgesprochener Einzugsgesang, der gleichsam die Tore des Lobes öffnet: „Kommt, geht zu seinen Toren ein mit Loben durch der Psalmen Klang ..." (Str. 4). Bei festlichen Anlässen eignet sich das Lied auch zur Eingangsprozession; dann dient der Schluß der ersten Strophe als Refrain, der im zweistimmigen Kanon erklingt und jede Strophe eröffnen kann: „Kommt mit Frohlocken, säumet nicht, kommt vor sein heilig Angesicht!" Das Lied mit seinem ruhig-zügigen Rhythmus hat die Kraft, die singende Gemeinde in das einzustimmen, was zu tun sie sich anschickt. Wenn sie es mit Herz und Verstand gesungen hat, ist sie schon mitten im Gotteslob.

Von *Lob*-Liedern hat sich GL 268 als „Hymnus-Lied" gut bewährt: „Singt dem Herrn ein neues Lied, niemand soll's euch wehren." Die Gemeinde erinnert sich singend an Gottes Treue, die sie bis hierher getragen hat. Sie ist auch der tragende Grund für den neuen Tag. Auf sie kann man bauen, sie muß man deshalb besingen, vom Aufgang der Sonne bis zu ihrem Niedergang („allsoweit die Sonne sieht", 4. Str.). Auf dem Treue-Gottes-Fundament dieses Liedes lassen sich die Psalmen der Laudes gut aufbauen.

Es versteht sich von selbst, daß die Laudes zu den großen Vorbereitungs- und Festzeiten des Jahres jeweils „ihren" Hymnus bzw. „ihr" Lied bekommen. Beispiel: Die 50tägige Osterzeit bietet reichlich Anlaß, eines der herrlichen *Osterlieder* anstelle des Hymnus zu singen. Sie sind ja fast alle im 6/4-Takt gesetzt, bewußt: „Gelobt sei Gott im höchsten Thron" (GL 218) ebenso wie Fr. Spees „Die ganze Welt, Herr Jesu

Christ, in deiner Urständ fröhlich ist" (GL 219); vom Vorsängerlied „Wir wollen alle fröhlich sein" (GL 223) mit seinem vielfachen Halleluja-Refrain bis zu Silja Walters „Vom Tode heut erstanden ist der heilge Herre Jesus Christ" (GL 224). Zur Entstehungszeit dieser alten Lieder wurde in der Kirche zu Ostern noch getanzt. Diesem tänzerischen Schwung ist auf die Spur zu kommen. Hat man erst einmal ihre österliche Beschwingtheit entdeckt, singt man sie völlig anders. Dann drükken sie in genialer Weise aus, was Erlösung als österliche Befreiung des ganzen Menschen meint.

– in der Vesper

Nie spricht die Symbolik des Lichtes intensiver als am Abend, zum Einbruch der Nacht. Darum eignen sich besonders *Lichtlieder* zur Eröffnung der Vesper. An erster Stelle steht dabei die Nachbildung des alten „Phos hilaron"-Hymnus der Martyrerkirche: „Angelangt an der Schwelle des Abends schauen wir Christus, das ewige Licht ..." (GL 701). Jetzt, wo es draußen zu dunkeln beginnt, zündet die gläubige Gemeinde drinnen die Lichter an zum Zeichen für die Gegenwart des Auferstandenen in ihrer Mitte, das „abendlose Licht", das die Nacht des Todes besiegt hat. In ihm leuchtet ihr das Antlitz des Vaters auf. Ein wunderbarer Auftakt der anschließenden Psalmodie ist die präfationsartige dritte Strophe: Dem Gekreuzigten und Auferweckten mit der ganzen Schöpfung und stellvertretend für sie das universale Lob singen – das ist der Sinn des kirchlichen Abendlobs.

Sind genügend sichere Blattsänger da, kann man den alten Hymnus z. B. in der vierstimmigen Fassung von André Gouzes singen, dessen Kehrvers heißt:

> „Du Licht vom Lichte, du zeigst uns das Antlitz des Vaters, in Liebe leuchtest du, Jesu Christ."[5]

Viel zu wenig bekannt ist nach meiner Erfahrung das Lichtlied der Böhmischen Brüder, mit dem wir gerne die Vesper eröffneten: „Du höchstes Licht, du ewger Schein ..." (GL 557). Es ist ein Christus-Lied, voll des Lichtes von der ersten bis zur letzten Strophe. Die eschatologische Ausrichtung des zweiten

Liedteils, vor allem das Bild von der „heiligen Stadt, die weder Nacht noch Tage hat" (vgl. 4. Str.), kommt dem inneren Sinn des Abendlobes sehr entgegen.

Ebenfalls ein Christus-Lied, freilich ganz anderer Art, ist GL 559: „Mein schönste Zier und Kleinod bist auf Erden du, Herr Jesu Christ." Als Lied im Ich-Stil zwar nicht ideal für den Beginn einer gemeinsamen Feier, aber als Hinführung zu den Psalmen, in denen ja die Treue des Herrn gerühmt und besungen wird, und als vertrauendes Sichöffnen für Christus läßt es sich auch an dieser Stelle rechtfertigen. Die Schlußbitte der Abend-Strophe (4. Str.) stößt dann direkt das Tor zum ersten Psalm auf, wozu sich ein Abend-Psalm, d. h. ein Licht-Psalm, eignet. Zum Beispiel singt der Kantor nach diesem Hymnuslied Psalm 27 vor, den die Versammlung mit dem Ruf sekundiert: „Der Herr ist mein Licht und mein Heil" (GL 719,1).

Gute Erfahrungen haben wir auch mit dem kleinen Abend-Lied gemacht, das an die untergehende Sonne anknüpft: „Bevor die Sonne sinkt" (GL 702). Sein Inhalt umschreibt präzise, worum es in der Liturgie der Vesper geht: das Lassen der Sorgen, das Danken für den Tag, das Loben Gottes im Liedersingen, die Bitte für die kommende Nacht.

3) Dennoch: Plädoyer für den Hymnus

Freilich: Das Lied ist kein vollwertiger Ersatz für den echten Hymnus. Wer den großen Schatz von alten und neuen Hymnen im Stundenbuch kennt, wird auf Dauer nicht auf die schönen Morgen- und Abendhymnen etwa eines Ambrosius oder Prudentius, aber auch nicht auf einige von Silja Walters zeitgenössischen Hymnen verzichten wollen.

Einen klassischen Morgenhymnus sollte man immer wieder einmal in seiner vollen Textgestalt singen: das *Gloria*. Seine beste Liedform ist sicherlich das dreistrophige „Allein Gott in der Höh sei Ehr" des Nikolaus Decius (GL 457); es läßt sich auch leicht in einem mehrstimmigen Satz singen. Das Gloria bietet sich geradezu an als Wechsel-Gesang. Die beste Aufteilung des Textes zwischen Vorsänger(n) und Gemeinde zu einer eingängigen und zugleich hymnischen Melodie ist die von Heino Schubert (GL 437); zusammen mit Heinrich Rohrs Gloriavertonung (GL 444) haben wir sie bevorzugt.

Im übrigen ist im „Gotteslob" zu beachten: Der zu den Laudes angegebene Hymnus „Christus, du Sonne unseres Heils" (GL 675) ist textlich eindeutig ein Hymnus für die Österliche Bußzeit; das Stundenbuch hat ihn konsequent dort eingereiht. Was die Vesper angeht, so findet sich neben der schon erwähnten Paraphrase zum „Phos hilaron"-Hymnus die kraftvolle Übertragung des alten „Christus, qui lux es et dies" von F. Dörr (GL 704). Unter „Abendlieder" eingereiht, ist er aber m. E. ein typischer Komplet-Hymnus, er spricht ja wiederholt von der Nacht. Man kann ihn gegen den Komplet-Hymnus „Bevor des Tages Licht vergeht" (GL 696) austauschen.

Den einen oder anderen Hymnus von Silja Walter findet man im erweiterten „Christuslob"[6] bzw. in dem Heft „Vigil-Wortgottesdienst"[7]. Nicht nur für Vigilfeiern eignen sich diese beschwingten, poetischen Texte, denen sich Heinrich Rohr in der Melodiengebung einfühlsam angepaßt hat. „Das Hymnenjahr" von Silja Walter[8] hält manchen weiteren ungehobenen Schatz bereit.

Will man mit der Gemeinde einen der klassischen metrischen Hymnen des Stundenbuchs singen, dann unterlegt man ihm am besten eine wirkliche Hymnusmelodie; die des alten „Jesu dulcis memoria" etwa, von dem GL 550 die deutsche Fassung bietet, paßt zu den meisten Hymnustexten. Man sollte jedenfalls sehr darauf achten, daß hymnische Texte zu bestimmten Festen nicht durch eine schon besetzte Melodie einen falschen Zungenschlag bekommen, so etwa, wenn man auf einen österlichen Text die adventliche Melodie von „Gott, heilger Schöpfer aller Stern" (GL 116) singt.

b) Auf dem Gipfel der Feier: Benedictus und Magnificat

Im Hymnus oder Lied am Anfang singt sich die Gemeinde frei. Eine ähnliche Möglichkeit bekommt sie noch einmal, wenn die Feier nach Psalmodie und Lesung ihren Höhepunkt erreicht. Laudes und Vesper gipfeln in einem hymnischen Hochgesang: im Preislied der Erlösten, am Morgen angeführt vom Mann (Zacharias), am Abend von der Frau (Maria). In diesen Hymnen singt gleichsam die gesamte Menschheit mit. Wie kann dieser Höhepunkt auch in der Gestaltung hervorgehoben werden?

1) Benedictus- und Magnificat-Lied

Da es sich um zentrale Stücke handelt, sollte man sie den Teilnehmern in ihrer Bedeutung wenigstens knapp zu erschließen suchen; denn in ihnen verdichtet sich nicht nur das große Hoffnungspotential der Menschheit, sondern auch die ganze österliche Sprengkraft des Heilshandelns Gottes. Aus ihrem innersten Wesen drängen sie, wie alle Hymnen, zum *Gesang*. Man kann sie nicht sprechen, ohne sie (und sich) ihrer wahrhaft befreienden Kraft zu berauben. Bei der Einführung der Tagzeitenliturgie ist die Form des Liedes vorzuziehen. Nach der „Mühsal" der Psalmodie sollten alle Teilnehmer ihre Freude über die Erlösung von ganzem Herzen ausdrücken können. Für das Magnificat bietet das „Gotteslob" die Liedfassung „Den Herren will ich loben" (GL 261). Ein entsprechendes Benedictus-Lied hat Frau Thurmair-Mumelter auf die Melodie des Lobliedes GL 264 („Mein ganzes Herz erhebet dich") geschrieben (vgl. Anhang D).

2) Die lukanischen Hochgesänge im Original

Natürlich ist das Lied eine Notlösung, wenn es um so wesentliche biblische Texte geht. Darum singt man auf Dauer am besten im Wechsel mit den Liedern das Benedictus und Magnificat in der Choralfassung des „Gotteslob". Beim Lobgesang des Zacharias kann man in geübten Gruppen zwischen der Fassung GL 680/81 und der etwas gekürzten GL 89 abwechseln, beim Preislied Mariens zwischen GL 688/689 und GL 127.

Bis das gegenchörige Psallieren sich eingespielt hat, bevorzuge ich das wache Hin und Her zwischen Vorsänger(n)/ Schola und Gemeinde, um den Sängern zu einem fließenden Sprechgesang-Duktus zu verhelfen.

3) Auch emotionaler Höhepunkt?

Die innere Dramaturgie von Laudes und Vesper drängt mit Macht auf ihren Höhepunkt Benedictus bzw. Magnificat zu. Wie kann diese Steigerung auch von den Feiernden mit ganzem Herzen und allen Sinnen erfahren werden?
Die Teilnehmer wissen: Wir singen ein Stück Evangelium. Darum stehen wir auf und schlagen das große Kreuzzeichen über unseren Leib: das Evangelium soll uns als Lobpreis ganz umfassen. Darum inzensiert der Vorsteher (zu besonderen Gelegenheiten) Altar, Kreuz und Osterkerze, die Symbole für Christus in seiner österlichen Hingabe an uns.

Um auch dem Gesang eine festlichere Note zu geben, kann man z. B. das Magnificat mit einem entsprechenden Kanon umrahmen. Vor allem aber bieten sich für den Gesang der evangelischen Cantica – vom schlichten psalmodischen Wechselgesang bis hin zur einfachen oder festlichen Chorkomposition[9] – verschiedene Zwischenstufen an. So kann man z. B. zu den mehrstimmigen Taizé-Antiphonen „Laudate omnes gentes" oder „Misericordias Domini" die Textverse einstimmig singen; oder man nimmt einen Kanon als Antiphon oder wählt die Liedfassungen der beiden Cantica, die mit einem kleinen Chor im Dialog zwischen einstimmigem Gemeindegesang und mehrstimmiger Chorstrophe gesungen werden.

Vor allem das sonntägliche Benedictus sollte auf diese Weise österlichen Glanz bekommen. Wiederholt man die Antiphon am Ende der ersten Strophe des Benedictus sowie vor und nach der Doxologie („Ehre sei dem Vater"), singt sie also insgesamt viermal, kann sie sich auch in die Herzen der Singenden einprägen.

2. Unterwegs zur Psalmodie: Stationen eines Lernprozesses

Nach dem Hymnus gibt die „stillere Tonart" (B. Fischer) der Psalmodie dem ersten Teil der Feier eher beschaulich meditativen Charakter. Die Psalmen nehmen den Beter hinein in die Bewegung zu Gott hin: in Vertrauen und Sehnsucht, in Kummer und Sorge, in Flehen und Klage, in Lobpreis und Dank.

– *Die Rolle des Kantors*

Die Psalmen sind von jeher das Herz aller Tagzeitenliturgie. Das „Gotteslob" hat sie uns zu einem erstaunlich großen Teil wiedergeschenkt. Für das Gelingen einer befreienden und frohmachenden Psalmodie hängt viel davon ab, wie die Möglichkeiten des Singens genutzt werden. Zentrale Bedeutung kommt der Rolle des Kantors zu: der Gemeinde vorzusingen, ihren Gesang anzuführen, zu gliedern und sie zum sachgerechten und gemeindegerechten Vollzug der verschiedenen Gesänge zu inspirieren. „Der Kantor ist notwendig auch und gerade ... beim täglichen Offizium. Die Erfahrung lehrt, daß sich in fast allen, auch einfachen und kleinen Gemeinden ein Sänger zum Kantorenamt eignet und heranbilden läßt; diese Aufgabe zu lösen ist leichter und wichtiger als das Finden eines Organisten oder Chorleiters."[10]

– *Ein wichtiger Grundsatz voraus*

Auf dem Weg zur Psalmodie hat sich das einfache Grundgesetz als hilfreich erwiesen, das Graf Dürckheim aus seiner Erfahrung mit Menschen verschiedener Religionen so formuliert hat: „Was religiös tief gehen soll, muß einfach *und* wiederholbar sein."

Darum gilt für die Psalmodie zuerst: Mut zur Reduktion! Gerade die Psalmen sind in der Gemeindeliturgie mit Rücksicht auf die Feiernden auszuwählen und zu vereinfachen. Nicht das Pensum vieler Psalmen, sondern das Verkosten des einen oder anderen Psalm(stück)s und/oder Canticums, seine geistliche Erschließung und Vertiefung lassen den Geschmack am Psalter und die Freude am Psallieren wachsen.

– *Annäherung in Schritten*

Die Erfahrung lehrt: Auch den Menschen, die in der Welt der Psalmen noch nicht zu Hause sind, können sie in Schritten langsam und geduldig nähergebracht werden. Wichtig ist, daß die Elemente, die zur Psalmodie hinführen, vertraut sind und geliebt werden. Daher die Sorge um die Pflege von Rufen und

Akklamationen, von Kehrversen und litaneiartigen Gesängen. Sind nicht viele Psalmen wie ein Geflecht von Bitt- und Dankrufen, Not- und Klage-, Lob- und Huldigungsrufen, je nach Situation des Beters? Durchzieht nicht so manchen Psalm der rote Faden eines Refrains? Ist nicht der Part des betenden Volkes im Psalm 136 die 27fache Wiederholung des Lobrufes „Denn Seine Huld währt ewig?" Dazu bedarf der Beter keines Buches. In solches Rufen kann er sich selbst ganz hineingeben.

Erster Schritt: Mit Rufen singen

Vor allem für das responsoriale Singen bietet das „Gotteslob" eine Fülle von Möglichkeiten:

a) Das Ur-Responsum der Erlösten

Der litaneiartige Psalm 136 ist im GL nur in einer verkürzten Nachbildung enthalten, die es aber wert ist, oft gesungen zu werden (GL 227). Zwölfmal insgesamt antwortet die singende Gemeinde mit dem Ur-Kehrvers des erlösten Menschen: „Seine Huld währt alle Zeit, waltet bis in Ewigkeit". Das ist das Echo der Gemeinde auf die vom Kantor vorgetragenen Großtaten „Seiner Huld" in Schöpfung (V. 2–5) und Geschichte (V. 6–10). Vers 9 deutet darauf hin, daß dieser psalmenartige Gesang ursprünglich für die Osternacht gedacht war. Mit einer winzigen Änderung läßt sich diese kleine Loblitanei als Psalm bzw. Canticum auch ohne weiteres zu den Laudes singen (V. 9: statt „der in dieser Nacht" kann man singen „der in seiner Macht"). Von Vers zu Vers singt sich Gottes Huld tiefer in die Herzen der Betenden hinein, im Original-Psalm nicht weniger als siebenundzwanzigmal. Das ist die Art von Liebenden, die sich nicht genug tun können im Luxus des Lobes: Ganz und gar zweckfrei ist es zugleich durch und durch sinnvoll.

Ein ähnlicher Wechselgesang findet sich im „Lobpreis vom Heilswirken Gottes" (GL 284). Auch hier singt die Gemeinde als gleichbleibende Antwort immer wieder: „denn Seine Huld währt ewig". Aber die beiden alttestamentlichen Texteinheiten (V. 1–5: Schöpfung; V. 6–10: Abraham, Exodus, David, Propheten, alle Völker) sind um die kostbaren drei neutestamentlichen Blöcke erweitert. Ihr Inhalt: Von der Menschwerdung bis zur Auferweckung Jesu (V. 11–15); die Kirche unterwegs (V. 16–20); der Blick auf die Vollendung (V. 21–25). Dabei wechseln sich zwei schlichte Melodiemodelle von Textblock zu Textblock ab. Singt man die alttestamentlichen Verse zum Canticum am Morgen, kann man die neutestamentlichen als Lobgesang am Abend nehmen. Warum nicht einmal das ganze Stück meditierend in einem Zug durchsingen, anstelle der üblichen Psalmen? Dann aber darf unterwegs nicht die anfängliche Frische verlorengehen.

b) Litaneiartige Wechselgesänge

Ein letztes Beispiel sei der Lobpreis „nach dem Lobgesang der drei Jünglinge" (Dan 3; GL 281). Verbunden mit einem der unter GL 282 und 283 abgedruckten bekannten Kanones anstelle der etwas schwierigen Antiphon ist dies ein ideales Canticum, vor allem in den Laudes am Sonntag: dort hat der „Lobgesang aus dem Feuerofen" seit jeher seinen angestammten Platz. In den zwölf Versen wird das ganze Universum, Himmel (V. 2–4), Erde (V. 5–8) und die gesamte Menschheit (V. 9–12), zum Lobpreis des Retters aufgerufen. Alle Schöpfung stimmt ein in die Freude über die Auferstehung ihres Herrn.

Wie alle Gesänge dieser Art lebt dieser Wechselgesang vom lebendigen und wachen Zu- und Miteinander zwischen dem Vorsänger und der Gemeinde. Durch einen frisch gesungenen Kanon als Antiphon für dieses zentrale Stück gewinnt die Feier unversehens an Festlichkeit und österlichem Glanz.

c) Soviel wie möglich auswendig singen

Ich mache immer wieder die Erfahrung, daß man für jeden kleinen Vers automatisch das Buch aufschlägt. Die Leute kleben geradezu am Text und an den Noten, auch dann und dort, wo sie überhaupt kein Buch brauchen. Darum das Prinzip, soviel wie möglich auswendig, d. h. ohne Buch singen zu lassen. Gerade Kurzrufe sind dafür wie geschaffen. Wir trauen in diesem Punkt uns selbst und unseren Gläubigen viel zu wenig zu. Wechselgesänge zwischen Vorsänger (Schola) und Gemeinde werden erst in dem Moment zur Freude, wo Herz und Ohr frei sind zum Hören auf das, was da vorgesungen wird; dann kommt auch die Antwort aus ganz anderer Tiefe, als wenn sie einfach abgelesen wird, nicht selten geistlos, herzlos und darum freudlos. Erst im öfter wiederholten Singen desselben Lob- oder Klage-, Dank- oder Bittrufes werde ich allmählich seiner Kraft inne, kann er langsam mein Herz erreichen, bis ich schließlich mit ihm eins geworden bin und ihn „par cœur", „by heart", „von Herzen", d. h. aus meiner innersten Mitte singen kann.

Zweiter Schritt: Mit Kehrversen beten

Auf dem Weg zu einer Psalmodie mit der Gemeinde ist ein wesentliches Element der Leit- oder Kehrvers. Er hilft, die Fülle der Bilder und Aussagen eines Psalms gleichsam an einen roten Faden zu binden, und erleichtert dem Hörer die innere Aufmerksamkeit. Das „Gotteslob" bietet nicht nur zu jedem Psalm den ihm zugehörigen Vers, sondern auch eine Fülle von Kehrversen, die über die Psalmodie hinaus verwendbar sind.

a) Ein Schatz von „Stoßgebeten"

In der responsorialen Psalmodie fällt die Gemeinde mit ihrem Vers immer wieder in den Gesang des Psalmisten ein. Durch Wiederholung dieses Kurzgebetes singt sie sich gleichsam den Kerngehalt des gehörten Psalms zu Herzen. Wo etwa im Wortgottesdienst der Messe regelmäßig der sogenannte Antwortpsalm gesungen wird, lernen die Gläubigen ohne viel Mühe in kurzer Zeit einen ganzen Schatz solcher biblischer „Stoßgebete" kennen. „Freut euch, wir sind Gottes Volk" (GL 722, 1); „Der Herr ist mein Licht und mein Heil" (GL 719, 1); „Der Herr ist mein Hirt, er führt mich an Wasser des Lebens"

(GL 718,1); „Kündet den Völkern die Herrlichkeit des Herrn" (GL 740,1); „Beim Herrn ist Barmherzigkeit und reiche Erlösung" (GL 746,1) …

b) Der Antwortpsalm: eine Schule der Meditation

In der Rückschau entdecke ich, daß der in der täglichen Eucharistiefeier unserer Hausgemeinschaft gesungene Meditationspsalm im Anschluß an die Lesung eine echte Schule biblischen Meditierens für uns wurde. Hier lernt man im täglichen Vollzug, daß Meditation des Wortes Gottes nicht so sehr schon gleich Antworten ist (wie der meines Erachtens nicht eben glückliche Begriff „Antwortpsalm" verkürzend nahelegt), sondern vielmehr ein Nachhorchen und Weiter-klingenlassen des eben gehörten Wortes. Gottes Wort will sich Raum schaffen in seinem Hörer, damit es sich in seinem Herzen verfangen und einnisten kann. Erst aus dem so „zu Herzen genommenen" Wort kann dann die Antwort des Lebens wachsen. Durch das Singen des Meditationspsalms in der Feier der Eucharistie lernt man nicht nur rasch eine stattliche Zahl verschiedenartiger Kehrverse kennen, sondern wird im gesammelten Hören des vom Psalmisten vorgetragenen Psalms auch mehr und mehr mit dem Geist der Psalmen vertraut. Wo es paßt, kann derselbe Kehrvers, der nach der Lesung gesungen wurde, unmittelbar vor dem Kommunionempfang noch einmal aufklingen. Mühelos singen die Leute den klar vorgesungenen kurzen Vers nach, ohne dabei durch ein Buch gestört zu werden.

Kehrverse lassen sich ohne große Ansage auch zu anderen Gelegenheiten singen, etwa als Rahmenvers für ein (gesprochenes) Tischgebet, z. B. GL 477: „Preiset den Herrn zu aller Zeit, denn er ist gut"; oder als Antwort zu den Preces in Laudes und Vesper, z. B. GL 529,4: „Herr, gib uns Frieden, schenk uns dein Heil"; GL 253,1: „Sende aus deinen Geist und das Antlitz der Erde wird neu". Eingängige Melodien werden nicht selten nach dem Gottesdienst weitergesummt oder -gesungen: ein Zeichen, daß der Kehrvers etwas in Bewegung gebracht hat.

c) Mit Psalmen biblisch beten lernen

In einer Zeit, in der sich viele Gläubige schwer tun, ihr Leben vor Gott auszusprechen, kann gerade die responsoriale Psalmodie zu einer Hilfe des Betens werden. Wo lernen wir besser als hier das Klagen und das Loben, die Freude an Gott ebenso wie das Leiden an ihm! Mich in einem einzigen Sätzchen, in der Gebetserfahrung Ungezählter vor und neben mir ausdrükken zu können: was für eine Hilfe für das persönliche, oft so ausgedörrte Beten! Ein Hilfeschrei zum scheinbar schlafenden Herrn: „Herr, erhebe dich, hilf uns und mach uns frei!" (GL 711, 1); ein Anruf zum Vertrauen mitten in der Not: „Vertraut auf den Herrn: er ist Helfer und Schild!" (GL 745, 1); das Staunen über erfahrene Rettung: „Du führst mich hinaus ins Weite, du machst meine Finsternis hell" (GL 712, 1); die Not der Sehnsucht, Gott zu erfahren: „Meine Seele dürstet nach dir, mein Gott" (GL 754, 1) usf.

Ein altes Ehepaar, das gerne zu einem Wochenendkurs ins Exerzitienhaus kam, freute sich jedes Mal besonders auf den Psalm mit dem Kehrvers „Du führst mich hinaus ins Weite..." (GL 712). Dieser Psalm war für sie im Laufe der Jahre zu einem Wort voller Verheißung und Erfahrung geworden.

Was sich religiös tief einwurzeln soll, muß einfach und wiederholbar sein. Mancher Kehrvers und Ruf im „Gotteslob" erfüllt diese Bedingungen in idealer Weise.

Dritter Schritt: Der antiphonale Psalm

Das heikelste Problem in der Tagzeitenliturgie des Volkes Gottes ist die wechselseitige Psalmodie. Nicht nur von Text und Inhalt der Psalmen, sondern noch mehr vom richtigen Vollzug des Sprechens bzw. Singens her müssen Schwierigkeiten überwunden werden. Der Weg vom Ungewohnten zur guten Gewohnheit ist weit; er führt von der Mühe des Übens zur Freiheit und Freude des Könnens. Beides war ja von jeher mitgemeint, wenn man vom *meditari in psalmis* sprach.

a) Einen Psalm rezitieren

Das gemeinsame Rezitieren eines Psalms läßt rasch die Schwierigkeit entdecken, einen Rhythmus zu finden, der ihm wirklich entspricht. Psalmen sind ja Poesie, Lieder, die zum Erklingen gebracht werden wollen; nur dann offenbaren sie ihre Schönheit und ihre heilsame Kraft. Gerade beim gemeinsamen Sprechen eines Psalms kommen all unsere schlechten Gewohnheiten beim gottesdienstlichen Sprechen und Singen zutage. Da hört man förmlich, wie „atemlos" wir oft mit dem Wort umgehen; wie wenig wir auf Sinn-Einheiten und rechte Betonung achten; wie achtlos wir die vorgegebenen musikalischen Zeichen (wie Grundschlag, Takt, Melodiebogen, Atemzeichen ...) übergehen; wie mundfaul wir besonders gewohnte Texte zu artikulieren pflegen.

Um vom „Gewohnheits-Herzen" zu einem „Überraschungs-Herzen" (M. Buber) zu finden, geht man am besten von außen nach innen vor. Denn der äußere (technische) Vollzug und die innere Einstellung bedingen einander. Für beides gilt es, Hilfestellung zu bieten.

b) Grundregeln zum Sprechen und Singen

Um dem Ziel eines natürlichen Sprechrhythmus näherzukommen, sind einige Regeln zu beachten:

– *Deutscher Sprechrhythmus*

Gesungene deutsche Psalmodie ist deutscher Sprechgesang: sie unterliegt denselben Gesetzen wie das Sprechen. Äqualistisches Gleichmaß aller Silben macht unsere Sprache nicht nur schwer und unnatürlich, sie ebnet alle Unterschiede ein und nimmt ihr Klang, Farbe, Melodie und Rhythmus. Dann entsteht, was ein österreichischer Mitbruder einmal drastisch „Pferde-Rhythmus" nannte: ein Stampfen, das verhindert, daß der Sinn des Wortes durch die (gesungene) Sprache ins Licht gerückt wird.

– *Asteriscus: natürliche Atemzäsur*

Ein gesunder Rhythmus innerhalb eines Psalmverses entsteht, wenn die singende Gruppe das Asteriscuszeichen (*) als natürliches Atemzeichen versteht. „Zwischen dem ersten und zweiten Halbvers liegt die Zeit eines ruhigen Atemzuges: ... gerade so lange, um das soeben Gesungene und Verklingende vom Ohr auch ins Herz sickern zu lassen und das so Verinnerlichte durch das Echo des zweiten Halbverses zu vertiefen und zu bekräftigen."[11]

– *Nahtloser Übergang von Vers zu Vers*

Beim Wechsel von einem Psalmvers zum anderen soll dagegen keine Pause entstehen. Den möglichst nahtlosen Wechsel von einer Seite zur anderen kann man sich mit dem Vergleich von ballspielenden Kindern klar machen: In der gegenchörigen Psalmodie spielen wir uns den bunten Spielball der Großtaten Gottes gegenseitig zu, von einem Chor zum anderen oder von Vorsänger(n)/Schola zur Gemeinde. Worauf es dabei ankommt, ist, daß der Ball nicht zu Boden fällt, sondern ohne Unterbrechung, aber auch ohne Hetze zurückgespielt wird. Je selbstverständlicher dieses Hin und Her gelingt, desto schöner wird das Spiel. Sobald etwas von dieser Leichtigkeit glückt, bekommt die Tagzeitenliturgie wieder etwas vom Charakter eines heiligen Spiele(n)s vor Gott (R. Guardini).

– *Unbetontes Vers-Ende*

Empfindlich gestört wird der Wellenschlag durch die Gewohnheit, beim Singen gegen Ende eines Verses langsamer zu werden und auf der letzten (meist unbetonten) Silbe mit Nachdruck sitzen zu bleiben. So wird der fließende Rhythmus gebremst und verschleppt. Niemandem fällt es ein, so zu sprechen! Es ist eine Sache der Übung: Solange man noch damit beschäftigt ist, die Ton-Schritte zu zählen, bleibt alles Psallieren mühsam und schwerfällig. Leicht und befreiend wird es, wenn mit der Zeit aus dem unsicheren Tasten „das beherzte Eintauchen in den natürlichen Sprach- und Melodienfluß"[12] deutschen Sprechgesangs wird. Vor allem dem Vorsänger bzw. der Schola kommt hier eine wichtige Funktion zu: die singende Gemeinde durch richtiges Vorsingen in Schwung zu halten.

– *Psalmenbegleitung*

Von ihrem Wesen her verlangen die Psalmen als Lieder zum Saiteninstrument die begleitende Musik. Wieviel ist in den Psalmen von Musik, wie oft von Reigen und Tanz die Rede! Das Ziel wäre eine dezente Begleitung des Gesangs auf der Laute oder (Schoß-)Harfe. Gekonnte Orgelbegleitung ist eine große Hilfe, wenn sie die singenden Stimmen nicht übertönt und doch entschlossen anführt. Kaum etwas verlangt aber so viel Einfühlung und „Takt" des Organisten wie die Begleitung der Psalmodie. Sie kann den Gesang tragen, schlecht ausgeführt aber auch lähmen. Darum der Grundsatz: besser ohne Orgel psallieren als mit einer störenden (z. B. verschleppenden) Begleitung.

– *Psalmenoration*

Ein alter Grundsatz der Tagzeitenliturgie empfiehlt, den beendeten Psalm in einer kurzen Gebetsstille ein paar Augenblicke nachklingen zu lassen. Dann wird er vom Vorsteher in einer bündigen Oration zusammengefaßt. So läßt sich sein Wesensinhalt leichter aneignen und bewahren. Die Psalmenoration schließt einen Vorgang ab; es entsteht Raum für Neues.

Vierter Schritt: Eine bewährte Ordnung des Psalmodierens

a) Wechselnde Vortragsweise(n)

Aus verschiedenen Gründen hat sich die folgende Ordnung der Psalmodie für Laudes und Vesper als die günstigste erwiesen: Nachdem sich die Gemeinde im Hymnus oder Lied zusammengesungen hat, setzt man sich zur Psalmodie nieder. Damit sich die Teilnehmer zunächst einmal einhören können, pflege ich den ersten Psalm vorzusingen. Das hat den Vorteil, daß die Leute mit voller Aufmerksamkeit dabei sind, hörend und mit ihrem Kehrvers einstimmend. Zum ersten Psalm wird keine Nummer im „Gotteslob" angesagt, das Hören mit ganzem Herzen soll durch nichts behindert werden. Gelegentlich kann auch ein ganzer Psalm solistisch vorgetragen werden, ohne dazwischengeschalteten Kehrvers, damit der Inhalt um so deutlicher zum Sprechen kommt.

Erst ein (eventueller) zweiter Psalm wird dann im Wechsel gesungen. Um aber auch hier von Anfang an ein möglichst leichtes Hin und Her zu gewinnen, übernimmt der Kantor den einen Part, die Gemeinde den anderen. Erst später, wenn aus dem anfänglich zähen und schwerfälligen gemeinsamen Sprechen und Singen ein einigermaßen beweglicher Sprechgesang geworden ist und der bruchlose Übergang von einem zum anderen Psalmvers sich eingespielt hat, lasse ich schließlich zwei Gruppen der Teilnehmer antiphonisch, d. h. in Gegenchören singen.

Auch beim Canticum bevorzuge ich den responsorialen Wechselgesang. Das Canticum aus dem AT oder NT wird vorgetragen (wenn möglich im Wechsel von zwei Vorsängern), und die Gemeinde übernimmt den Vers, der den Inhalt des Textes für sie bündelt.

So überwiegt in der Psalmodie (zumindest am Anfang) für gewöhnlich das responsoriale Singen. Nicht zufällig war dies in der frühen Tagzeitenliturgie die ursprüngliche Singweise: Die Gläubigen hatten ja kein Buch. Auf diese Weise erreicht man vor allem eine intensive Art von *hörendem* Singen. Es kommt der Psyche des betenden Menschen entgegen, wenn er sich hörend langsam einschwingen darf, um dann die Antwort des Lobes aus ganzem Herzen zu geben.

b) Gattungsgerechte Auswahl und Gestaltung

Der vielfältige Wechsel zwischen responsorialer Psalmodie einerseits und den Möglichkeiten antiphonalen Psalmensingens andererseits (Vorsänger – alle, Frauen – Männer, rechte Seite – linke Seite) kommt nicht nur der Gemeinde entgegen, sondern entspricht auch dem Wesen der verschiedenen Gattungen von Psalmen. Die Psalmen verlangen, je nach literarischer Art, nach Wechsel in der musikalischen Ausführung. Auch von daher halte ich es für falsch, grundsätzlich alle Psalmen von allen singen zu lassen. Schon die textliche Fülle überfordert viele; aber auch die innere Dynamik und Dramatik dieser Lieder kommt so nicht genügend zum Ausdruck. Deshalb singt z. B. die sogenannten „Ich"-Psalmen (bzw. die „Ich"-Stellen in einem Psalm) für gewöhnlich ein Kantor vor, während die Gemeinde die „Wir"-Psalmen und „Wir"-Stellen gemeinsam übernimmt. Dank-, Vertrauens- und Lobpsalmen des Volkes legen den gemeinsamen Vollzug durch alle nahe. Achtet man in der Ausführung auf das so verschiedene Gesicht der Psalmen, kommt ihr Eigenprofil und damit die in ihnen angelegte Dramatik besser zum Vorschein.

Das *Psalmenlied* ist oft die einzige Berührung der Gemeinden mit dem Psalter. Selbstverständlich kann es auch in der Psalmodie von Laudes und Vesper eingesetzt werden. Wie bei allen mehrstrophigen Liedern ist dann auf verteilte Rollen beim Gesang zu achten. Auf jeden Fall ist im Gesamt der Feier ein Ausgleich zwischen Liedform und anderen Gesangsgattungen anzustreben.

c) Eine Mischung aus Alt und Neu

Das Neue Geistliche Lied kann beim Thema Lobgesang in vielen Variationen zum Zug kommen. Bewährte und von der Gemeinde angenommene neue Lieder und Gesänge, die sich in Sinn und Aufbau der Tagzeitenliturgie einfügen, tragen wesentlich zur musikalischen Freude am Lobpreis Gottes bei. Aber gerade sie fordern in der Regel einen sicheren Vorsänger, der den lebendigen Zwiegesang mit der Gemeinde motiviert. Je nach Beweglichkeit der Gruppe eignet sich zum Morgen- oder Abendlob auch eines der neuen rhythmischen Psalmstücke im „Gotteslob".

Zur Eröffnung der Psalmodie

Anstelle des ganzen Morgenpsalms 108 läßt sich gut GL 278 singen, das nur einige Verse aus diesem Psalm herausgreift, die der Gemeinde vorgesungen werden. Vor allem der erste Vers ist ein bildhafter Psalmenauftakt am Morgen, aber auch am Abend. Über der singenden Gemeinde wölbt sich der Himmel des Erbarmens Gottes:

> „Denn deine Gnade reicht, so weit der Himmel ist, und deine Wahrheit, so weit die Wolken gehn."

Stücke zum Thema Glaubensnot

Die *Not* mit dem Glauben, genauer mit der erfahrbaren Nähe Gottes, drücken zwei neuere, psalmähnliche Wechselgesänge aus: GL 301 und 273. Beim ersteren wird in den Vorsänger-Strophen die flehentliche Bitte des Beters („ich") um Gottes spürbare Nähe dem Bekenntnis der Gemeinde zu Gottes Güte und Wahrheit gegenübergestellt.

Im zweiten, ähnlich gebauten Wechselgesang (GL 273) spricht der Vorsänger den einzelnen in der Gemeinde auf seine Glaubensanfechtung hin an: „Du meinst ...", „Du kennst oftmals deinen Weg nicht ...", „Du mußt nur zu sehen lernen ..." Wie in einem Gespräch öffnet er ihm langsam die Augen für Gottes Wirken mitten im Geschehen des Alltags. Und die Gemeinde nimmt nach jeder V-Strophe den Angefochtenen mitsamt seiner Not vor das Angesicht Gottes, wenn sie singt:

> „Singet dem Herrn ein neues Lied, denn er tut Wunder."

Das psychologische Vorgehen in diesen Gesängen ist den biblischen Klagepsalmen abgeschaut. Hier lernt die Gemeinde singend, mit der Glaubensnot, der eigenen und der von anderen, gläubig umzugehen. Vor allem für jüngere Menschen schlagen solche Stücke eine Brücke zu den sprachlich oftmals fremden Psalmen.

Klagestücke

Im kirchlichen Gottesdienst seit langem sträflich vernachlässigt ist die Klage: für den Glaubenden im Psalter eine Selbstverständichkeit, von uns erst wieder zu lernen. Auch in der Tagzeitenliturgie darf und soll die Klage zu Wort kommen.

Besonders das Leiden unter der Not des Schweigens Gottes wird in vielen Klagepsalmen thematisiert. Diese Not auszudrücken und sie in einen größeren Zusammenhang mit der Klage großer Glaubender, ja mit dem Klageschrei Jesu am Kreuz zu stellen, lehrt der Gesang GL 308:

„Gott, mein Gott, warum hast du mich verlassen ...?"
„Gott, mein Gott, warum gibst du keine Antwort ...?"

Dieses Stück kann auch helfen, der Gemeinde den klassischen Klagepsalm 22 (GL 715–717) näherzubringen.

Anstelle eines Klagepsalms eignet sich auch in einfacheren Verhältnissen das Oosterhuis-Lied „Ich steh vor dir mit leeren Händen, Herr" (GL 621). Vermutlich ist es deshalb so beliebt, weil die Fragen dieses Beters die Fragen der Glaubenden überhaupt sind. Das Lied faßt die innere Zerrissenheit des Menschen ins Wort. Wie sehr solches Klagen aus einem tiefen Vertrautsein mit Gott entspringt, zeigt die letzte Strophe, die ein einziges Bitten um die Erfüllung Gottes großer Verheißungen ist.

Fünfter Schritt: Psalmen erschließen

Soll die Tagzeitenliturgie wieder Herzenssache werden für die Gläubigen, so gilt es vor allem, die Gemeinde in den Geist der Psalmen einzuführen. Die Scheu davor wird am ehesten überwinden, wer sich selbst eine Zeitlang mit dem einen oder anderen Psalm vertraut gemacht hat. Ein guter Anfang hin zur Psalmodie ist schon gemacht, wo in der Messe regelmäßig der sogenannte Antwortpsalm vorgesungen oder doch wenigstens gut gesprochen wird.

a) Im Gottesdienst

Mit Hilfe eines Kanons

Der Morgenpsalm 63 ist beispielsweise ein Durstschrei des Menschen nach dem lebendigen Gott. Durch den Meditationskanon „Wen dürstet, der komme" (Taizé), der den Psalm wie eine Antiphon rahmt, wird Gottes Einladung an den Dürstenden zur Antwort auf die Sehnsucht des Menschen.

Psalmenspruch-Meditation

So nennt B. Fischer seine knappen Meditationen zu jeweils einem Vers aus einem der Morgen- und Abendpsalmen im Vier-Wochen-Rhythmus des Stundenbuches[13]. Diese Kurzauslegungen können im Tagzeitengottesdienst der Gemeinde gute Dienste tun: Nachdem der Psalm als ganzer von allen gesungen ist, wird die zugehörige Betrachtung eines seiner Verse langsam vorgelesen. Die nachfolgende Besinnungsstille mündet in eine vom Verfasser dazugeschriebene Psalmenoration, die die Gläubigen mit ihrem Amen beschließen. Dann fährt man mit dem Capitulum in der gewohnten Weise fort.

Vor allem für den Anfang der Tagzeitenpraxis einer Gemeinde ist dieser Weg hilfreich: Man bleibt bei *einem* Psalm, greift *einen* seiner Aspekte heraus und läßt an dieser Stelle die Meditation in die Tiefe gehen.

Die „Flügelschlag-Methode"

In dieselbe Richtung weist der Vorschlag B. Fischers, der eine wichtige Hilfe für die innere Einstellung beim Hören oder Lesen der Psalmen ist. Es gelingt kaum, einen ganzen Psalm Satz für Satz innerlich mitzuvollziehen. „Man sollte es beim Psalmensingen und -beten eher machen wie die Vögel beim Fliegen: sie schlagen auch nur von Zeit zu Zeit mit den Flügeln und lassen sich dann wieder über eine Strecke tragen."[14] So wird man, auch als erfahrener Psalmenbeter, am ehesten über dürre oder doch im Augenblick dürr scheinende Stellen hinweggetragen.

Meditatives Umkreisen eines Psalms

Einer Gruppe kann ein Psalm auf folgende Weise erschlossen werden:
- Der Psalm wird von allen Teilnehmern gegenchörig vorgetragen (gesprochen oder gesungen).
- Ein guter Sprecher wiederholt den Text als Psalmenlesung, alle hören.
- In der folgenden Stille liest jede(r) den Psalm für sich und

achtet auf das Wort oder den Satz, von dem er besonders angesprochen wird.
- Austausch: Die Teilnehmer werden ermuntert, „ihren" Vers zu sagen. Erst nach einer kurzen Stille folgt der nächste.
- Der Psalm wird noch einmal ganz vorgetragen, alle hören.
- Alle sprechen oder singen den Psalm zum Abschluß im Wechsel zweier Gruppen.

Der Psalm wird im Verlauf dieses Vorgehens mit den Erfahrungen einzelner „aufgeladen". Er wird ein Stück weit zu ihrem Lied [15].

Anstelle einer Homilie

Anstatt der Homilie kann ein vorausgegangener Psalm gemeinsam erschlossen werden: durch ein geistliches Gespräch, mit Hilfe eines Bildes oder Gedichtes, informativ oder meditativ, im Rezitieren, Singen oder Vorsingen des Textes, durch Vergleich mit einer modernen Fassung des Psalms ...

b) Außerhalb des Gottesdienstes

Psalmenabende

Innerhalb der gemeindlichen Bibelarbeit könnten regelmäßige Psalmenabende helfen, im Laufe der Zeit die Reserviertheit vieler gegenüber den Psalmen abzubauen. Erfahrungsgemäß schlagen bei solchen Abenden musikalische und bildhafte Hilfen eine emotionale Brücke zu den Teilnehmern. So bringen etwa Marc Chagalls oder Max Hunzikers König-David-Bilder die Farbigkeit der Psalmen für das Auge zum Leuchten. Das eine oder andere „Geistliche Konzert" von Heinrich Schütz's „Psalmen Davids" erschließt die Poesie des Psalters mit Musik.

Methodische Schritte eines Psalmenabends:
- Der ganze Psalm wird vorgelesen, die Teilnehmer haben noch keinen Text; erster Eindruck?
- Nochmaliges Hören des Psalms mit Hilfe gezielter Fragen zu Inhalt und Form.
- zusammentragen der Antworten (Tafel).

- Der Text des Psalms wird ausgeteilt und in drei Schritten erarbeitet (nach N. Füglister):
  Kommunikation: in Verbindung treten mit den Betern von damals.
  Identifikation: Wo trifft der Psalm meine persönliche Situation?
  Evokation: Wozu regt mich der Psalm an?
- Vortrag des Psalms als ganzen.
- Abschließend wird der Psalm von der Gruppe so gesungen oder gesprochen, wie es seiner literarischen Gestalt entpricht: Ich-Stücke durch Einzelsprecher, Wir-Stücke durch Alle.

Hilfe zur persönlichen Erarbeitung eines Psalms

Aus den Erfahrungen der Psalmenabende entstand ein Blatt, das Ansporn zum persönlichen Umgang mit den Psalmen sein will:

„Wie kann ich mir einen Psalm erobern"?

---

a) Lies dir den Psalm zuerst laut und besinnlich vor: Höre! – Was ist dein erster Eindruck?
b) Beim nochmaligen Lesen achte darauf, wie es dir mit dem Psalm ergeht:
  – Was spricht mich spontan an (welcher Vers, welches Bild)?
  – Was ist mir unverständlich und fremd?
  – Wo empfinde ich Widerstand?
c) Entdecke die Atmosphäre des Psalms:
  – Was ist seine *Grundstimmung* (z. B. Trauer, Klage; Freude, Zuversicht, Jubel; Vertrauen, Hoffnung ...)?
  – Welche *Situation* steht im Hintergrund des Textes? (Dazu kann man einen Kommentar benutzen, z. B. A. Deissler, Die Psalmen.)
  – Welche *Bewegungen* spielen sich ab in den so redenden Menschen (z. B. im Klagenden oder Lobenden)?
d) Frage dich immer wieder:
  – Was ist das für ein *Mensch*, der so redet?
  – Was ist das für eine *Welt*, von der er erzählt?
  – Was ist das für ein *Gott*, mit dem man so reden kann?
e) Welcher Vers eignet sich als Wiederholungsgebet im Atemrhythmus?
f) Lerne die wichtigsten Verse des Psalms auswendig (par cœur).

Das „Fürstenrieder Modell"

Sechster Schritt: Cantica – Gesänge im Geist der Psalmen

Wie der Psalm so ist auch das Canticum aus dem Alten oder Neuen Testament seinem Namen und Wesen nach ein Gesang. Werden solche Texte (hymnischer Art) nur gesprochen, kommt nur wenig von ihrer Schönheit und Kraft zum Vorschein. Im Singen kann man das Hymnische gewisser Schriftpartien leichter entdecken und kennenlernen.

Die Methode ist auch hier im Regelfall, daß die Gemeinde hört, was ihr ein Kantor vorträgt, und sie bestätigt mit einem Zuruf die Strophen. Als Quelle dient zunächst das „Gotteslob", dann auch das „Chorbuch zum Gotteslob". Dieses bietet eine ganze Reihe zentraler Schrifttexte als Canticum am Abend oder Morgen zur Auswahl an. Was dort für die Schola gedacht ist, kann (im Notfall) auch solistisch gesungen werden. Das Repertoire der biblischen Cantica wird dadurch erheblich erweitert.

a) Laudes im „Gotteslob" und im „Chorbuch zum Gotteslob"

Im „Gotteslob"

An alttestamentlichen Cantica ist das „Gotteslob" nicht gerade reich. Neben dem „Lobgesang aus Daniel 3,52–56" (GL 677) in der einzigen Laudes-Fassung des Gesangbuchs gibt es das schöne Stück mit Versen aus der Jesaja-Kantate (Jes 35: GL 124) in der Advent-Vesper, das man auch sonst gut singen kann. Wir haben mit ungeübteren Gruppen statt dessen auch hin und wieder den Wechselgesang GL 106 genommen: „Kündet allen in der Not ..."

Auch der erste Teil von GL 284 (AT-Teil) eignet sich für die Laudes: kurzer Lobpreis auf den Schöpfer und Retter. – Außerdem, vor allem sonntags, der Lobpreis GL 281,2, zu dem man als Gemeindevers die frische Melodie von GL 280 nehmen kann: „Preiset den Herrn, denn er ist gut. Danket dem Herrn, denn er ist gut"; diesen ganzen Vers singen jeweils alle gemeinsam.

Auch die litaneiartigen Stücke GL 227 (nach Psalm 136) und GL 259 (nach Psalm 148) sind als Cantica geeignet, schließlich der kleine Wechselgesang GL 641: „Gleichwie mich mein Vater gesandt hat, so sende ich euch".

Im „Chorbuch"

Bereichert werden diese Gesänge durch eine Auswahl von Chorbuch-Stücken. Man darf sich nur nicht von der Funktionsbezeichnung dieser Gesänge im Buch (z. B. „Eröffnungsgesang", „Zur Kommunion", „Gesang im Advent" usf.) davon abschrecken lassen, sie auch als Cantica zu verwenden. Etwa die beiden Strophen aus dem berühmten Brief des Propheten Jeremia an die Exilierten in Babylon (vgl. Jer 29, 11–13: ChB 124,1), mit denen er den Resignierten Mut machen muß: „Ich denke Gedanken des Friedens ... Suchet mich und ihr werdet mich finden ..." Als Kehrvers dazu läßt sich z. B. auswendig singen: „Herr, gib uns Frieden, schenk uns dein Heil!" (GL 529,4).

Dann aber enthält das Chorbuch vor allem *Jesaja-Stücke* wie das „Feuer-und-Wasser-Wort" (Jes 43), das dem Hörer das Mitgehen seines Gottes durch Feuer und Wasser zusagt (ChB 126), dazu der Leitvers „Der Herr ist mein Licht und mein Heil" (GL 718,1) oder „Kündet den Völkern die Herrlichkeit des Herrn" (GL 740,1), oder an Sonntagen und in der Osterzeit: „Auferstanden ist der Herr, Halleluja" (GL 232,1). Wunderbaren Trost enthält das Jesaja-Canticum ChB 646 (A + B); die Strophen kann man frei auswählen. – Zum Thema „Vollendung" nach Jes 65 und 66 empfiehlt sich ChB 118,2 B, etwa zu dem Kehrvers „Hebt euch, ihr Tore, unser König kommt" (GL 119,1). Überhaupt finden sich die schönsten AT-Cantica unter dem Stichwort „Advent" zu Beginn des Chorbuches. So eignet sich in den Wochen des Advent besonders ChB 119,7, das Verse aus Jes 2 und 11 mischt und unter dem jesajanischen Kehrvers zusammenbindet: „Siehe, die Jungfrau wird empfangen und einen Sohn gebären. Sein Name wird sein: Immanuel" (GL 119,7).

Die Jesaja-Kehrverse im Gotteslob sind fast alle etwas länger; man braucht, zumindest am Anfang, das Buch als Stütze. Das gilt vom alten „Rorate caeli" (GL 120,4 bzw. 3) ebenso wie von den kraftvollen Aufrufen an die Verzagten, die sich die Gemeinde selber zusingt: „Machet euch auf" (GL 119,5); „Nun kündet laut den verzagten Herzen" (GL 119,6) und „Kündet es den Verzagten" (GL 120,1).

b) Vesper im „Gotteslob"

Was die neutestamentlichen Cantica angeht, so finden sich im „Gotteslob" neben den bekannten Stücken aus den verschiedenen Vesperfeiern (vgl. GL 124 = Jes 35; 154 = Kol 1,12–20; 174 + 694 = Phil 2,5–11; 192 = 1 Petr 2,21–24; 631 = Mt 5,3–10: die 8 Seligkeiten; 686 = Offb 19) auch einige ungehobene Schätze; etwa die beiden paulinischen Cantica zu Kerntexten aus dem 1. Korintherbrief, denen das gleiche Melodiemodell zugrundeliegt: GL 87 und 548. Ersteres ist als österlicher Gesang im Grunde immer verwendbar. Der Leitgedanke, der sich durch alle Verse zieht, wird als Ausdruck des gemeinsamen Osterglaubens von allen gesungen: „Dank sei Jesus Christus, der den Tod besiegt!"

Das zweite Paulus-Canticum (GL 548) ergänzt das erste ideal mit dem vierfach wiederholten Vers: „Wir verkünden Christus den Gekreuzigten." Die Gemeinde besingt den gekreuzigten Herrn als Gottes törichte Weisheit und sieghafte Kraft in einer Welt, die Wunder fordert oder Wissenschaft sucht (nach 1 Kor 1,22–30). Was im Buch für 2 Gruppen (I und II) vorgesehen ist, singen gewöhnlich zunächst zwei Einzelsänger vor, damit Melodie und Inhalt im unbelasteten Hören erst einmal aufgenommen werden können. Beim dritten oder vierten Mal kann man es dann in Gruppen versuchen.

Der schon früher erwähnte zweite (neutestamentliche) Teil von GL 284 resümiert im Stil einer Christuslitanei das ganze Erlösungswerk von der Menschwerdung bis zur Vollendung. Die Gemeinde braucht kein Buch und bestätigt mit ihrem oft wiederholten „denn seine Huld währt ewig" die Liebe ihres Herrn.

3. Das Wort Gottes und das Schweigen

Was die Verkündigung des Wortes Gottes in der Schriftlesung der Tagzeitenliturgie angeht, so sind mir folgende Grundsätze wichtig geworden:

a) Am Morgen: das Wort für den Tag

Im Morgenlob ist für gewöhnlich schon etwas Drängendes: Das Tagewerk wartet. Auf diese psychische Spannung der Laudesbeter geht darum der Grundsatz des Capitulum gut ein. Es genügt in der Regel ein kurzes, möglichst bildhaft-einprägsames Wort, das dem beginnenden Tag Gesicht und Richtung geben hilft: ein Wort der Verheißung, eine Zusage oder ein Zuspruch, ein Wort der Hoffnung, der Zuversicht oder der Ermunterung. Solche biblischen Kernworte lassen sich mitunter leicht aus dem Gedächtnis sprechen (wie es teilweise Praxis der frühen Kirche war). Dabei greife ich gerne auf ein Bild oder einen Satz aus einem eben verklungenen Psalm zurück oder auf ein Canticum, wenn ein solches gesungen wurde, z. B. auf das jesajanische Feuer- und Wasser-Wort: „Mußt du durchs Wasser, ich gehe mit dir..." (Jes 43,1 f). Zwei, drei aktualisierende Sätze dazu im Hinblick auf den heutigen Tag genügen. Findet sich noch ein geeigneter Kehrvers zu diesem „Wort in den Tag", so kann es auch emotional untertags im Herzen der Betenden weiterklingen. Gottes Wort – ein Kurzwort zum Mitnehmen in den Tag.

b) Am Abend: ein „lichtes Wort"

Die Situation am Abend ist anders: Die Vesperteilnehmer wollen von Lärm und Last des Tages zur Ruhe kommen. Ermüdet von der Arbeit des Tages, zugleich dankbar für ihr Ende sind sie eher bereit und offen dafür, eine längere Lesung aufzunehmen. Dazu eignen sich, gerade zum Einbruch der Dunkelheit, viele der alt- und neutestamentlichen „Lichtworte"; im Zusammenhang mit dem Lichtritus der Vespereröffnung bedürfen sie keiner großen Erklärung. Sie helfen „das Dunkel des Lebens in der Begegnung mit Christus erhellen..."; die Wende, die in der Vesper als dem *cardo* zwischen Licht und Dunkel, zwischen Grab und Auferstehung des Herrn sich vollzieht, im Glauben faßbar zu machen"[16]; sie geben den Blick frei auf die Vollendung, den Tag ohne Abend. Untergang der Sonne, Anzünden der Lichter, ein Lichtpsalm, ein Lichttext aus der Offenbarung: all das verdichtet das Gebet an der Schwelle des Abends.

Für längere geschlossene Lesungsstücke am Abend plädiere ich nur, wenn ihre Verkündigung ohne Hetze möglich ist, und das heißt, wenn sie eingebettet werden können in den nötigen Raum der Stille. Warum beispielsweise nicht in den geprägten Zeiten des Jahres am Abend die Lesung (oder das Evangelium?) der Tagesmesse lesen, wenn diese nicht gefeiert wird? Eingebunden in den Lobpreis von Psalmodie und Magnificat bekommen die Texte einen anderen Akzent als gewöhnlich.

c) Das Wort in den Vigilien

In den Vigilfeiern steht das Wort Gottes im Mittelpunkt: ein Wortgottesdienst nach der klaren Struktur der Ostervigil: Lesung – Meditationsgesang – Stille – Gebet. Die ausführlichen Lesungen der Schrift, gedeutet durch Texte der Väter oder zeitgenössischer Schriftsteller, werden zunächst persönlich, in einer intensiven Stille, dann aber gemeinsam durch Kanon, Lied oder Litanei „ins Gebet genommen". Aus der Atmosphäre gemeinsamen Hörens auf das Wort entsteht ein Raum gemeinsamen Antwortens in Lob und Klage, Bitte und Dank.

d) Gemeinsames Schweigen [17]

Von großer Bedeutung ist ein gutes Schweigen, dessen Atmosphäre die Tagzeitengottesdienste trägt.

Ein Raum der Erwartung

Während der Morgen von sich aus eher zum Schweigen einlädt, fällt es am Abend meist schwerer, innerlich still zu werden; der Lärm des Tages klingt noch nach. Hilfreich ist die

Stille des Raumes, der die Beter erwartet (kein grelles Licht, das unruhig macht); eine beruhigende Musik, die sie empfängt und die das Laute verstummen läßt; eine körperliche Haltung, die dem einzelnen hilft, sich einzusammeln und zu sich zu kommen ... Das gemeinsame Erwarten öffnet die Versammelten zueinander und für das gemeinsame Vorhaben des Gebetes.

Wort und Schweigen

Das gesprochene und gesungene Wort lebt von der Stille, aus der es kommt und in das es mündet. Man hört es dem Wort im Gottesdienst an, ob es aus der Sammlung oder aus dem Lärm kommt. Ohne den Schutzraum des Schweigens wird es zum Geschwätz. Max Picards Wort gilt nach wie vor: „Das Schweigen ist für das Wort wie das Netz, das unter dem Seiltänzer ausgespannt ist."

Inseln des Schweigens in der Tagzeitenliturgie sind: die kurze Besinnungspause am Ende jedes Psalms; das „Nachhorch"-Schweigen nach der Lesung; der Augenblick schweigenden Innehaltens vor dem Antwortruf der Gemeinde auf die vorgetragenen Bitten bzw. Fürbitten.

4. Das „universale Gebet"

a) Bitten und Fürbitten

Gute Beispiele für die Preces findet man im Stundenbuch. Freilich: vorgegebene Fürbitten sollten in der Regel nur als Impulsgeber, nicht als fertige Vorlage benutzt werden. Die Gefahr, das wirkliche Leben der Betenden auszublenden, ist zu groß.

Ein oder mehrere Teilnehmer wählen aus dem Stundenbuch Bitten bzw. Fürbitten aus und sprechen sie von ihrem Platz aus. Wer sich getraut, kann aus aktuellem Anlaß mit freien Worten ergänzen. Häufig wachsen die Preces aus der vorangegangenen Meditationsstille wie von selbst heraus.

Es empfiehlt sich, die Antwort gelegentlich zu singen: entweder mit einem schlichten „Christus höre uns, Christus erhöre uns" (V-A), einem Kyrie-Ruf, einem der Kyrie-Kanons aus Taizé oder – bei festlichen Anlässen – mit einem längeren mehrstimmigen Kyrie eleison aus der ostkirchlichen Tradition. Immer aber sollte beim Singen der Zu- bzw. Anrufcharakter deutlich zum Ausdruck kommen. Das gilt besonders für Antworten wie GL 358 mit seinen vierstimmigen „Herr, erbarme dich"-Rufen; man muß den Hilferufen anmerken, daß sie den Herrn mit aller Not dieser Welt bedrängen!

Beispielhaft ist in Form und Inhalt die Fürbittlitanei („Lobpreis und Fürbitte") aus den alten „Laudes Hincmari" (GL 563); sie hat in Text- und Melodiegestaltung etwas von dieser drängenden Dynamik. Vor allem lernt man, wie alles Bitten eingebunden bleibt in den Lobpreis Gottes. Das ist echtes biblisches Beten. Was es für alle erbittet, ist nicht dies oder das, sondern „Heil und Leben": ein Leben, das noch mitten im Unglück und in Nöten glücken kann – im Bund mit dem „Heiland der Welt".

Zur rechten Zeit mag es angebracht sein, die vorgebrachten Bitten bzw. Fürbitten in Stille aufzunehmen und erst am Schluß in einem Ruf gemeinsam zu beantworten.

b) Das Vaterunser

Im Vaterunser sammelt sich alles vorangegangene Loben und Bitten der Gemeinde. Um das Herrengebet aus der gewohnten Routine zu befreien, lasse ich es immer wieder einmal in Sinneinheiten sprechen. Entdeckenswert und hilfreich in dieser Hinsicht ist die Vaterunser-Fassung GL 363: eine altchristliche (altspanische) Weise übrigens, dieses zentrale Gebet mit ganzem Herzen zu beten. Der Leiter der Feier trägt jede einzelne Bitte vor, die Gemeinde bestätigt sie mit ihrem Amen. So geschieht im Vollzug (des Sprechens oder Singens) ein wirkliches „Sichfestmachen" (das bedeutet „Amen" von seiner hebräischen Wortwurzel her) am gemeinsamen Vater.

Bei André Gouzes, dem Schöpfer der Musik der französischen „Stundenliturgie des Volkes Gottes", habe ich gelernt, das Vaterunser als das „intimste" aller Gebete ganz zurückgenommen, d. h. diskret, zu sprechen oder zu singen, gleichsam Wort für Wort „durch Christus und mit ihm und in ihm". In Frankreich ist es zudem eine Selbstverständlichkeit, daß man zum Herrengebet die Hände nach oben oder die Arme in der Orantehaltung öffnet: leibliche Hilfen, damit der ganze Mensch in die Bewegung zu Gott mit hineingezogen wird. So wird das Vaterunser am Ende der Tagzeitenliturgie noch einmal zu einem Sammel- und Höhepunkt, in den alles Vorangegangene einmündet.

5. Momente der Festlichkeit

a) Ein festlicher Glaube

Unser Glaube ist Osterglaube und deshalb von seinem Wesen her festlich. Wenn Erlöstsein heißt: Wir sind von Gottes österlicher Liebe im auferweckten Jesus Christus durch und durch bejaht, muß das auch seinen Ausdruck im Gottesdienst finden. Alles Rühmen Gottes ist – als elementare Zustimmung – ein festliches Tun. Ja, im biblischen Sinn läßt die Gemeinde, die Gottes große Taten preist, den Gefeierten in ihrer Mitte „aufleuchten".

Die Wortlastigkeit vieler Gottesdienste erschwert nicht nur den geistlichen Mitvollzug, sie verunmöglicht oft auch ein tieferes Erleben. Bei der Gestaltung der Tagzeitenliturgie ist dieser Gefahr von vornherein entgegenzuwirken. Wenn man sich klar macht, „daß die starke Betonung der Wortvollzüge ... sekundäre Überlagerung einer ursprünglich rituell-zeichenbetonten Feier ist"[18], wird man bei einer gemeindegerechten Gestaltung von Morgen- und Abendlob darauf achten, durch einen gesunden Ausgleich von worthaften und rituellen Elementen eine für das geistliche Erleben unmittelbar einleuchtende Feiergestalt (wieder)zugewinnen.

b) Kanon-Singen

Festliche Gottesdienste werden in der Regel mit dem Dienst des Kirchenchores verbunden. Wo ein Chor fehlt, scheint die Festlichkeit in Frage gestellt; doch muß das nicht so sein.

Die Chance des Kanons

Wo nicht an einen festen Chor zu denken ist, kann man, je nach Möglichkeiten, immer wieder einmal ad hoc einen kleinen Chor zusammenstellen, um einfache Mehrstimmigkeit in die Feiern einzubringen. Ein Liedsatz, ein festliches Benedictus oder Magnificat für den Höhepunkt von Laudes und Vesper, ein Christus-Hymnus auf die Melodie des bekannten Akathistos-Hymnus: gläubige Phantasie ist gefragt.

Eine große Hilfe ist der Kanon. Er verlangt nicht nur Aufmerksamkeit für Text und Melodie, sondern ebenso für ein waches Miteinander. Man muß sich füreinander öffnen und aufeinander einstellen; dann verbindet er alle zum gemeinsamen Werk. Wenn er gelingt, macht er die Feier zu einem kleinen Fest. Dabei ist die Mühe des Lernens gering. Ich kenne kein Hilfsmittel, das mit so wenig Aufwand so lebendige und vielseitige Hilfe bietet.

Beispiele

Großer Beliebtheit erfreut sich bei Jung und Alt der Wort-Gottes-Kanon, der auf eine israelische (Tanz-)Melodie gesungen wird (Notenfassungen dieses und des folgenden Kanons im Anhang D):

„Gottes Wort ist wie Licht in der Nacht;
es hat Hoffnung und Zukunft gebracht;
es gibt Trost, es gibt Halt
in Bedrängnis, Not und Ängsten,
ist wie ein Stern in der Dunkelheit."

Man kann diesen Kanon nicht nur als Responsorium auf die Lesung im Morgen- oder Abendlob verwenden, sondern ebenso am Beginn oder/und zum Abschluß einer biblischen

Besinnung. Besonders wirkt er freilich in der Nacht (vgl. erste und letzte Zeile). In der Feier der Ostervigil tanzten wir ihn nach einer der alttestamentlichen Lesungen oder zur Verkündigung des Osterevangeliums als „Lichttanz" um die brennende Osterkerze. Die Melodie ist eingängig im guten Sinn des Wortes: sie geht nicht nur ins Ohr, sondern ebenso zu Herzen und in die Füße.

Am Sonntag eignet sich gut der zweistimmige Oster-Kanon, der den altkirchlichen Osterruf (Lk 24,34) zum Inhalt hat:

„Der Herr ist auferstanden,
er ist wahrhaftig auferstanden,
Halleluja." (M: K. Marx)

Entweder man eröffnet die Feier der Laudes mit ihm und begrüßt damit den Auferstandenen in der Mitte der Gemeinde, oder man nimmt ihn als Antwortgesang zum Capitulum. Auch zum Ausklang der Sonntagslaudes kann er noch einmal angestimmt werden. Seine fanfarenhafte Melodie macht ihn zu einem österlichen Siegesruf, der nach Wiederholung verlangt.

Zu einer festlichen „Lied-Kantate" wird Paul Gerhardts Morgenlied GL 671, wenn man ihm als Vorspann bzw. als Schlußpunkt einen Kanon anfügt, der in Wort und Melodie wie ein Ein- bzw. Nachspiel wirkt: „Lobet den Herren alle, die ihn ehren. Amen." Jedes Kind kann ihn vom Mund des Vorsängers absingen. Mit dem Kanon zusammen ist das Lied ein festlicher Anfang der Laudes oder der Vesper.

Ähnliche Wirkung hat der kleine Psalmen-Kanon, der den letzten Vers des Psalters aufnimmt:

„Alles, was Odem hat, alles, was Odem hat,
lobe den Herrn!" (Ps 150,6)

Er läßt sich ebenso für sich allein singen wie in Verbindung mit Psalm 150, als Kehrvers zum Lob des Schöpfers (GL 281) oder zu allen Lobgesängen, die im 5. oder 6. Psalmton gesetzt sind.

Ein letztes Beispiel: Das in der Bibel 365mal dem Menschen in allen möglichen Situationen auf Kopf und Herz zugesagte „Fürchte dich nicht: Ich bin bei dir" greift ein gerade in seiner

Schlichtheit überzeugender Kanon auf. Durch die dreifache Wiederholung des Gottesnamens „Ich bin bei dir" wird um die Singenden gleichsam ein Schutzwall gebaut:

„Fürchte dich nicht: Ich bin bei dir,
Ich bin bei dir,
Ich bin bei dir."

Kanones im „Gotteslob"

Übrigens bietet auch das „Gotteslob" Ansätze für eine größere Festlichkeit im Lobpreis Gottes. Der Kanon „Lobet und preiset, ihr Völker, den Herrn" (GL 282) ist ebenso bekannt wie „Danket, danket dem Herrn, denn er ist so freundlich" (GL 283). Warum sie nicht hin und wieder in die Psalmodie einbeziehen? Oder: Warum nicht den beliebten Emmaus-Kanon (GL 18, 8) „Herr, bleibe bei uns" mit der Bitte der Emmausjünger zu Anfang oder/und Ende einer Vesper (nicht nur in der österlichen Zeit) singen? Es muß nur jemand da sein, der diese altbekannten Gesänge durch richtiges Singen als neues Lied entdecken hilft.

An zwei weiteren Stellen im „Gotteslob" ist Festlichkeit durch einen Kanon zu erreichen. Das bei Jung und Alt beliebte Lied nach Psalm 148: „Erfreue dich, Himmel ..." (GL 259) läßt sich auflockern, indem man die Strophen verteilt (auf die rechte und linke Seite, Frauen – Männer – Kinder usf.) und den Refrain am Ende jeder Strophe im zweistimmigen Kanon singt:

1. „Auf Erden hier unten, im Himmel dort oben,
2. den gütigen Vater, den wollen wir loben."

Dasselbe ist möglich in GL 641: Der Leitvers der Gemeinde ist ohne Schwierigkeiten im Kanon zu singen.

1. „Gleichwie mich mein Vater gesandt hat,
2. so sende ich euch."

Dieses johanneische Sendungswort Jesu (Joh 20, 21) wird in zwei Strophen mit dem lukanischen Inhalt der Sendung Jesu gefüllt (vgl. Lk 4, 18). Die Gemeinde als Jüngerschaft übernimmt im Singen die Sendung Jesu als die ihrige. Als Sendung für den Tag eignet sich das kleine Stück vor allem zum Abschluß der Laudes.

c) Musik

Schon vor der Feier, vor allem der Vesper, kann *meditative Musik* (Orgel, Flöte, Gitarre) helfen, den vom Betrieb des Tages erschöpften Menschen abzuholen. Im Verlauf der Feier selbst hat sammelnde, zum Verweilen einladende Musik ihren Platz z. B. nach einem Psalm, nach der Lesung, anstelle eines Responsoriums oder einer Homilie; dann bildet sie den Raum für ein Nachklingen des Gehörten oder Gesungenen.

Begleitende Musik gehört, vor allem in der festlichen Feier, zum Einzug oder Auszug (Prozessionsmusik), Orgelbegleitung zum eröffnenden Hymnus oder Lied sowie zum Benedictus und Magnificat (Möglichkeit der sog. Orgelversetten zwischen den Versen). Von der Kunst, Psalmen mit der Orgel zu begleiten, war schon die Rede. Im Idealfall wird der Psalmengesang durch sparsames Lauten- oder Harfenspiel unterstützt.

Die anspruchsvolle Möglichkeit des Vespergottesdienstes mit Werken zeitgenössischer Komponisten und Dichter wird bisher kaum genützt[19]. Sie darf nur nicht zum Zweck der künstlerischen Selbstdarstellung mißbraucht werden, sondern sollte bewußt die Beteiligung der Gemeinde durch Gesang und Gebet im Blick haben.

d) Prozessionen und Gebärden[20]

Prozessionen

Der Einzug der Dienste (Akolythen, Kreuzträger, Thurifer, Kantor und Sängerschola, Lektor, Leiter ...) führt der Gemeinde die Rollengliederung im Tagzeitengottesdienst vor Augen. Im prozessionsartigen Schreiten werden ähnlich wie in der eucharistischen Liturgie die in der Feier benötigten Gegenstände und Zeichen mitgeführt: Kreuz, Lichter, Weihrauch.

Am Ende der Vesper kann, wenn es die räumlichen Verhältnisse gestatten, eine Prozession der Dienste zum Marienaltar bzw. Marienbild die Bewegung des Anfangs wiederaufnehmen und im Auszug vollenden.

In der österlichen Festzeit wird man in der feierlichen Vesper das Taufgedächtnis mit einem Zug zur Taufkapelle bzw. zum Taufbrunnen verbinden, an dem sich nach Möglichkeit alle beteiligen (vgl. unten „Taufgedächtnis").

Gebärden und Tanz

Die Bewegung innerhalb der Feier wird unterstützt durch einen ruhigen und bewußten Vollzug der Gebärden. Schon die Eröffnung der Laudes mit dem gesungenen Ruf „Herr, öffne meine Lippen" kann durch ein gleichzeitiges Bezeichnen der Lippen mit dem kleinen Kreuz zu einem Eingangsritus werden, der für das Folgende motiviert. Aber auch das Sichbekreuzigen zum Eröffnungsruf sammelt, in Ruhe vollzogen, den Menschen zum bewußten Vollzug.

Dem inneren Rhythmus im Ablauf der Feier entspricht der Wechsel der *Körperhaltungen*: das Stehen zum Hymnus als Ausdruck des zum Lobe bereiten Stehens der mit Christus Auferstandenen vor dem Angesicht Gottes; das sitzende Meditieren während der Psalmodie und das verweilende Horchen zur Lesung oder das Nachhorchen in der anschließenden Stille; das Sicherheben zu den Hochgesängen von Benedictus und Magnificat als Zeichen der „Erhebung" des ganzen Menschen durch das besungene österliche Geheimnis; schließlich das stehend vollzogene „in-ständige" Flehen zu Gott/Christus im Bitt- oder Fürbittgebet.

Wenn wir erst die Psalmen wieder als Lieder leibhaftigen Glaubens begreifen, werden wir beim Invitatorium „Kommt, laßt uns niederfallen, uns vor ihm verneigen ..." (Ps 95,6) nicht länger stehenbleiben, sondern uns wirklich vor dem gegenwärtig Geglaubten verbeugen oder niederknien. Warum soll das „Erheben der Seele" zum Herrn nicht im Erheben der Hände zum Ausdruck kommen? Und wann werden wir die Einladung der Psalmen zum Reigentanz der Freude vor Gott nicht mehr nur in den Mund nehmen, sondern auch in die Bewegung der Füße und Hände, des ganzen betenden Leibes übergehen lassen? Etwa am Ende des sonntäglichen Laudespsalms 118 uns um die Ecken des Altares zusammenschließen zum Reigen (Vers 27)? Wann werden wir „beim Reigentanz singen: All meine Quellen entspringen in dir" (Ps 87,7)?[21]

e) Zeichenhaftes Handeln

1) Das Luzernar

In den letzten Jahren haben wir die Eröffnung der Tagzeitenliturgie gerne mit einem Luzernar gestaltet. Dieses wiederentdeckte Lichtritual hilft wesentlich, die unsichtbare Dimension von Vesper und Laudes anschaulich zu erschließen.

Vesper

In der feierlichen Vesper entfaltet sich das Luzernar als festlicher Introitus der Feier selbst. Der Vorsteher zieht, die brennende Osterkerze in Händen, ein mit dem Ruf: „Licht und Frieden von Jesus Christus, unserm Herrn!" Der (u.U. dreimal wiederholte, jeweils höher intonierte) Begrüßungsruf wird von der Gemeinde respondiert mit „Dank sei Gott". Die atmosphärische Brücke zur Osternachteröffnung ist hergestellt. Die Vesper feiert Christus als das „abendlose Licht, das nie mehr untergeht". Zum Zeichen der Fülle des Lichtes, mit dem unsere Nacht durch das Abendopfer Christi erleuchtet wird, steht auf dem Altar ein (siebenarmiger) Leuchter. Zum Entzünden seiner und aller übrigen Kerzen im Presbyterium, bei hochfestlichen Anlässen im ganzen Kirchenraum, intoniert ein Chor einen Lichthymnus, dessen Antiphon die Gemeinde nach jeder Strophe wiederholt. Eine gesungene oder gesprochene Lichtdanksagung („Eucharistia lucernalis") beschließt den Eröffnungsritus des Luzernars[22].

Eine große Chance, gerade für die regelmäßige Gemeindevesper, birgt auch das Anzünden der Kerzen kurz vor Beginn der Vesper, ein indirektes Luzernarium, wenn man so will. Dabei können die schon anwesenden Gläubigen in der nur spärlich erleuchteten Kirche zuschauen, wie sich der dunkle Raum im Kerzenlicht erhellt. Wo dies ruhig, mit dem Löschhorn, nicht per Feuerzeug geschieht, kann es zum Erlebnis eines vorweggenommenen Luzernars werden (was das Lichtanzünden außerhalb der Feier in der römischen Kirche de facto ja ist). Im Lichtlied zu Beginn der Feier wird dann das Geschaute ins Wort gehoben:

„Angelangt an der Schwelle des Abends
schauen wir Christus, das ewige Licht ..." (GL 701).

Laudes

Übrigens ist der luzernare Lichtbrauch – jedenfalls in den dunklen Jahreszeiten – auch zu einer festlichen sonntäglichen Laudesfeier möglich: Sofort nach der Eröffnung tritt der Vorsteher an den Ambo und verkündet der Gemeinde ein Osterevangelium. Danach wird das Wort im Zeichen anschaubar gemacht: die hinter dem Ambo stehende Osterkerze wird entzündet; von ihr empfangen alle anderen Kerzen im Feierraum ihr Licht. Dann wird ein festlicher Ostergesang angestimmt als Antwort auf die Frohbotschaft: ein Kanon (z. B. „Der Herr ist auferstanden"), ein mehrstimmiges Halleluja oder ein anderer passender Lobgesang auf Gott[23].

Dieses einfache Modell des eröffnenden Luzernars verkündet sichtbar und hörbar, was gefeiert wird: der Sonntag als Ostertag. Über der dunklen, todverlorenen Welt ist das Licht von Ostern aufgegangen. Auf diesem „lichten" Hintergrund sind alle folgenden Gesänge und Gebete der Laudes Lob- und Dankantwort für das Ostergeschenk der Auferstehung Jesu Christi bzw. die Bitte an Gott, ihr Licht möge sich durchsetzen in aller Finsternis dieser Welt.

2) Die Weihrauch-Spende

Neben dem Licht kann in der Tagzeitenliturgie auch das Zeichen des Weihrauchs das gefeierte Mysterium Christi vergegenwärtigen. Von Gott her gesehen ist Weihrauch Zeichen dafür, daß er die Welt durch die Hingabe Christi mit dem Wohlgeruch der Versöhnung erfüllt hat (vgl. 2 Kor 2,14ff). Vom Menschen her gesehen ist er das Zeichen des Gebetes, des flehentlichen Bittens, aber auch der Umkehr und Reue, die von der sündigen Erde aufsteigen zu Gott.

In der Vesper hebt der Vorsteher für alle sichtbar eine Schale mit Weihrauch empor zu den Worten der Antiphon:

„Wie Weihrauch steige mein Gebet vor dir auf,
Herr, du mein Gott" (Ps 141,2).[24]

Der Vorsänger trägt dazu den sog. Weihrauchpsalm 141 oder einen anderen Abendpsalm vor. Die Schale wird auf dem Altar niedergestellt, wo sie während der Psalmodie verbleibt. Bei besonderen Anlässen können die Teilnehmer nach vorne kommen und ein Weihrauchkorn einlegen.

An Sonn- und Festtagen wird überdies zum Benedictus und Magnificat der Altar inzensiert: die Stätte, wo die Gemeinde das eucharistische Opfer feiert.

3) Lichterprozession zur Vigilfeier

Besonders im Advent und in der Fastenzeit, aber auch vor großen Festtagen läßt sich die frühe Dunkelheit nutzen, um durch das Symbol des Lichtes den Glauben zeichenhaft „ins Licht zu heben". Wir eröffnen die Feier mit einer Statio: Von der brennenden Kerze in der Mitte des Raumes wandert das Licht reihum im Kreis, bis alle Kerzen der Teilnehmer entzündet sind, ein Erlebnis, das sichtbar macht: Wir haben nichts als die Flamme unseres Osterglaubens; aber geteilt miteinander gibt es Licht genug für alle, inmitten der Finsternis. Mit brennenden Kerzen in Händen und dem Huldigungsruf „Der Herr ist mein Licht und mein Heil" ziehen wir in nächtlicher Prozession zur Kapelle: „Die Lenden geschürzt, brennende Lampen in Händen sollt ihr Menschen gleichen, die auf ihren Herrn warten..." (vgl. Lk 12,35 f). In der Kirche angekommen sind Herzen und Sinne bereit, auf Gottes Wort zu hören und es zu feiern.

4) Das Taufgedächtnis

Ein weiteres altes symbolisches Element ist das Gedächtnis der Taufe, vor allem in der vorösterlichen und österlichen Vesper. Die Gläubigen ziehen in der Osterzeit zum Canticum oder Magnificat zum Taufort der Kirche, wo sie in Gesang und Gebet ihrer Taufe dankbar gedenken. Das gesegnete Wasser wird entweder über die Gläubigen ausgesprengt oder, in einer mehr persönlichen Weise, die einzelnen nehmen vom Wasser im Taufbrunnen und bekreuzigen sich damit. Dann zieht man wieder zurück oder betet an diesem Ort die Fürbitten, in denen die Gemeinde ihr in der Taufe erhaltenes priesterliches Amt ausübt.

6. Das hinführende Wort

a) Anstelle eines Liedanzeigers

Von entscheidender Bedeutung für die Teilnahme der Gläubigen ist das Wort zu Beginn der Feier. Mit der Einführung in den äußeren Ablauf verbinde ich gerne einen Hinweis zum inneren Mitvollzug. Es geht mir dabei um ein Stück Mystagogie, im weiteren und engeren Sinn des Wortes. Wie kann man den Feiernden eine Tür nach innen auftun, wie sie inspirieren und animieren für das, was sie jetzt tun?

Beim Ansagen des Verlaufs der Feier ist eine solche Hilfe auf verschiedene Weise möglich:

1) Anthropologische Ansatzpunkte für Laudes oder Vesper
- Morgen bzw. Abend als Angelpunkte des Tages;
- aufgehende bzw. untergehende Sonne;
- Sonne und Licht als Symbole für den auferweckten Herrn;
- das Stehen (zu Hymnus und Evangelien-Canticum) als Ausdruck des Mitauferstehens in Christus.

2) „Technische" Hinweise zum Vollzug
- Erinnerung an die Grundregeln der Psalmodie;
- Aufmerksam machen auf einen „Stolperstein" in Text oder Melodie (z. B. Benedictus GL 681, V. 7);
- Ansingen eines Kanons und Einteilung der Kanongruppen;
- Tips für einen lebendigen Rhythmus; wie man etwa den Kehrvers „Freut euch: wir sind Gottes Volk" (GL 646, 1) singen muß, damit sich darin die Freude des Erwähltseins als Gottes Volk auch wirklich ausdrücken kann. Es genügt, den Vers falsch vorzusingen: Wer auf den ersten beiden Noten sitzen bleibt, verhindert jegliches Aufkommen von Freude.

Ein Beispiel:
Morgenlied GL 671 „Lobet den Herren alle, die ihn ehren": Wir schlagen das bekannte Lied im Buch auf, nehmen die kleinen Striche im Notenbild wahr, erkennen sie als Zeichen für den weiterlaufenden Melodienbogen, ich singe es kurz so an. Dann teilen wir die sieben Strophen des Liedes ein: Die erste und letzte Strophe singen wir gemeinsam, die zweite übernehmen die Frauen, die dritte die Männer (bzw. rechte – linke Seite), in der letzten Strophe kommen wieder alle zusammen. Erst im Zusammenhang aller Strophen kommt die Kraft des genialen Liedes zur Wirkung. Ein knapper Hinweis hierauf oder auf das eine oder andere Stichwort einer Strophe (etwa: „der uns ... *auferwecket*": 2. Str.; „Unsre *Sinnen*": 3. Str.; „*heute*": 5. Str.; Blick auf die *Vollendung*: 7. Str.) hilft, daß das Lied nicht gewohnheitsmäßig abgesungen wird.

Dann folgt die Ansage, daß wir zum ersten Psalm und zum Canticum kein Buch brauchen: „Ich singe den Psalm vor, den Kehrvers können wir auswendig; beim Canticum singen zwei Kantoren im Wechsel: Sie dürfen sich ganz auf das Hören einstellen."

3) Geistlicher Schlüssel
Beispiele:
- GL 557 „Du höchstes Licht, du ewger Schein" als Lied anstelle des Vesperhymnus: Das Licht leuchtet durch alle Stro-

phen (Häufung der „Licht-Worte", einige benennen). Die stark eschatologische Ausrichtung der Strophen 3-5 kommt dem Sinn des Abendlobs entgegen: Im Bild von der „heiligen Stadt, die weder Nacht noch Tage hat ..." steht den Singenden das Ziel der Pilgerschaft vor Augen. – Wer dieses Lied an der Schwelle des Abends zum Anzünden der Lichter singt, stellt sich in das Licht, das Christus ist. Er ist unsere Orientierung im Dunkel der Nacht.

– Der oftmals hintereinander gesungene Kehrvers: „Seine Huld währt allezeit, waltet bis in Ewigkeit" (GL 227) bzw. „denn seine Huld währt ewig" (GL 284): Ausdruck von Langeweile oder Zeichen für den Luxus des Lobes, den wir uns leisten? So etwas wie der Ur-Kehrvers des erlösten Menschen?

– GL-Kv 712 „Du führst mich hinaus ins Weite, du machst meine Finsternis hell": Vielleicht kann mancher diesen Vers nicht aus Vertrauen singen; aber als Bitte, als Ausdruck seiner Sehnsucht nach Befreiung kann er ihn mitsingen ... Ob ich im Singen die Hand ergreife, die mich aus meiner Enge und Finsternis herausführen kann?

– Ich mache aufmerksam auf den ¾-Takt des Osterliedes „Wir wollen alle fröhlich sein ..." (GL 223), das wir zu den Laudes während der Osterzeit singen; ich singe das Tänzerische einige Takte weit vor ... Was der Komponist uns damit sagen wollte?

Man sieht: Oft gehen die verschiedenen Genera dieses einführenden Wortes ineinander über. Wichtig ist, daß dieses Vorwort ermuntert, erhellt, animiert und inspiriert. Es kann der Ort sein, wo der Funke des Geistes überspringt und die Tür zum Mysterium aufstößt. Dann hätte das Wort sein Ziel erreicht.

b) Es darf nicht eilen

Zusammen mit dem Ansagen der Gesänge, einem kurzen Ansingen und dem einweisenden Wort dauern die Laudes oder die Vesper eine knappe halbe Stunde. So kann alles in Ruhe geschehen.

Ein Gottesdienst, der zum Ziel die Freude am gemeinsam

Lobpreis Gottes und damit die Freude an Gott selbst hat (vgl. Kehrvers GL 627,2: „Die Freude an Gott ist unsere Kraft"), muß sich entfalten können. Das Entscheidende ist eine einladende und offene Atmosphäre. Alle unsere zum Gottesdienst hinführenden Schritte wollen dieser Atmosphäre dienen.

Wir verstehen sie als Paraklese im ursprünglichen biblischen Sinn: das Volk Gottes (in der jeweiligen Gruppe) zu ermuntern, seine ureigene Berufung wiederzuentdecken und es zu befähigen, seine unvertauschbare Rolle zu übernehmen im Morgen- und Abendgottesdienst der Kirche.

Anhang A:
Laudes und Vesper: Struktur und Elemente

ELEMENT	FUNKTION	LIT. DIENST
LÄUTEN	Einladung zum Morgen/Abendlob	Mesner
EINZUG	Prozession	alle Dienste
ERÖFF-NUNG	Die Teilnehmer untereinander und mit Gott in Verbindung bringen (Kommunikation herstellen). – Ausrufung des Namens Gottes: „Herr öffne ..." (Laudes) bzw. „O Gott, komm ..." (Vesper).	
HYMNUS	„Volkstümliches Element, das ... die besondere Eigenart der Hore oder des jeweiligen Festes aufzeigt und gleich zu Beginn das Herz bewegt und erhebt" (AES 173); „... soll einen leichteren und froheren Beginn des Gebetes ermöglichen" (AES 42).	
PSALMEN	Sich finden vor Gott: „... haben von ihrem Ursprung her die Kraft, Geist und Herz des Menschen zu Gott zu erheben ... im Glück helfen sie danksagen, im Unglück bringen sie Trost und Standhaftigkeit" (AES 100); „Wer psalliert, öffnet sein Herz den Impulsen, die von den Psalmen ausgehen ..." (AES 106); „... sprechen ... in zeitloser Form Schmerz und Hoffnung, Elend und Vertrauen der Menschen treffend aus und besingen den Glauben vor allem an Gott, an seine Offenbarung und Erlösung" (AES 107).	Kantor Schola Chor Gemeinde

Anhang A: Laudes und Vesper: Struktur und Elemente

LIT. ORT	GEBETS-HALTUNG	HILFEN ZUR GESTALTUNG
	stehen	
	stehen	Grundsatz des „gegliederten Singens": im Wechsel Schola/Chor – Alle oder rechte – linke Seite oder Frauen – Männer ...
	sitzen	Psalmodie: „... den Psalmengesang freudig und abwechslungsreich (zu) gestalten" (AES 113); Psalmen auswählen: „Für die Stunde (Morgen/Abend) und für eine Feier mit dem Volk passend ausgesuchte Psalmen" (AES 43); „Verschiedene Vortragsweisen anwenden: ihrer Verschiedenheit und der Eigenart des einzelnen Liedes Rechnung (ge)tragen" (AES 121): – Solopsalmodie – Responsoriale Psalmodie (K singt vor – A: Kv) – Antiphonale Psalmodie (Wechsel r – l Seite, Schola – Alle, Chor – Alle)

Anhang A: Laudes und Vesper: Struktur und Elemente

ELEMENT	FUNKTION	LIT. DIENST
STILLE UND PSALM- ORATION	Nachklingen lassen: „... entsprechend der alten Tradition, daß nach jedem Psalm eine Weile Stillschweigen gehalten wird und danach die Psalmoration das Gebet sammelt und beschließt ... ... sollen zum Verständnis der Psalmen – zumal zum christlichen – beitragen" (AES 112).	Vorsteher
CANTICUM	L: Ausweitung der Psalmodie (AT-Canticum); V: NT-Canticum betont lobpreisenden Charakter der Vesper.	Kantor/ Schola (Alle)
SCHRIFT- LESUNG	„Durch das Hören des Wortes Gottes baut sich die Kirche auf und wächst. Die wunderbaren Taten, die Gott einst auf vielfältige Weise in der Heilsgeschichte gewirkt hat, werden unter den Zeichen gottesdienstlichen Feierns geheimnisvoll, aber wirklich gegenwärtig" (AEL Art. 7).	Lektorin/ Lektor
RESPON- SORIUM	„... eine Art Akklamation, die das Wort Gottes tiefer in das Herz des Lesers oder Hörers eindringen läßt" (AES 171).	Kantor/ Schola Gemeinde
HOMILIE	„... kann eine kurze Homilie gehalten werden, in der die Lesung ausgelegt wird" (AES 47).	
SCHWEI- GEN	„... um der Stimme des Heiligen Geistes im Herzen vollen Widerhall zu gewähren und das persönliche Gebet enger mit dem Wort Gottes und dem Gebetswort der Kirche zu verbinden" (AES 202).	
BENE- DICTUS/ MAGNIFI- CAT	Höhepunkte der Feier: „Hochgebete". „Diese volksnahen Gesänge ... drücken Lob und Dank für die Erlösung aus" (AES 50).	

Anhang A: Laudes und Vesper: Struktur und Elemente

LIT. ORT	GEBETS- HALTUNG	HILFEN ZUR GESTALTUNG
am Vorsteher- sitz	sitzen oder stehen	
am Ambo	Hörer sitzen	Zuordnungen von Meß- und Stundengebets- lesungen beachten (s. AES 146). Wo keine Messe ist, „wird man vor allem die Texte... der Messe des betreffenden Tages verwen- den..." (AES 46).
		R. kann entfallen oder durch geeigneten an- deren Gesang (medit. Chorgesang) oder me- ditative Musik ersetzt werden (vgl. AES 49).
		Orte der Stille: „Nach den einzelnen Psalmen..., aber auch nach den Lesungen, bzw. den Kurzlesun- gen" (AES 202).
	aufstehen sich bekreu- zigen	„Den Lobgesängen Benedictus, Magnificat ... wird dieselbe Feierlichkeit und Ehre er- wiesen wie dem Evangelium" (AES 138). Inzensieren: Altar, Kreuz, Osterkerze, Ge- meinde

Anhang A: Laudes und Vesper: Struktur und Elemente

ELEMENT	FUNKTION	LIT. DIENST
PRECES	„Das Stundengebet feiert Gottes Lob. Doch weder die jüdische noch die christliche Überlieferung trennt davon das Bittgebet, ja es wird oft daraus abgeleitet" (AES 179). „... müssen auch die Preces das *Lob* Gottes, das Bekenntnis seiner Herrlichkeit und den Gedanken an sein Heilswerk einschließen" (AES 185). Laudes: „Bitten, die Gott den Tag anempfehlen und weihen" (AES 181). Vesper: Fürbitten „für die ganze Kirche, ja für das Heil der ganzen Welt" (AES 187).	
VATER-UNSER	Einmünden allen Betens der Kirche in das Gebet ihres Herrn	kurze Überleitung durch den Vorsteher
ORATION	Zusammenfassen des Betens	Vorsteher
FRIEDENS-GRUSS	besiegelt das gemeinsame Beten („signaculum orationis": Tertullian)	
SEGEN		Vorsteher
ENT-LASSUNG		Vorsteher
AUSZUG		alle Dienste

Anhang A: Laudes und Vesper: Struktur und Elemente

LIT. ORT	GEBETS-HALTUNG	HILFEN ZUR GESTALTUNG
Nicht vom Ambo aus, sondern von einem „geeigneten Ort" (vgl. AES 190)	Stehen	Wichtig: „andächtige" Gebetsatmosphäre – kurze Stille nach der Nennung der Anliegen – konkrete Adressaten (Namen) nennen – Ergänzung durch frei formulierte Fürbitten – Bittlitaneien Antwortruf: Laudes: Lobruf Vesper: Bittruf
	möglich: Orantehaltung	
		Siehe Stundenbuch, Meßbuch, freie Formulierung
	freie Form	
		Segensformeln zum Sprechen oder Singen: siehe Meßbuch
	Prozession	Dazu möglich: Morgen- bzw. Abendlied, Orgelspiel oder Stille

Anhang B: Materialien für Laudes

Abkürzungen: Az = Auszug; Kv = Kehrvers; Nd = Nachdichtung

1. HYMNEN UND LIEDER

a) Hymnen

Zu den vier folgenden Hymnen eignen sich als Melodie GL 550 oder GL 675.

Du Abglanz von des Vaters Pracht	StB 3,217
Nacht und Gewölk und Finsternis (Prudentius)	StB 3,253
O ewger Schöpfer aller Welt (Ambrosius)	StB 3,200
Seht, golden steigt das Licht empor (Prudentius)	StB 3,270

Am Sonntag:
Heil dem Tage (Adam von St. Victor) — StB 3,169

b) Lieder im Jahreskreis — GL-Nummer

Morgenlieder
All Morgen ist ganz frisch und neu	666
Lobet den Herren alle, die ihn ehren (mit Ansinge-Kanon; s. S. 202 und Anhang D)	671
Morgenglanz der Ewigkeit	668

Loblieder
Laßt uns loben, Brüder, loben	637
Nun jauchzt dem Herren alle Welt	474
Singt dem Herrn ein neues Lied	268

Gloria-Fassungen
Allein Gott in der Höh sei Ehr	457
Gloria mit vollständigem Text in deutscher Choralbearbeitung z. B.	437 und 444

Am Sonntag
Osterlied (s.u. Lieder zur Osterzeit)
Die Sonne geht auf (s. Anhang D)

c) Lieder zu den geprägten Zeiten des Kirchenjahres

Advent
Die Nacht ist vorgedrungen	111

Anhang B: Materialien für Laudes

Komm, du Heiland aller Welt	108
Komm, Herr Jesu, komm	568
Macht hoch die Tür	107

Weihnachtszeit

Ein Kind ist uns geboren heut	136
Gelobet seist du, Jesu Christ	130
Jauchzet ihr Himmel	144
Lobt Gott, ihr Christen alle gleich	134
Singen wir mit Fröhlichkeit	135
Tag an Glanz und Freuden groß	137

Epiphanie

Ein Kind geborn zu Betlehem	146
Hört, es singt und klingt mit Schalle	139
Sieh, dein Licht will kommen	147

Österliche Bußzeit

Christus, du Sonne unsres Heils	675

Osterzeit

Christ ist erstanden	213
Das ist der Tag, den Gott gemacht	220
Die ganze Welt, Herr Jesu Christ	219
Gelobt sei Gott im höchsten Thron	218
Nun freue dich, du Christenheit	222
oder ein anderes Osterlied	

Christi Himmelfahrt

Christ fuhr gen Himmel	228
Gen Himmel aufgefahren ist	230
Ihr Christen, hoch erfreuet euch	229

Pfingsten

Der Geist des Herrn erfüllt das All	249
Komm, Heilger Geist, der Leben schafft	241
Nun bitten wir den Heiligen Geist	248
oder ein anderes Pfingstlied	

2. ZUR PSALMODIE   GL-Nummer

a) Psalmen

Sehnsucht nach Gott

Ps 42/43	Meine Seele dürstet allezeit nach Gott	726
Ps 53	Meine Seele dürstet nach dir, mein Gott	676
Ps 84	Meine Seele verzehrt sich in Sehnsucht	649

Anhang B: Materialien für Laudes

Licht am Morgen
Ps 19 A	Die Sonne wie ein Bräutigam	713
Ps 36 Az	In deinem Licht schauen wir das Licht	724
Ps 57 Az	Ich will das Morgenrot wecken	730

Auferstanden
Ps 18 Az	Du führst mich hinaus ins Weite	712
Ps 116A	Du hast mein Leben dem Tod entrissen	746

	Am Sonntag:	
Ps 118	Das ist der Tag, den der Herr gemacht (A-B-C)	235/36

Wer ist Herr in der Welt?
Ps 96	Der Herr ist König	740
Ps 98	Alle Enden der Erde schauen Gottes Heil	484

	Am Sonntag:	
Ps 93	Der Herr über dem Chaos	738

Lobt den Herrn (Schöpfung)
Ps 148	Himmel und Erde, lobet den Herrn	761
Ps 148 Nd	Erfreue dich Himmel, erfreue dich Erde	259
Ps 148 Nd	Singt das Lied der Freude über Gott	272
Ps 150	Alles, was Odem hat, lobe den Herrn	678

	Am Sonntag:	
Dan 3 Nd	Gesang der Jünglinge im Feuerofen mit Kanon „Alles, was Odem hat" (s. Anhang D)	281

b) Psalmodie für Vorsänger oder Schola   Nummer im „Chorbuch zum GL"

Ps 30 Az	In Gott, meinem Heiland, jubelt mein Geist	597, 1
Ps 92 Az	Gut ist's, dem Herrn zu danken	760, 1
Ps 95	Auf, laßt uns jubeln dem Herrn	525
Ps 98 Az	Singet dem Herrn ein neues Lied	232, 2
Ps 100 Az	Auf, laßt uns jubeln dem Herrn mit Kv GL 525	149, 5
Ps 118 Az	Auferstanden ist der Herr	232, 1

c) Anstelle eines Psalms   GL-Nummer

Psalmenlieder nach einzelnen Psalmen

Ps 19	Dein Lob, Herr, ruft der Himmel aus	263
Ps 24, 7–10	Macht hoch die Tür	107
Ps 24B	Hebt euer Haupt, ihr Tore all	566
Ps 31	Auf dich allein ich baue	293
Ps 34	Lob sei dem Herrn	394
Ps 36	Herr, deine Güt' ist unbegrenzt	289

Anhang B: Materialien für Laudes

Ps 36,6	Herr, deine Güte reicht so weit	301
Ps 47	Völker aller Land, schlaget in die Hand	556
Ps 51	Erbarme dich, erbarm dich mein	164
Ps 61	Erhör, o Gott, mein Flehen	302
Ps 91	Wer unterm Schutz des Höchsten steht	291
Ps 92	Das ist ein köstlich Ding	271
Ps 95	Kommt herbei, singt dem Herrn	270
Ps 98	Nun singt ein neues Lied dem Herren	262
Ps 98,1 f	Singet dem Herrn ein neues Lied	273
Ps 99	König ist der Herr	275
Ps 100	Nun jauchzt dem Herren, alle Welt	474
Ps 108	Ich will dir danken	278
Ps 117	Nun lobet Gott im hohen Thron	265
Ps 118	Nun saget Dank und lobt den Herren	269
Ps 130	Aus tiefer Not schrei ich zu dir	163
Ps 138	Mein ganzes Herz erhebet dich	264
Ps 139	Herr, dir ist nichts verborgen	292
Ps 142	Mit lauter Stimme ruf ich zum Herrn	311
Ps 145	Dich will ich rühmen	274
Ps 148	Erfreue dich Himmel, erfreue dich Erde	259
Ps 148	Singt das Lied der Freude über Gott	272

Litaneiartige Wechselgesänge im Geist der Psalmen

Lobpreis des Heilswirkens Gottes (nach Ps 136)	227
Lobpreis ... (nach Ps 136) mit NT-Ergänzung	284

Christus-Rufe:
Christus Sieger, Christus König	564
Österliche Kyrie-Litanei	214
Litanei von der Gegenwart Gottes	764
Sonnengesang des hl. Franziskus (Vorsängerverse im ChB)	285

Herr, unser Herr, wie bist du zugegen	298
Ich steh vor dir mit leeren Händen, Herr	621
Mein Gott, mein Gott, warum hast du mich verlassen	308
Solang es Menschen gibt auf Erden	300

3. CANTICA   GL-Nummer

Jes 35	Die Wüste blüht	124
Dan 3,52–56	Lobpreis Gottes	677
Dan 3 Nd	Lobgesang der drei Jünglinge	281
Ps 136 Nd	Lobpreis des Heilswirkens Gottes: AT-Verse	284
Ps 136	Lobpreis des Heilswirkens Gottes	227
Ps 148	Lobpreis der ganzen Schöpfung	259

		Nummer im „Chorbuch zum GL"
Jer 29	Ich denke Gedanken des Friedens	124,1
	mit Kv GL 529,4	
Jes 43,2	Mußt du durch's Feuer	126
	mit Kv GL 718,1; 740,1; 232,1	
vgl. Jes 35,4	Nun kündet laut den verzagten Herzen (Advent)	119,6
Jes 7,14	Siehe, die Jungfrau wird empfangen (Advent)	119,7
Jes	Freut euch, wir sind Gottes Volk	646(B)
Joh 20,19–23	Osterevangelium (Az)	536,3
	mit Kv GL 232,1 oder 536,3	
Leander v. Sevilla, Lobpreis der Einheit		526,1
	mit Kv GL 527,2	526,1

4. BENEDICTUS   Nummer im GL

Vollständige Fassung   680/81
    am Sonntag mit Kv GL 232,1
Gekürzte Fassung   89
Liedfassung: Gepriesen bist du, Herr und Gott (s. Anhang D)

5. PRECES

Bitten: s. Stundenbuch oder Kleines Stundenbuch vom Tage, ggf. ergänzt durch situationsentsprechende Bitten mit Lobcharakter

Antwortrufe der Gemeinde: s. Stundenbuch

6. VATERUNSER

Melodiefassung des Meßbuchs   362
Frühchristliche (altspanische) Fassung   363
Fassung für die Tagzeitenliturgie   691

Anhang C: Materialien für Vesper

Abkürzungen: Az = Auszug; Kv = Kehrvers; Nd = Nachdichtung

1. HYMNEN UND LIEDER

a) Hymnen

Guter König und Herr (Prudentius), Mel.: Antiphonale	StB 3, 167
Heiteres Licht, Mel.: Antiphonale	StB 3, 167 f
O Gott, aus deinem klaren Licht	StB 3, 166
O Gott, dein Wille schuf die Welt (Ambrosius)	StB 3, 164

Am Sonntag
Du Licht vom Lichte (siehe Anhang D)

b) Lieder im Jahreskreis GL-Nummer

Abendlieder

Angelangt an der Schwelle des Abends	701
Bevor die Sonne sinkt	702
Du höchstes Licht, du ewger Schein	557
Christus, du bist der helle Tag (Str. 1, 3, 5, 6)	704
Mein schönste Zier	559

Am Freitag

Du König auf dem Kreuzesthron	553
Ehre sei dir, Christe, der du littest Not	499

Am Samstag/Sonntag

Nun freue dich, du Christenheit	222

c) Lieder zu den geprägten Zeiten des Kirchenjahres

Advent

Der Herr bricht ein um Mitternacht	567
Gott, heilger Schöpfer aller Stern	116
Hebt euer Haupt, ihr Tore all	566

Weihnachtszeit und Epiphanie
Siehe Laudes

Österliche Bußzeit

Ehre sei dir, Christe, der du littest Not	499
Herr Jesu Christ, dich zu uns wend	516

Osterzeit, Christi Himmelfahrt, Pfingsten
Siehe Laudes

2. ZUR PSALMODIE   GL-Nummer

a) Psalmen

Dank für alles Gute
Ps 92	Du hast mich durch deine Taten froh gemacht	737
Ps 103	Lobe den Herrn, meine Seele	742
Ps 146	Lobe den Herrn, meine Seele	759
Ps 145 A	Zeugen seiner Güte	757

Licht am Abend
Ps 119 Az	Dein Wort ist Licht für meinen Weg	751
Ps 27	Der Herr ist mein Licht und mein Heil	719
Ps 47	Gott ist mit uns	650

Vergebung
Ps 103	Der Herr vergibt die Schuld	742
Ps 32	Du rettest mich	721

Gottes Treue
Ps 111	Auf ewig besteht sein Bund	685

Erlösung
Ps 23	Der Herr ist mein Hirt	718
Ps 116A	Du hast mein Leben dem Tod entrissen	746
Ps 126	Du hast unser Geschick gewendet	753

Friede
Ps 122	Der Herr ist unser Friede	692

Am Freitag
Ps 22 Nd	Gott, mein Gott, warum hast du mich verlassen?	308
Ps 22	Mein Gott, warum hast du mich verlassen?	715–717

Am Sonntag
Ps 110	Christus zur Rechten Gottes	684
Ps 118	Der verworfene Baustein Christus	235 f

b) Psalmodie für Vorsänger oder Schola   Nummer im „Chorbuch zum GL"

Ps 136	Danket dem Herrn, denn er ist gut	284, 1
Ps 145 Az	Groß und gewaltig ist der Herr	626, 1
Ps 34 Az	Kostet und seht, wie gut der Herr	471
Ps 93 + 110 Az	Singet dem Herrn ein neues Lied	232, 3
Ps 145 Az	Singet dem Herrn, ja singet ihm	286, 1

c) Anstelle eines Psalms

Psalmenlieder nach einzelnen Psalmen (siehe Laudes)
Litaneiartige Wechselgesänge im Geist der Psalmen (siehe Laudes)

3. CANTICA   GL-Nummer

Kol 1, 12–20	In Christus die ganze Fülle Gottes	154
Phil 2, 6–11	Jesus Christus ist der Herr	174/694
1 Petr 2, 21–24	Seine Wunden – unser Heil	192
Offb 19	Hochzeit des Lammes	686
NT-Verse	Lobpreis vom Heilswirken Gottes	284
1 Kor 1, 22–30	Wir verkünden Christus den Gekreuzigten	548
1 Kor 15, 43–57	Dank sei Jesus Christus, der den Tod besiegt	87

Nummer im „Chorbuch zum GL"

Kol 3, 1–4 Az	Lobsinget dem Herrn, der Wunder vollbracht	231
Pl-Verse	Der Herr hat sein Volk befreit	233, 6
NT-Verse	Dies ist mein Gebot	626, 4
1 Petr Az	Inmitten deiner Kirche, Herr und Gott	647, 2

4. MAGNIFICAT   GL-Nummer

Danket dem Herrn, er hat uns erhöht (9. Ton)   688–89
Antiphon „Laudate, omnes gentes" (Taizé)
Antiphon „Misericordias Domini" (Taizé)

Richtet euch auf und erhebt euer Haupt (3. Ton)   126–27
(Am Sonntag: Kv 232, 1)

Liedfassung   Den Herren will ich loben   261

5. PRECES

Fürbitten: s. Stundenbuch oder Kleines Stundenbuch vom Tage, ggf.
               ergänzt durch situationsentsprechende Fürbitten.
               Festliche Litanei „Lobpreis und Fürbitte"   563

Antwortrufe der Gemeinde zum Singen   358, 1–3

6. VATERUNSER (siehe Laudes)

Anhang D: Gesänge

Liedfassung des Benedictus
Text: M. L. Thurmair; Melodie: wie GL 264

Gepriesen bist Du, Herr und Gott,
der heimgesucht sein Volk in Treue;
der uns erlöst aus Schuld und Not,
auf daß sein Heil das Herz erfreue.
Aus Davids Stamm hat er erweckt
den Retter, den er uns verheißen,
daß uns der Feinde Haß nicht schreckt
und wir in Freiheit ihn lobpreisen.

Gepriesen sei Gott, unser Herr
der uns erwiesen sein Erbarmen,
der seinen Bund von altersher
auf ewig stiftet mit uns Armen:
daß wir, von aller Furcht befreit,
gerecht und heilig vor ihm leben,
getreu ihm dienen allezeit
und ihm allein die Ehre geben.

Gepriesen sei Gott, unser Hirt,
der uns mit seinen starken Armen
den sichern Weg des Friedens führt
durch seine Liebe, sein Erbarmen.
Uns alle, die im finstern Tal
in Nacht und Todesschatten gehen,
hat heimgesucht mit seinem Strahl
das Licht, der Aufgang aus den Höhen.

Lobet den Herren alle, die ihn ehren — Kurt Rommel

Rechte: Strube Verlag, München

Anhang D: Gesänge

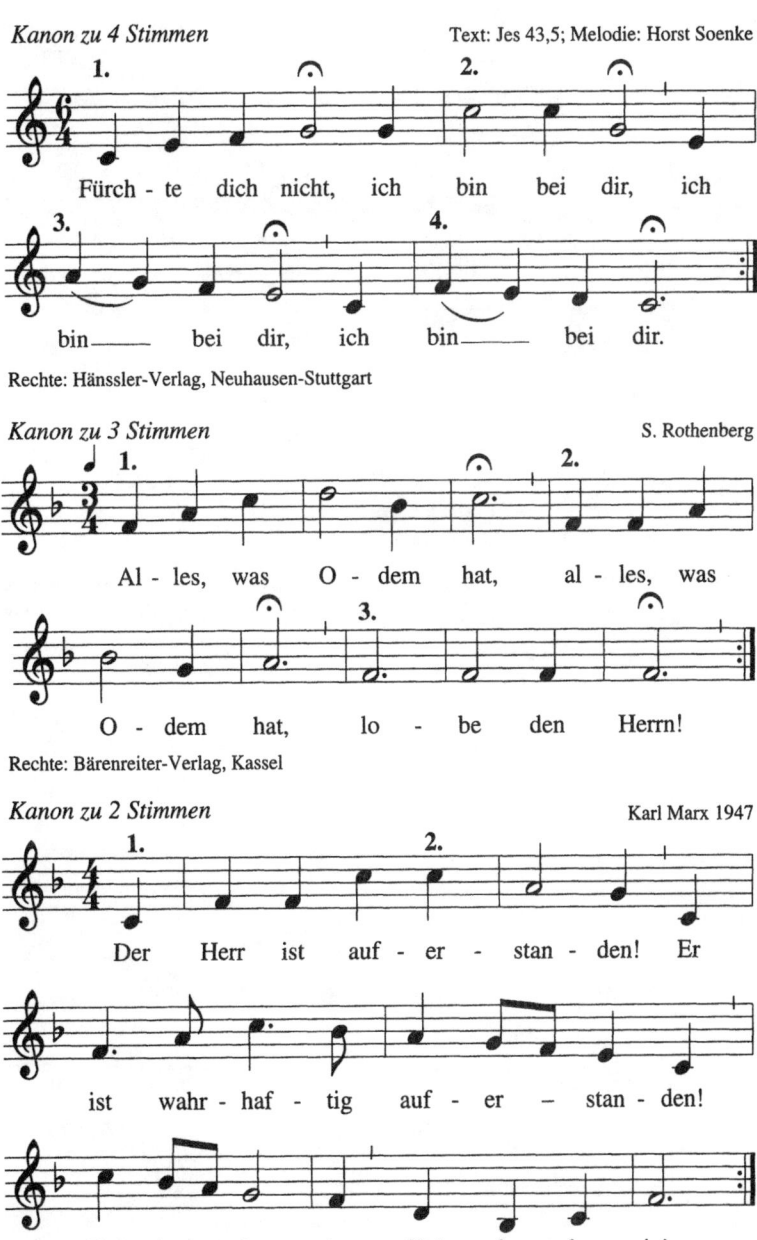

Anhang D: Gesänge

Melodie aus Israel

1. Gottes Wort ist wie Licht in der Nacht; es hat
2. Hoffnung und Zukunft gebracht; es gibt Trost, es gibt Halt in Bedrängnis, Not und Ängsten, ist wie ein Stern in der Dunkelheit.

Zum Weihrauchopfer

Text und Melodie aus: Christuslob, hrsg. von M. Neuhold und H. Rohr, Verlag Herder, Freiburg

Wie Weihrauch steige mein Gebet vor dir auf, Herr, du mein Gott. Halleluja.

Antwortgesang

V/A Mein Beten steige vor dir auf * wie Weihrauch, Herr, vor deinem Angesicht. Das Erheben meiner Hände sei wie das Opfer am Abend. *

1. Die Sonne geht auf: Christ ist erstanden. Die Nacht ist vorbei: Christ ist erstanden, die Sonne geht auf. Vergessen sind Ängste, Not. Kummer und Schmerzen, wir atmen freier und singen von Herzen: Die Sonne geht auf: Christ ist erstanden, die Nacht ist vorbei.

2. Das Leben beginnt: / Christ ist erstanden. / Der Tod ist besiegt: / Christ ist erstanden, / das Leben beginnt. / Wir räumen die Trübsal und Schatten beiseite / und tragen die Nachricht unter die Leute: / Das Leben beginnt: / Christ ist erstanden, / der Tod ist besiegt.

3. Wir hören es neu: / Christ ist erstanden. / Wir singen es frei: / Christ ist erstanden. / Wir hören es neu: / Mit unseren Sünden ist Christus gestorben / und hat für uns dadurch die Freiheit erworben. / Wir hören es neu: / Christ ist erstanden, / wir singen es frei.

4. Die Freude ist groß: / Christ ist erstanden. / Wir halten sie fest: / Christ ist erstanden, / die Freude ist groß. / O Herr, hilf, daß wir auch in unseren Tagen / den Menschen die Botschaft der Hoffnung sagen. / Die Freude ist groß: / Christ ist erstanden / Halleluja!

Text und Melodie: Hans-Martin Rauch. Rechte: Voggenreiter & Strube Verlag GmbH, München

Schola

ppp

Kv. Du Licht vom Lichte, du zeigst uns das Antlitz

Sinkt nun die Sonne, neigt sich der Tag,
Quelle des Lebens, allmächtiger Gott,
1. Gottes Sohn, Jesus Christ,
2. Unendlicher Gott, als ein Mensch
3. Bleibe auch jetzt bei uns, Herr,
4. Wenn unsre Stimme ver - - - - - stummt,
5. Du hast begonnen mit uns,
6. Sieh deine Welt im Schatten der Not,
Wie der Weihrauch steigt das Ge - - bet

preisen wir Menschen Gott, unsern Vater,
strömt am A - - - - - bend als Dank
1. wur - - - - dest Fleisch unter uns,
2. hieltest im Leid mit uns stand
3. als der Hoffnung unsterb-li - - ches Licht,
4. wenn unser Be - wußt - - - - sein versinkt,
5. so voll - en - - - - - de denn nun
6. Laß deine Schöpfung, Herr, nicht im Stich,
und uns - - - - rer Hän - - - - - de Er - heben

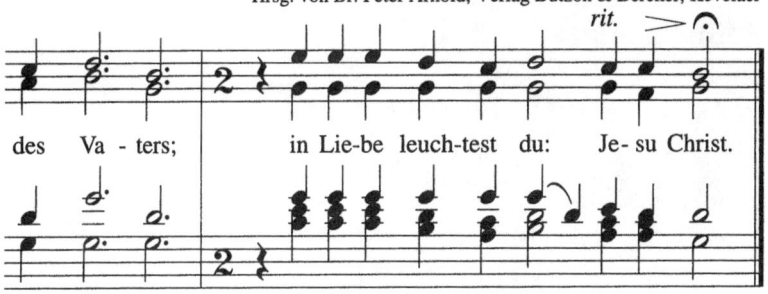

Melodie: André Gouzes O.P.; Text: Bernardin Schellenberger
Aus: Kommt, laßt uns jubeln vor dem Herrn.
Hrsg. von Br. Peter Arnold, Verlag Butzon & Bercker, Kevelaer

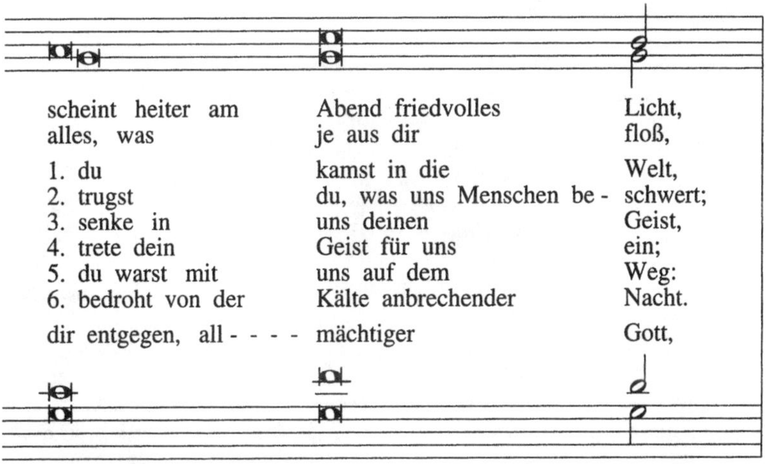

des Va - ters; in Lie-be leuch-test du: Je- su Christ.

scheint heiter am   Abend friedvolles   Licht,
alles, was   je aus dir   floß,
1. du   kamst in die   Welt,
2. trugst   du, was uns Menschen be-schwert;
3. senke in   uns deinen   Geist,
4. trete dein   Geist für uns   ein;
5. du warst mit   uns auf dem   Weg:
6. bedroht von der Kälte anbrechender   Nacht.

dir entgegen, all - - - - mächtiger   Gott,

den uns   der   Sohn offen -   barte im   Geist.
und   als   Lob - - - -   preis zu - -   rück.
1. läßt uns nicht   al - -lein   in der   Nacht.
2. er - - - -   rangst Leben, das   nie mehr er -   lischt.
3. als   —   Funken vom   göttlichen   Glanz.
4. träume   das   Herz dennoch   weiter von   dir.
5. was du   in   Liebe für   uns hast er -   dacht.
6. sende aus dei - nen   Geist, und   alles wird   neu.

reiche dir   am   Abend ent -   gegen das   Lob.

Anmerkungen

Anmerkungen zu Kapitel A

[1] D. *Emeis*, Zwischen Ausverkauf und Rigorismus. Zur Krise der Sakramentenpastoral. Freiburg i. Br. 1991, 72.
[2] *J. B. Metz*, in: *Ders. – T. Peters*, Gottespassion. Zur Ordensexistenz heute. Freiburg i. Br. 1991, 22.
[3] *Emeis* (s. Anm. A 1) 81.
[4] Vgl. *M. Klöckener*, Chancen in der Jugendliturgie, in: LS 42 (1991) 196–200; auch *E. Nagel*, Neue, jugendgemäße Formen von Stundengebet, in: Lebendiges Stundengebet 506–524.
[5] *J. Ratzinger*, Die Hoffnung des Senfkorns. Betrachtungen zu den 12 Monaten des Jahres. Freising 1973, 33.
[6] *A. Görres*, Kennt die Religion den Menschen? München 1983, 126.
[7] *Balth. Fischer*, Dienst des Lobes – Dienst der Fürbitte. Zur Spiritualität des Stundengebets. Freiburg 1978 (Leben im Geist. Anregungen für Priester 5).
[8] *J. Ratzinger*, Suchen, was droben ist. Meditationen das Jahr hindurch. Freiburg i. Br. 1984, 112.
[9] Vgl. SC 84f. 100. – AES 20ff. – Vgl. auch CIC can. 1174 § 2.
[10] Typisch für diese bis zum Vaticanum II geltende Sicht des priesterlichen Stundengebetes ist z. B. seine Behandlung auf der Mainzer Diözesansynode von 1926. Dort findet sich das „Breviergebet" nicht in dem Kapitel über Liturgie, sondern unter dem Stichwort „Selbstheiligung des Priesters". Vgl. Mainzer Diözesansynode 1. bis 7. Januar 1926. Hg.v. Bischöflichen Generalvikariat Mainz. Mainz 1926, 30. 80.
[11] Weitsichtige Männer wie J. A. Jungmann, H. Rahner und Kardinal G. Lercaro haben längst vor dem Konzil für ein Gebet des Seelsorgepriesters plädiert, das der Situation der Seelsorge angemessen und entsprechend organisiert sein müßte. Vgl. Brevierstudien. Referate aus der Studientagung von Assisi 14.–17. September 1956. Hg. v. *J. A. Jungmann*. Trier 1958. Vgl. auch die konkreten Vorschläge von *A. Höfer*, Modelle einer pastoralen Liturgie. Vorschläge zur Reform. Graz 1969, 187–214.
[12] *P. Eicher*, Es gibt ein Leben vor dem Tod. Freiburg i. Br. 1991, 192.

Anmerkungen zu Kapitel B

[1] *P. Hugger*, Meine Seele, preise den Herrn. Gotteslob als Lebenssinn. Münsterschwarzach 1979, 43.

Anmerkungen

2 *E. Jüngel*, Unterbrechungen. Predigten 4. München 1989, 141.
3 *C. Westermann*, Der Psalter. Stuttgart ³1974, 13.
4 Vgl. Kapitel D „Im Licht von Ostern. Als Auferstandene täglich auferstehen".
5 *H. Schlier*, Besinnung auf das Neue Testament 2. Freiburg 1964, 232.
6 *H. Spaemann*, Auf einen Nenner gebracht. Freising 1972, 124.
7 *Jüngel* (s. Anm. B 2) 140.
8 *H. Piontek*, Träumen, wachen, widerstehen. Aufzeichnungen aus diesen Jahren. München 1978, 169 f.
9 *J. Pieper*, Zustimmung zur Welt. Eine Theorie des Festes. München 1963, 78.
10 Ebd.
11 *Hugger* (s. Anm. B 1) 47.
12 Vgl. *P. M. Zulehner*, Das Gottesgerücht. Düsseldorf 1987, 46 ff.
13 *Schlier* (s. Anm. B 5) 17.

Anmerkungen zu Kapitel C

1 *J. Zink*, Wie wir beten können. Stuttgart ²1970, 78.
2 *D. Bonhoeffer*, Der Tag, in: Schöpfung und Fall. Eine theologische Auslegung von Genesis 1–3. München ⁴1958.
3 Ebd.
4 Vgl. *U. Ulrich*, Schicht- und Nachtarbeit im Betrieb. Köln 1964.
5 *J. Ratzinger*, Dogma und Verkündigung. München 1973, 394.
6 Ebd. 396.
7 *H. B. Meyer*, Zeit und Gottesdienst. Anthropologische Bemerkungen zur liturgischen Zeit, in: LJ 31 (1981) 193–213, hier 201.
8 Ebd. 196.
9 *Zink* (s. Anm. C 1) 78.
10 Ebd. 82.
11 *A. Grün*, Der Chorraum. Durchbruch des Ewigen. Würzburg 1985, 42.
12 *W. Stählin*, Der Abend, in: Quatember 18 (1953/54) 218–224, hier 224.
13 Ebd.
14 *J. Ratzinger*, Gottes Angesicht suchen. Freising 1978, 9.
15 *Ä. Löhr*, Abend und Morgen ein Tag. Die Hymnen der Herrentage und Wochentage im Stundengebet. Regensburg 1955, 539.
16 *M. Gutl*, Der tanzende Hiob. Graz ²1976, 112.
17 *I. Baldermann*, Ich werde nicht sterben, sondern leben. Psalmen als Gebrauchstexte. Neukirchen 1990, 122.
18 Ebd. 121.
19 *W. Stählin*, Der Morgen, in: Quatember 18 (1953/54) 86–91, hier 91.
20 *Ä. Löhr*, Abend (s. Anm. 15) 323.
21 Ebd. 319.
22 Die immer noch aufschlußreichste Sammlung von christlichen Sonnentexten bietet *F. J. Dölger*, Sol salutis. Gebet und Gesang im christlichen

Altertum. Mit besonderer Rücksicht auf die Ostung in Gebet und Liturgie. Münster ²1925 (LQF 6/7).
[23] Vgl. *A. Häußling*, Heute die Hymnen von gestern singen? Das Fallbeispiel des Laudeshymnus Aeterne rerum conditor des Ambrosius, in: Lebendiges Stundengebet 316-341.
[24] Vgl. etwa GL 702: Bevor die Sonne sinkt ...
[25] *Bonhoeffer* (s. Anm. C 2).
[26] *E. Zenger*, Mit meinem Gott überspringe ich Mauern. Einführung in das Psalmenbuch. Freiburg 1987, 189.
[27] *Löhr* (s. Anm. C 20) 12.
[28] *Meyer*, Zeit (s. Anm. C 7) 206 f.
[29] Ebd. 207.
[30] Ebd. 204.
[31] *D. Bonhoeffer*, in: Bonhoeffer-Brevier. Hg.v. *E. Bethge*. München 1985, 305 f.
[32] *Meyer*, Zeit (s. Anm. C 7) 205.

Anmerkungen zu Kapitel D

[1] Vgl. *N. Füglister*, Die biblischen Wurzeln der Osterfeier, in: Dies ist die Nacht. Hilfen zur Feier der Osternacht. Hg.v. *R. Berger – H. Hollerweger*. Regensburg 1979, 11-36, hier 16-18. – Vgl. auch *N. Lohfink*, Das Alte Testament christlich ausgelegt. Eine Reflexion im Anschluß an die Osternacht. Meitingen 1988, 14 ff.
[2] *Füglister* 28.
[3] Vgl. *Pieper* (s. Anm. B 9), vor allem 78 ff.
[4] Vgl. *K. Rahner*, Zur Theologie des Gottesdienstes, in: *Ders.*, Schriften zur Theologie 14. Einsiedeln u. a. 1980, 227-237, hier 237.
[5] *Ders.*, Kleines Kirchenjahr. München 1953, 89.
[6] *A. Hollaardt*, Die Feier des Stundengebetes und das Pascha-Mysterium, in: Lebendiges Stundengebet 140-147, hier 142.
[7] *Rahner* (s. Anm. D 4) 237.
[8] *R. Taft*, Das Dankgebet für das Licht. Zu einer Theologie der Vesper, in: Der christliche Osten 37 (1982) 151-160, hier 157.
[9] *Balth. Fischer*, Gemeinschaftsgebet in den christlichen Gemeinden und in der christlichen Familie in der alten Christenheit, in: LJ 24 (1974) 92-109, hier 109. Vgl. auch *A. Rose*, Vom österlichen Beten, in: Gott feiern 395-415.
[10] *Hollaardt* (s. Anm. D 6) 145.
[11] *F. Kohlschein*, Die Tagzeitenliturgie als Gebetsauftrag des einzelnen, in: Lebendiges Stundengebet 525-542, hier 535.
[12] *Balth. Fischer*, Osterfrömmigkeit als Grundstimmung des Stundengebetes, in: LJ 2 (1952) 199-213, hier 205, Anm. 24. Ndr. in: *Ders.*, Redemptionis mysterium. Studien zur Osterfeier und zur christlichen Initiation. Hg. v. *A. Gerhards – A. Heinz*. Paderborn u. a. 1992. – Dieser vorkonzi-

Anmerkungen

liare Aufsatz ist m. E. einer Neuentdeckung wert im Hinblick auf den Geist der nachkonziliaren Tagzeitenliturgie.
[13] Ebd. 213, Anm. 49.
[14] *Hollaardt* (s. Anm. D 6) 145.
[15] *R. Schutz*, zitiert in: Für jeden neuen Tag. Biblische Texte, Gebete und Betrachtungen. Heft 20. Hg.v. der Arbeitsgemeinschaft Missionarische Dienste. Stuttgart 1991, 29.
[16] *F. Kamphaus*, Der innerste Punkt. Überlastung und Entlastung des Priesters, in: LS 33 (1982) 183–185. Kamphaus hält sich an die gleichnamige Erzählung „Das Rad und das Pünktlein" aus Martin Bubers „Die Erzählungen der Chassidim".
[17] *R. Taft*, The Liturgy of the Hours in East und West. The origins of the divine office and its meaning for today. Collegeville 1986, 334.
[18] *H. B. Meyer*, Das Stundengebet in der Gemeinde – eine pastorale Aufgabe, in: HlD 41 (1987) 72–79, hier 75.
[19] *Fischer*, Gemeinschaftsgebet (s. Anm. D 9) 94.
[20] *Taft*, Dankgebet (s. Anm. D 8) 157.
[21] *K. Gamber*, Sacrificium Vespertinum. Lucernarium und eucharistisches Opfer am Abend und ihre Abhängigkeit von den Riten der Juden. Regensburg 1983 (Studia patristica et liturgica 12) 7.
[22] Übersetzung nach *R. Berger*, Eine Gemeinde betet das Abendlob, in: Lebendiges Stundengebet 495–505, hier 501 f. – Auch der Phos-hilaron-Hymnus enthält den klassischen Anfang der Präfation; gut getroffen in der Paraphrase GL 701, 3: „Ja, es ist würdig, dich zu besingen ..."
[23] *Gamber* (s. Anm. D 21) 18.
[24] *H. Becker – A. Gerhards*, Den Abend segnen. Von der Zeitlichkeit des Gebetes, in: Heute segnen. Werkbuch zum Benediktionale. Hg. v. *A. Heinz – H. Rennings*. Freiburg i. Br. 1987 (PLR-Gd) 322–333, hier 327f.
[25] *Taft*, Liturgy of the Hours (s. Anm. D 17) 334 nennt als Vertreter dieser Theorie J. Dubois und A. de Vogüé.
[26] *F. Kohlschein*, Den täglichen Gottesdienst der Gemeinden retten. Plädoyer für die Tagzeitenliturgie in den Pfarrkirchen, in: LJ 34 (1984) 195–234, hier 230.
[27] *Meyer*, Stundengebet (s. Anm. D 18) 75.
[28] *H. Büsse*, Von der Gemeinsamkeit des Stundengebetes, in: Gott feiern 365–375, hier 375.
[29] *J. Camps*, Alternative Feiern für den Sonntag, in: Concilium 18 (1982) 129–135, hier 132.

Anmerkungen zu Kapitel E

[1] Eine geschichtliche Gesamtdarstellung der Tagzeitenliturgie aus neuerer Zeit bietet *A. Gerhards*, „Benedicam Dominum in omni tempore". Geschichtlicher Überblick zum Stundengebet, in: Lebendiges Stundengebet 3–33. Aus dem deutschen Sprachraum gibt es ansonsten nur

einige ältere Arbeiten, die umfassend die Geschichte der Tagzeitenliturgie (meist mit Schwerpunkt des römischen Breviers) darstellen; nennenswert sind, noch aus dem letzten Jahrhundert, *S. Bäumer*, Geschichte des Breviers. Versuch einer quellenmäßigen Darstellung der Entwicklung des altkirchlichen und des römischen Offiziums bis auf unsere Tage. Freiburg i. Br. 1895 (frz. Übers. und Bearb. durch *R. Biron*, Histoire du Bréviaire. 2 Bde. Paris 1905, Ndr. Rom 1967), dann die Breviererklärung von *J. Pascher* (Das Stundengebet der römischen Kirche. München 1954) und die Abhandlungen in den vorkonziliaren Handbüchern der Liturgik von *L. Eisenhofer, J. Lechner* und *A.-G. Martimort*. Das derzeit im Erscheinen befindliche Handbuch der Liturgiewissenschaft „Gottesdienst der Kirche" (hg. v. *H. B. Meyer u.a.* Regensburg 1983 ff) wird der Tagzeitenliturgie den Teilband 6, 2 widmen, der von *Angelus A. Häußling* erarbeitet wird. – Zahlreicher sind die historischen Arbeiten etwa im englischen Sprachraum mit den umfassenden Werken von *Taft*, The Liturgy of the Hours (s. Anm. D 17; frz. Übers.: La Liturgie des Heures en Orient et en Occident. Paris u. a. 1991 [Mysteria]); *G. Guiver*, Company of voices. Daily prayer and the People of God. London 1988; für die Alte Kirche auch von *P. F. Bradshaw*, Daily prayer in the early church. A study of the origin and early development of the divine office. London ²1983 (Alcuin Club Collections 63). Aus dem italienischen, französischen und spanischen Sprachgebiet gibt es weitere umfassende Studien, außerdem Darstellungen in nachkonziliaren Handbüchern. – Neben eigenen Quellenstudien stützen wir uns in den folgenden Ausführungen hauptsächlich auf Taft, Bradshaw und Gerhards.

2 Vgl. ebenfalls Kap. F, dazu die Konsequenzen zur Buchgestalt, die sich aus Kap. G ergeben. S. auch unseren Entwurf: *M. Klöckener*, Eine Liturgie der Tagzeiten. Wünsche zur Ergänzung des Stundenbuches, in: Gd 26 (1992) 137–139.

3 Ed. *B. Botte*, La Tradition apostolique de Saint Hippolyte. Essai de reconstitution. 5. verb. Aufl., hg.v. *A. Gerhards – S. Felbecker*. Münster 1989 (LQF 39) 88. (Diese und andere Übersetzungen der Quellen stammen, wenn nicht anders vermerkt, vom Verfasser dieses Beitrags.) Zur privaten Bibellesung in dieser Epoche vgl. *A. Harnack*, Beiträge zur Einleitung in das Neue Testament. 5: Über den privaten Gebrauch der heiligen Schriften in der alten Kirche. Leipzig 1912, 22–99; vor allem für das 4./5. Jahrhundert zahlreiche Zeugnisse bei *P. Petitmengin*, Les plus anciens manuscrits de la Bible latine, in: Le monde latin antique et la Bible. Hg.v. *J. Fontaine – Ch. Pietri*. Paris 1985 (Bible de tous les temps 2) 89–127.

4 Ed. *Botte* 82. 88–96; vgl. *B. Botte*, Les heures de prière dans la „Tradition Apostolique" et les documents dérivés, in: La prière des heures. Hg.v. *Msgr. Cassien – B. Botte*. Paris 1963 (LO 35) 101–115. Wichtig auch Tertullian und Cyprian für den Westen, Klemens von Alexandrien und Origenes für den Osten.

⁵ Vgl. *Th. Klauser*, Art. Auswendiglernen, in: RAC 1 (1950) 1030–1039, hier 1037. *A. Veilleux*, La liturgie dans le cénobitisme pachômien au quatrième siècle. Rom 1968 (Studia Anselmiana 57) 311 weist darauf hin, daß gemäß dem (zweiten) Nachfolger des Pachomius, Horsiesios, die Mönche mindestens zehn Stücke der Bibel und einen Teil des Psalters auswendig kennen mußten. Athanasius schreibt in seiner legendenhaften *Vita S. Antonii* 1. 72. 78 (um 357 verfaßt) dem Eremiten Antonius sogar zu, die ganze Heilige Schrift auswendig gekannt zu haben (PG 26, 841A. 944B. 952B).

⁶ Neueste Edition: Egérie, Journal de voyage (Itinéraire). Introduction, texte critique, traduction, notes, index et cartes par *P. Maraval*. Paris 1982 (SChr 296). Deutsche Übersetzungen: *A. Bludau*, Die Pilgerreise der Aetheria. Paderborn 1927 (Studien zur Geschichte und Kultur des Altertums 15, 1–2); Die Pilgerreise der Aetheria, eingel. u. erkl. v. *H. Pétré*, aus dem Franz. übers. v. *K. Vretska*. Klosterneuburg 1958; Itinerarium Egeriae, hg.v. *O. Prinz*. Heidelberg 1960. Zur Sache auch *R. Zerfaß*, Die Schriftlesung im Kathedraloffizium Jerusalems. Münster 1968 (LQF 48) 4–38.

⁷ Vgl. Sermo 6, 3 (Césaire d'Arles, Sermons au peuple 1. Ed. *M.-J. Delage*. SChr 175 [1971] 324).

⁸ Vgl. *L. Brou – A. Wilmart*, The psalter collects form V-VIth century sources (Three series). London 1949 (Henry Bradshaw Society 83) 72–111 (evtl. afrikanisch; 5.Jh.). 174–227 (römisch; 5.Jh.). 112–173 (westgotisch; 5./6.Jh.); *P. Verbraken*, Oraisons sur les cent cinquante psaumes. Texte latin et traduction française de trois séries de collectes psalmiques. Paris 1967 (LO 42); *J. M. Canals Casas*, Las colectas de salmos de la serie „Visita nos". Introducción crítica e índices. Salamanca 1978 (Bibliotheca Salmanticensis Estudios 26).

⁹ *Delage*, SChr 175, 322; s. auch Sermo 72, 1; 76, 3 u.ö. (Césaire d'Arles, Sermons au peuple 3 [Sermons 56–80]. Ed. *M.-J. Delage*. SChr 330 [1986] 178. 222).

¹⁰ Für Nordafrika vgl. *V. Saxer*, Morts, martyrs, reliques en Afrique chrétienne aux premiers siècles. Les témoignages de Tertullien, Cyprien et Augustin à la lumière de l'archéologie africaine. Paris 1980 (Théologie historique 55); *H. Urner*, Die außerbiblische Lesung im christlichen Gottesdienst. Ihre Vorgeschichte und Geschichte bis zur Zeit Augustins. Göttingen 1952 (Veröffentlichungen der Evangelischen Gesellschaft für Liturgieforschung 6) 25–59; *K. Abel*, Non-biblical readings in the Church's worship, in: Bijdragen 30 (1969) 350–379; ansonsten s. den Gesamtüberblick von *M. Klöckener*, Die Lesungen aus den Vätern und Kirchenschriftstellern in der erneuerten Stundenliturgie, in: Lebendiges Stundengebet 267–300, hier 268f (mit Literatur). Für die Mönchsregeln vgl. Caesarius, Regel für Nonnen 69, 20 (ed. *V. Desprez*, Règles monastiques d'Occident. IVe-VIe siècles. D'Augustin à Ferréol. Traduction. Bégrolles en Mauges 1980 [Vie monastique 9] 207); Aurelian, Regel für Mönche 57, 5 (248 *Desprez*); *Regula Ferreoli* 18 (310 *Des-*

prez). Für Spanien vgl. Isidor, *Regula monachorum* 6, 4 (PL 83, 867–894). Für die Gemeindeliturgie in Arles vgl. Caesarius, Sermo 1, 15 (*Delage*, SChr 175, 254. 256); dazu *Klöckener*, Lesungen 268f.

[11] *Delage*, SChr 175, 254. 256.

[12] Die Benediktusregel lateinisch/deutsch. Hg. im Auftrag der Salzburger Äbtekonferenz. Beuron 1992, 119.

[13] Vgl. den Katalog orthodoxer Autoren und Schriften im *Decretum Gelasianum*, c.4, ed. *E. von Dobschütz*. Leipzig 1912 (Texte und Untersuchungen 38, 4) 8–10.

[14] Vgl. Sacramentarium Veronense (Cod. Bibl. Capit. Veron. LXXXV ‹80›). In Verb. mit *L. Eizenhöfer u. P. Siffrin* hg. v. *L. C. Mohlberg*. Rom ³1978 (Rerum Ecclesiasticarum Documenta. Series Maior Fontes 1) Nr. 587–593.

[15] Für das Folgende stützen wir uns neben den in Anm. E 1 genannten Arbeiten vor allem auf *P. Salmon*, L'Office divin. Histoire de la formation du Bréviaire. Paris 1959 (LO 27); *Ders.*, L'Office divin au moyen âge. Paris 1967 (LO 43).

[16] Vgl. ebd. 26–28; *A.-G. Martimort*, Les lectures liturgiques et leurs livres. Turnhout 1992 (Typologie des sources du Moyen Age occidental 64) 71–76.

[17] Vgl. zu diesen Lektionaren *C. Vogel*, Medieval liturgy. An introduction to the sources. Rev. and transl. by *W. G. Storey* and *N. K. Rasmussen*. Washington, D. C. 1986, 321f.

[18] Ediert bei *M. Andrieu*, Les Ordines romani du haut moyen âge 2. Louvain 1948 (Spicilegium Sacrum Lovaniense 23) 481–488; Bd. 3. 1951 (SSL 24) 39–41.

[19] Vgl. *Klöckener*, Lesungen (s. Anm. E 10) 268–270 (mit Lit.); *Martimort*, Lectures (s. Anm. E 16) 77–96.

[20] Vgl. die Ausgabe von *P. Salmon*, Le Lectionnaire de Luxeuil (Paris, ms. lat. 9427). 2 Bde. Rom 1944/1953 (Collectanea Biblica Latina 7 u. 9); *Martimort*, Lectures (s. Anm. E 16) 97–102; zur Sache auch *H. J. Limburg*, Die Wahrheit der Heiligen. Ihre Lebensbeschreibungen in den Lesehoren des deutschen Stundenbuches, in: Lebendiges Stundengebet 301–315 (mit Lit.).

[21] Vgl. *Salmon*, L'Office divin au moyen âge (s. Anm. E 15) 23–26. 50–53.

[22] Ed. durch *R.-J. Hesbert*, Antiphonale Missarum sextuplex. Bruxelles 1935; zur Handschrift XIXf.

[23] Vgl. *Salmon*, L'Office divin au moyen âge (s. Anm. E 15) 43.

[24] Vgl. bes. *R. Kottje*, Einheit und Vielfalt des kirchlichen Lebens in der Karolingerzeit, in: Zeitschrift für Kirchengeschichte 76 (1965) 323–342.

[25] *Lectionarii sunt bibliotheca [Bibel], passionarius, legendarius, homiliarius, sermologus, epistolarius, evangeliarius, collectarius et ordo ... Cantuarii libri sunt tres: antiphonarius, gradualis, trophalis* (*Mitrale* 5, prologus: PL 213, 189f).

[26] Vgl. *Salmon*, L'Office divin au moyen âge (s. Anm. E 15) 30–32.

[27] Vgl. ebd. 44ff, bes. 60.

²⁸ Das Ordinarium ist ediert von *S. J. P. van Dijk - J. Hazelden Walker,* The Ordinal of the Papal Court from Innocent III to Boniface VIII and related documents. Freiburg/Schw. 1975 (Spicilegium Friburgense 22) 87–478. Vgl. die Einführung ebd. XX-L und *Salmon,* L'Office divin au moyen âge (s. Anm. E 15) 147–151.

²⁹ Folgende Editionen liegen vor: Breviarium Romanum a Francisco cardinali Quignonio editum et recognitum iuxta editionem Venetiis A. D. 1535 impressam. Ed. *J. W. Legg.* Cambridge 1888; *J. W. Legg,* The second recension of the Quignon Breviary ... 2 Bde. London 1908/1912 (Henry Bradshaw Society 35 u. 42). Vgl. dazu *J. A. Jungmann,* Warum ist das Reformbrevier des Kardinals Quiñonez gescheitert?, in: *Ders.,* Liturgisches Erbe und pastorale Gegenwart. Studien und Vorträge. Innsbruck u. a. 1960, 265–282 (zuerst 1956).

Anmerkungen zu Kapitel F

1 *F. Kohlschein,* Die Tagzeitenliturgie als „Gebet der Gemeinde" in der Geschichte, in: HlD 41 (1987) 12–40, hier 38.
2 *Ders.,* Täglicher Gottesdienst (s. Anm. D 26) 210.
3 Ebd. 213.
4 *A. Häußling,* Liturgiewissenschaftliche Aufgabenfelder vor uns, in: LJ 38 (1988) 94–108, hier 108.
5 *Ders.,* Ist die Reform der Tagzeitenliturgie beendet oder noch auf dem Weg?, in: Lebt unser Gottesdienst? Die bleibende Aufgabe der Liturgiereform (FS B. Kleinheyer). Hg.v. *Th. Maas-Ewerd.* Freiburg i. Br. 1988, 227–247, hier 234.
6 *G. Aeschenbacher,* Gottesdienst – eine kulturelle Verhaltensanomalie?, in: Jahrbuch für Liturgik und Hymnologie 29 (1985) 123–127.
7 *Häußling,* Reform (s. Anm. F 5) 234.
8 *Berger,* Abendlob (s. Anm. D 22) 503.
9 Ebd.
10 Vgl. *Klöckener,* Chancen in der Jugendliturgie (s. Anm. A 4).
11 *Häußling,* Reform (s. Anm. F 5) 240.
12 *Klöckener,* Liturgie der Tagzeiten (s. Anm. E 2) 139.
13 The Book of Alternative Services of the Anglican Church of Canada. Toronto 1985, Introduction 11.
14 Ebd., Introduction 8.
15 Ebd., Divine Office 39.
16 Ebd., Introduction 13.
17 *T. A. Schnitker,* Die Stundenliturgie: Morgen- und Abendlob, in: Volk Gottes auf dem Weg. Bewegungselemente im Gottesdienst. Hg.v. *W. Meurer.* Mainz 1989, 165–169, hier 168.

Anmerkungen zu Kapitel G

1. Vgl. *Berger*, Abendlob (s. Anm. D 22). – Die folgenden Zitate sind alle diesem Aufsatz entnommen.
2. Vgl. *A. Jansens*, Bericht über die Entstehung der täglichen Laudes, in: Feier-Formen. Impulse für Gottesdienstgestaltung. Hg.v. *A. Gerhards* u.a. Aachen 1987, 47–49. – Die folgenden Zitate entstammen diesem Bericht.
3. Kommt, laßt uns jubeln vor dem Herrn. Chorgebet des Volkes Gottes. Hg.v. *P. Arnold.* Kevelaer 1989, 12.
4. Ebd. 14.
5. *Fr. Daniel Bourgeoise* in seiner Einführung zu „Kommt, laßt uns jubeln vor dem Herrn", 17. Der Autor gibt eine Art Rechenschaftsbericht über Entstehung und Intention der französischen Tagzeitenliturgie „Chorale du Peuple de Dieu", aus der die Übertragungen ins Deutsche gefertigt wurden.
6. Ebd. 20.
7. Ebd.
8. Vgl. die Sonntagsvesper in Mariä Himmelfahrt, Bad Tölz, oder in St. Marien, Stuttgart. Im Trierer Dom wird seit vielen Jahren die Vesper nach dem „Gotteslob" gesungen. Erstaunlich viele jüngere und ältere Menschen finden sich regelmäßig dazu zusammen, obwohl sich, etwa in der musikalischen Gestaltung, weitaus mehr Farbigkeit und Abwechslung denken ließe.
9. In frühkirchlichen Dokumenten gerade zur Vesperliturgie fällt auf, daß betont des öfteren Kinder als Mitträger der Abendliturgie genannt werden; z. B. in Egerias Pilgerbericht.
10. *J. Gülden* macht in seinem Buch „In den Tagen des Alters" (Leipzig – Regensburg 1980) den Vorschlag: „In unseren kirchlichen Altersheimen könnten sich Kreise zusammenfinden, die den Tag mit den ‚Laudes' … beginnen und mit der Vesper oder Komplet am Abend beschließen. Das geht auch ohne Pfarrer und ist ein uralter Brauch" (232).
11. *Berger*, Abendlob (s. Anm. D 22) 503.
12. *F. Kohlschein*, Jederzeit offene Kirchen. Zur Zukunft des täglichen Gottesdienstes in den Pfarrkirchen, in: Gd 13 (1985) 97–100.
13. *Ders.*, Täglicher Gottesdienst (s. Anm. D 26) 232. – Die folgenden Ausführungen verdanken diesem Artikel wesentliche Impulse.
14. Ebd. 230.
15. *H. Hollerweger*, Die Zukunft der Volksandachten. Überlegungen zu ihrer Neubelebung, in: Theologisch-Praktische Quartalschrift 121 (1973) 43–50, hier 48.
16. *Kohlschein*, Täglicher Gottesdienst (s. Anm. D 26) 217.
17. Ebd.
18. *Kohlschein*, Offene Kirchen (s. Anm. G 12) 157.
19. *W. Pilz – P. Jansen*, Ora et labora. Junge Christen entdecken ein Programm. München 1983, 85.

Anmerkungen

[20] Vgl. AES 258: Ein beauftragter Laie ist nicht nur „einer unter gleichen", sondern wirkt in besonderer Weise mit an einer Aufgabe des kirchlichen Amtes. Die fast abwehrende Haltung hinter diesem Artikel ist nicht geeignet, engagierte und kritische Gläubige für den Leitungsdienst der Tagzeitenliturgie in Gemeinden ohne Priester zu gewinnen.

[21] Vgl. *A. Gerhards – R. Richter*, Neue Vespergottesdienste. Ein Werkbuch. Freiburg i. Br. 1986.

[22] Vgl. die liturgische und musikalische Schulung von (Jugend)kantoren in der Diözese Passau (Bischöfl. Seelsorgeamt Passau, Referat Liturgie und Kirchenmusik, D-94032 Passau, Domplatz 3): Gottesdienstkunde für die Jugendkantoren in der Diözese Passau „Ich bin gekommen, damit sie das Leben in Fülle haben", erarb. v. *A. Matheußer*. Arbeitsblätter zum Liturgikunterricht im C-Kurs der Diözese Passau von P. *Norbert Weber*.

[23] *Kohlschein*, Täglicher Gottesdienst (s. Anm. D 26) 226.

[24] *H. Spaemann*, Die kommende Welt. Betrachtung und Verkündigung im Jahr des Herrn. Düsseldorf ²1963, 271.

[25] *R. Schutz*, in: Taizé und das Konzil der Jugend. Vom ersten zum zweiten Brief an das Volk Gottes. Freiburg u. a. 1977 (Herderbücherei 543) 39.

[26] *Spaemann*, Kommende Welt (s. Anm. G 24) 271.

Anmerkungen zu Kapitel H

[1] *G. Winkler*, Über die Kathedralvesper in den verschiedenen Riten des Ostens und Westens, in: Archiv für Liturgiewissenschaft 16 (1974) 53–98, hier 68.

[2] Ebd. 68.

[3] Man sollte die *Kurzlesung*, das Capitulum, nicht in eine Rolle drängen, die es historisch niemals hatte. Die knappe Lesung ist im Gesamtduktus des Lobens eher so etwas wie eine meditative Unterbrechung der Psalmodie; sie dient nicht der Verkündigung im strengen Sinn dieses Wortes, sondern eher der Erbauung. Im Gegensatz zur Vigil sind Laudes und Vesper keine „Verkündigungsgottesdienste", in denen die Feier des Wortes deutlich sichtbar im Zentrum steht. Wo man das dialogische Schema des Wortgottesdienstes den Volkshoren der Tagzeitenliturgie überstülpt, zerstört man ihre latreutische Grundstruktur. *R. Zerfaß* hat gezeigt, daß sich die Tagzeitenliturgie der Gemeinde immer als Dialog mit Gott verstand; „aber sie hat sich nie dazu berufen gefühlt, diesen Dialog (mit seinen beiden Polen) adäquat zur Darstellung zu bringen. Das Offizium will von sich aus nur Antwort, nur Lobpreis sein. Das ‚Wort', auf welches im Offizium geantwortet wird, ist außerhalb des Offizium zu suchen" (in: Die Rolle der Lesung im Stundengebet, in: LJ 13 [1963] 159–167, hier 167).

[4] *Fischer*, Dienst des Lobes – Dienst der Fürbitte (s. Anm. A 7).

[5] In: Kommt, laßt uns jubeln vor dem Herrn (s. Anm. G 3) 29–31.

6 Christuslob. Das Stundengebet in der Gemeinschaft. Spezialausgabe. Freiburg i. Br. 1992.
7 Vigil-Wortgottesdienst vor Sonntagen und Hochfesten. Hg.v. *M. Neuhold - H. Rohr.* Freiburg 1977.
8 *S. Walter,* Das Hymnenjahr. Würzburg 1975.
9 *W. Menschick,* Benedictus – Magnificat für drei gleiche und für drei bis vier gemischte Stimmen zu den 9 Psalmtönen. Eichstätt 1982.
10 *R. Berger,* Art. „Kantor", in: *A. Adam - R. Berger,* Pastoralliturgisches Handlexikon. Freiburg i. Br. ^{5}1990, 232.
11 *M. Eham,* Wie singt man die Psalmen?, in: Mehr als Worte sagt ein Lied. Zur Musik in der Liturgie. Hg. v. *H. Schützeichel.* Freiburg 1990, 22.
12 Ebd. 23.
13 Vgl. *Balth. Fischer,* Dich will ich suchen von Tag zu Tag. Meditationen zu den Morgen- und Abendpsalmen des Stundenbuches. Freiburg 1985.
14 Ebd. 12f.
15 Vgl. *Ph. Harnoncourt,* Möglichkeiten zum Vollzug der Psalmen, in: Lebendiges Stundengebet 219–238, hier bes. 236–238. – Vgl. ebd. den Bericht von *A. H. M. Scheer,* Tota Ecclesia orans. Anmerkungen zum Subjekt der Stundenliturgie, 70–97, bes. 94–96.
16 *Berger,* Abendlob (s. Anm. D 22) 500.
17 Vgl. *E. Dekkers,* Tibi silentium laus. Orte der Stille im Stundengebet der Kirche, in: Lebendiges Stundengebet 398–405.
18 *M. Eham,* Das Stundengebet wieder entdecken. Anregungen zur Feier der Gemeindevesper, in: Die Lebendige Zelle (München) 35 (1992) 25–30, hier 26.
19 *W. Bretschneider* bringt das Beispiel eines musikalischen Vespergottesdienstes und eines Geistlichen Konzertes in Form einer „Musikalischen Vesper" in: Bibel und Liturgie 65 (1992) 100–102.
20 Vgl. dazu das anregende Buch Volk Gottes auf dem Weg. Bewegungselemente im Gottesdienst. Hg.v. *W. Meurer.* Mainz 1989.
21 Eine gute theologische Begründung für liturgischen Tanz bietet *I. Pahl,* Getanzte Liturgie. Ansätze und Möglichkeiten, die Dynamik der Liturgie in Bewegungsausdruck umzusetzen, in: Gd 11 (1992) 81–83.
22 Das Lichtritual, das uns von der festlichen Eröffnung der Osternachtfeier geläufig ist, ist die feierlichste Form dieser ursprünglich allabendlich vollzogenen Zeichenhandlung, nicht etwa umgekehrt!
23 *R. Zerfaß* hat gezeigt, daß die Verkündigung des Osterevangeliums der ursprünglich kurzen Kathedralvigil am Sonntagmorgen entstammt: „... der verkündigende Bischof nimmt (in der Auferstehungskirche, zu dieser Stunde!) die Rolle des Engels ein, der aus der Grabhöhle heraus die Auferstehungsbotschaft verkündet ..." (Die Rolle der Lesung im Stundengebet [s. Anm. H 3] 164).
24 Vgl. Christuslob (s. Anm. H 6) 4 (B 4).

Register

A
Abend, in biblischer Sicht 56
Abendgesänge der Kirche 58
Amalar von Metz 115
Ambrosius 59 63
Amen 200
Anbetung, eucharistische 154
Anglikanische Kirche 95
Anglikanisches Gottesdienstbuch der Gemeinde 135
Antiphonale Psalmodie 187
Antiphonar 115
„Antwortpsalm" 182
Apostolische Konstitutionen 102
Atheismus, innerkirchlicher 44
Augustinus 34
Auschwitz, Gotteslob nach A. 41

B
Balthasar, Hans Urs von 161
Benedictus 39 45 86 175
Benediktsregel 106 115
Berger, Rupert 138
Beten, Atem des Glaubens 23
– Jesu 23
–, Lust statt Last 32
–, Tagzeitenliturgie als Schule des B.s 160
–, verlernt 23
–, zeit-gerecht 55
Beter, Zeugen der Wirklichkeit Gottes 25
Bibel und Gotteslob 36
Bitte, eingebunden in Lob Gottes 200
–, Fürbitte und Lob Gottes 166
Bonhoeffer, Dietrich 74
Book of Alternative Services of the Anglican Church of Canada 135
Breviarium, geschichtliche Entwicklung 117
Brevierkrise 31
Breviermentalität 30 32 128
Brevierreform 98
Bücher, liturgische 98
–, Vielfalt der liturgischen B. 116
Bundesschluß am Morgen 70
Büsse, Helmut 96

C
Caesarius von Arles 104 105 107
Camps, J. 96
Cantica 194
Capitularia lectionum 113
Casel, Odo 93
Chorbuch zum Gotteslob 194
Chorgebet der Mönche 30
Christussymbole 64
Chrysostomus 40

D
Dürckheim, Karlfried Graf 178

E
Egeria 102
Einheit und Pluralität der Liturgie 132
Emmausgeschichte 69
Eucharistia lucernalis 92
Eucharistie und Tagzeitenliturgie 90 152
Exodus 77
Exsultet 60

F
Familiengruppen 156
Fest, Ursprung im Ostergeheimnis 87
– und Gotteslob 40
Festlichkeit im Gottesdienst 201
Fischer, Balthasar 61 84 152 191
Franziskaner und Breviergeschichte 118
Frauenkreise 156
Freude am Lobpreis Gottes 212 213
Füglister, Notger 193
Fürbittlitanei 200

G
Gebärde 206
Gebet als Verherrlichung Gottes 167
– als Verkündigung des Heils 167
– der Kirche 127
– und der heutige Mensch 129
– und Sehnsucht nach Gott 31
–, Selbstvollzug der Kirche 25
–, tägliches G. der Gemeinde 156
–, Zeit des Aufatmens 16 31
Gebetsnot 23 32
Gebetsrhythmus 26
Gemeinde, ein geistliches Zentrum 26

245

–, Lernort des Betens 25
–, priesterlicher Dienst der G. 167
–, Prinzipien volksnaher Liturgie 126
–, Recht auf gemeinsames Gebet 27
Gemeindepastoral und Tagzeitenliturgie 161
Gesang 176
Glaubensnot 189
Gloria 174
Gottesdienst, täglicher 22
– im Vorraum der Sakramente 22
– und Bruderdienst, österlich motiviert 87
Gottesfinsternis 67 69
Gotteslob, Befreiung vom Kreisen um sich selbst 41
–, keine Verdrängung von Leid und Tod 41
–, kosmisch 38
–, Krise 34
–, prophetische Aufgabe 44
–, verwandelnde Kraft 41
– als Protest 42
– als Zustimmung zur Welt 43
– in Israel 36
– und Dienst an der Welt 36
– und Glaubenszeugnis 45
– und Osterglaube 38
– und politischer Widerstand 44
– und Wohlstandsmentalität 35
Gouzes, André 200
Guardini, Romano 185

H
Halleluja 87
Halleluja-Psalmen 86
Heiliger Geist und Gotteslob 40
Hippolyt von Rom 21 92 99
Hymnen des Neuen Testaments 79
Hymnensammlungen 107 115
Hymnus 170 174

I
Individualismus in der Frömmigkeit 24
Instrumentarium für die Tagzeitenliturgie 16 133

J
Jahres-Pascha 84
Jerusalemer Liturgie 102 105
Jesus Christus, das abendlose Licht 53 173
–, der helle Tag 66

–, die abendliche Sonne 61
–, die abendlose Sonne 66
–, die wahre Sonne 51 53
Jugendkantor 159
Jugendschola 150
Jugendvesper 22
Jungmann, Josef Andreas 90

K
Kanon als Antiphon 190
Kanon-Singen 202
Kantor 178
Karl der Große 112 114
Katechumenat und Tagzeitenliturgie 160
Kathedralliturgie 103 126 137
Kehrvers 179 181
Kinderchor 150
Kirche, auf Gotteslob gegründet 38
–, geistliche Erneuerung 15
–, verschlossene K.n als Alarmsignal 27
– als Gebetsgemeinschaft 24
– in Atemnot 23
– und Gotteslob 40
Kirchenchor 202
Kirchenmusikamt und Tagzeitenliturgie 163
Kirchenmusiker, liturgische Bildung 159
Kirchenverständnis und Tagzeitenliturgie 125
Klage 189
Klagen vor Gott 35
Kleines Stundenbuch 131
Kommunion als Meßersatz 21
Konzil, Zweites Vatikanisches 29
Kreuzweg 154
Kyrie eleison 200

L
Laudes Hincmari 200
Leben in kosmischen Rhythmen 46
Lebenshilfe durch Regelmäßigkeit 75
– und Tagzeitenliturgie 136
Lebensnotwendigkeit des Gottesdienstes 155
Lebensrhythmus, heute verändert 54
Lebenssituation des heutigen Menschen 71
Lectio continua 105
Lektionar 106 113
Lex orandi – lex credendi 25
Libelli 105 108

Licht, der Mensch ins L. gestellt 62
–, Drama zwischen L. und Finsternis 51
– des Lebens 51
Licht-Danksagungsgebet 92
Licht von Ostern 165
Lichtanzünden am Abend 60
Lichterprozession 209
Lichtlieder 59 171 173
Lichtopfer 61
Lichtritual 61 207
Lichtsymbolik 53 63 173
Lied, anstelle des Hymnus 171
Liturgia Horarum 29 127
Liturgieausschuß 155
Lob, Ursprung in der Liebe 34
– und Klage 35 38
Lob Gottes als Herz der Tagzeitenliturgie 166
Lob Gottes und Fürbitte als priesterlicher Dienst 167
Lobgesänge des Neuen Testaments 39
Loblieder 172
Ludwig der Fromme 112
Luzernar 60 61 92 135 207

M
Magnificat 39 44 86 175
Maranatha-Ruf 70
Märtyrerpassionen 106
Meditation, „Antwortpsalm" als Schule der M. 182
Meyer, Hans Bernhard 73
Mönchsoffizium 101
Morgen, in biblischer Sicht 62
–, Offenbarung des Auferstandenen am M. 70
– und Abend als Gebetszeiten 48
Morgengesänge der Kirche 63
Morgenlieder 171
Morgenröte, Christussymbol 64
Morgensonne, Christussymbol 65
Morgenstern, Christussymbol 64
Musik 205
Mystagogie, Hinweise zum inneren Mitvollzug der Feier 210

N
Nacht 48
–, Todes- und Lebenszeit 49
– des Karfreitags 51
Neues Geistliches Lied 188
Nunc dimittis 39

O
Ökumene und Tegzeitenliturgie 162
Orationen 108 114
Orgelbegleitung 205
Osterbotschaft 78 79
Osterikone 88
Osterkerze 207
Osterlieder 80 172
Osterlob 79
Ostermorgen 63
Ostern, Mitte der Gemeinde 89
–, österliche Spiritualität 87
–, österliche Struktur der Tagzeitenliturgie 85
Osternacht 60
Osternachtliturgie 76
Ostervigil 198
·Ostkirche 95

P
Pachomius 101
Paraklese 213
Pascha-Mysterium 76
–, Hymnen auf das P. 79
–, tägliche Feier 84
– als Bejahung der Welt 80
– als Heilsgegenwart in der Unheilsgeschichte 81
Paul VI. 127
Paulus 39
Perikopenlisten 113
Pfarreien ohne Gottesdienst 21
Pfarrgemeinderat 155
Pfingsten und Gotteslob 40
Phos hilaron 59 92 173
Pieper, Josef 73
Pius V., Breviarium Romanum von 1568 119
Prozessionen 205
Prozessionsmusik 205
Prudentius 59 63
Psalmen, Annäherung in Schritten 178
–, Buch der Preisungen 37
–, Erschließung 190
–, Hinweise zum persönlichen Umgang 193
– im Licht des Ostergeheimnisses 86
Psalmenabend in der Bibelarbeit 192
Psalmenbegleitung 186
Psalmenlied 188
Psalmenoration 103 105 186
Psalmodie 102 104 112 177
–, Hinführung der Gemeinde 151
Psalterien 112

Register

Q
Quiñonez, Brevier des Kardinals Q. 119

R
Rahner, Karl 15
Ratzinger, Joseph 71
Regula Benedicti 106
Regula Magistri 105
Responsoriale Psalmodie 187
Rezitation von Psalmen 184
Rhythmen, dem Menschen vorgegeben 72
Rhythmus, der innere 47
– des Betens 26
– des heutigen Lebens, fremdbestimmt 55
– in der Psalmodie 184
– von Tag und Nacht 46 67
Rohr, Heinrich 175
Rosenkranz 154

S
Sacrificium vespertinum 92
Sakramente 108
Schöpfungsfrömmigkeit 68
Schöpfungsordnung 72
Schöpfungspsalmen 68
Schriftlesung 105
– in der Tagzeitenliturgie 197
Schutz, Roger 28 74
Schweigen 198
Seelsorge und Tagzeitenliturgie 159 163
Selbstvergessenheit im Gotteslob 41
Severus, E. von 84
Sol Invictus 50
Sonne, als Christussymbol 51
–, Geburtsfest am 25. Dezember 50
–, im griechischen Mythos 50
– des Heils 66
Sonnenaufgang und -untergang, österliche Symbole 52
Sonnenfrömmigkeit 49 53
Sonnengebet in Indien 50
Sonnengesang 50
Sonnenlieder 67
Sonnensymbolik 49 86
Sonntagsgottesdienst ohne Priester 96
Spiritualität, österliche Gemeinde-S. 87
– der Gemeinde 161
– der Tagzeitenliturgie 165
Statio 209

Stier, Fridolin 73
Stille 198
Stundenbuch 30 31 127
–, französische Ausgaben 132
– der Benediktiner 134

T
Taft, R. 84
Tag 47
–, Anfang und Ende als Gebetszeiten 48
–, in biblischer Sicht 56
– des Heils 165
– Jesu Christi 70
Tages-Pascha 84
Tagzeitenliturgie, Begriffsklärung 29
Tagzeitenspiritualität 32
Taizé 22
Tanz 206
Taufgedächtnis 209
Tertullian 99
Theologen, liturgische Bildung 158
Thesaurus Liturgiae Horarum Monasticae 134
Traditio Apostolica 99

V
Väterhomilien 106
Väterlesungen 114
Vaterunser 200
Vereine 156
Vesperriten 96
Vigilfeier 198 209
Volk Gottes, Mündigkeit 33

W
Walter, Silja 175
Wechselgesang 180 189
Weihrauchspende 209
Weihrauchopfer 136
Wiederholbarkeit 178
Wochen-Pascha 84
Wochenende und Tagzeitenliturgie 148
Wort Gottes in der Tagzeitenliturgie 197

Z
Zeit, österlich geprägt 83
–, Werden und Vergehen 73
– als Geschenk 68
– und Sinnerfahrung 73
Zeitenwende 71
Zulehner, P. M. 162

Neue Impulse für die Gottesdienstgestaltung

Max Huber
Freut euch, wir sind Gottes Volk
Neue Wortgottesdienste zum Verständnis der Eucharistiefeier
112 Seiten, Kartoniert
ISBN 3-451-27242-3

Hanna Pabst
Weil du uns trägst
Fürbitten
176 Seiten, Pappband
ISBN 3-451-27718-2

Franz Kamphaus
Wenn Gott uns in die Quere kommt
60 Predigten für ein Christsein mit Profil
176 Seiten, Kartoniert
ISBN 3-451-27368-3

Elmar Gruber
In Deinem Licht geborgen
Neue Bußgottesdienste für Liturgie und Gruppenarbeit
128 Seiten, Kartoniert
ISBN 3-451-27455-8

Herbert Jung
Gesegnet sollst du sein
Segensgebete für Seelsorge und Gottesdienst
160 Seiten, Pappband
ISBN 3-451-27634-8

Christoph Recker
Der Weg ist das Ziel
Gottesdienste unterwegs. Anregungen für Prozessionen und Wallfahrten
200 Seiten, Kartoniert
ISBN 3-451-26874-4

Unsere Bücher erhalten Sie in jeder Buchhandlung!

HERDER

Neue Impulse für die Gottesdienstgestaltung

Peter Hofacker / Mathias Wolf
Labyrinthe – Ursymbole des Lebens
Werkbuch für Gemeinde, Gottesdienst und Schule
ca. 160 Seiten, Kartoniert
ISBN 3-451-27410-8

Aurelia Spendel (Hg.)
Mit Frauen der Bibel den Glauben feiern
Modelle für Frauengottesdienste
ca. 160 Seiten, Kartoniert
ISBN 3-451-27717-4

Albert Dexelmann
Schenk uns neues Leben
Gottesdienste und geistliche Impulse für alle Werktage der Fastenzeit
192 Seiten, Kartoniert
ISBN 3-451-27715-8

Andrea Schwarz / Angelo Stipinovich
Wenn der Tod zum Leben wird
Neue Ideen für Gottesdienste und Gemeindefeiern
in der Fasten- und Osterzeit
144 Seiten, Kartoniert
ISBN 3-451-27708-5

Andrea Schwarz / Angelo Stipinovich
Den Stern vor Augen
Gottesdienste, Gebetsmomente, Meditationen für Advent und Weihnachten
160 Seiten, Kartoniert
ISBN 3-451-27336-5

Herbert Jung
Mensch geworden für die Menschen
Gottesdienste, Gebete, Gestaltungsideen für Advent und Weihnachten
160 Seiten, Kartoniert
ISBN 3-451-27708-5

Unsere Bücher erhalten Sie in jeder Buchhandlung!

HERDER

Bewährte Handbücher für die Pfarrgemeinde

Gisbert Greshake
Priester sein in dieser Zeit
448 Seiten, gebunden mit Schutzumschlag
ISBN 3-451-27802-2

Joseph Kardinal Ratzinger
Der Geist der Liturgie
Eine Einführung
208 Seiten, gebunden mit Schutzumschlag
ISBN 3-451-27247-4

Klemens Armbruster
Von der Krise zur Chance
Wege einer erfolgreichen Gemeindepastoral
256 Seiten, gebunden mit Schutzumschlag
ISBN 3-451-27024-2

Rupert Berger
Neues Pastoralliturgisches Handlexikon
592 Seiten, gebunden mit Schutzumschlag
ISBN 3-451-26603-2

Reinhold Bärenz
Die Wahrheit der Fische
Neue Situationen brauchen eine neue Pastoral
288 Seiten, gebunden mit Schutzumschlag
ISBN 3-451-27358-6

Reinhold Bärenz
Frisches Brot, Seelsorge die schmeckt
Eine Einführung
208 Seiten, gebunden mit Schutzumschlag
ISBN 3-451-26612-1

Unsere Bücher erhalten Sie in jeder Buchhandlung!

HERDER

Bewährte Handbücher für die Pfarrgemeinde

Karl Maly
Neue Lektorenschule
Biblische Grundlagen – Praktische Übungen
162 Seiten, Kartoniert
ISBN 3-451-27041-2

Andrea Schwarz / Angelo Stipinovich
Mit Handy, Jeans und Stundenbuch
Erfahrungen mit neuen Formen der Seelsorge
144 Seiten, Kartoniert
ISBN 3-451-26973-2

Albert Dexelmann
Kranke begleiten
Anregungen und Beispiele für die Praxis der
Krankenpastoral in der Gemeinde
144 Seiten, Kartoniert
ISBN 3-451-27338-1

Martin Moser / Helena Rimmele
Leben ist Begegnung
Praktisches Werkbuch für die Gemeindekatechese
160 Seiten, Kartoniert
ISBN 3-451-26790-X

Elfi Eichhorn-Köseler / Bernhard Kraus
Nicht verlernen, was anfangen heißt
Neue Impulse für die Pastoral mit älteren Menschen
176 Seiten, Kartoniert
ISBN 3-451-26789-6

Karl Wagner (Hg.)
Die Feier der Beerdigung
Werkbuch mit zeitgemäßen neuen Beerdigungs-Texten
232 Seiten, Pappband
ISBN 3-451-27451-5

Unsere Bücher erhalten Sie in jeder Buchhandlung!
HERDER